W0064082

PEPPER LEWIS

Evolution der Menschheit

Neue Botschaften von Mutter Erde

Aus dem Amerikanischen von
Silvia Autenrieth

Titel des amerikanischen Originals:
SOLUTIONS FOR A SMALL PLANET (PART 2)

Copyright © 2010 by Pepper Lewis

Besuchen Sie uns im Internet:
www.AmraVerlag.de

Deutsche Ausgabe:
Copyright © 2011 by AMRA Verlag
Auf der Reitbahn 8, D-63452 Hanau
Telefon: + 49 (0) 61 81 – 18 93 92
Kontakt: Info@AmraVerlag.de

Published by Arrangement with InterLicense, Ltd.,
Manfred Mroczkowski, California, USA.

Beim vorliegenden Buch handelt es sich um eine weltweite
Erstveröffentlichung. Die Übersetzung erfolgte auf der
Grundlage des amerikanischen Originalmanuskripts.

Herausgeber & Lektor	Michael Nagula
Redaktionelle Bearbeitung	Anja Markefka
Umschlag & Covergestaltung	Devam Will
Verwendete Fotomontage	Elena Ray
Layout & Buchsatz	nimatypografik
Druck	CPI Moravia Books

ISBN 978-3-939373-50-6

Alle Rechte der Verbreitung, auch durch Funk, Fernsehen
und sonstige Kommunikationsmittel, fotomechanische oder
vertonte Wiedergabe sowie des auszugsweisen Nachdrucks
der Übersetzung, vorbehalten.

Inhalt

Vorwort von Pepper Lewis 9

Einleitung von Gaia, Mutter Erde 15

Wer ist Gaia und was sind gechannelte Botschaften? 19

Vorbemerkung: Das Portal am Ende der Zeit 21

Teil eins - Ein Salut dem Militär 27

DIE GESCHICHTE EINES SOLDATEN (AUFTAKT) 29

Zur »Person« von Gaia 30 ★ Krieg und Gott existieren nebeneinander 32 ★ Waffen und Technik 34 ★ Überzeugungen gehen mit Wertungen wie »richtig« und »falsch« einher 37 ★ Das Engelreich kann keine Partei ergreifen 38 ★ Wer gerichtet werden will, wird gerichtet werden 39 ★ Du kannst anderen nichts antun, wozu sie dich nicht selbst einladen 40 ★ Deine Zukunft ändert sich von einem Augenblick zum nächsten 42 ★ Deine Ängste machen dich nicht klein 44

DIE GESCHICHTE EINES SOLDATEN (WIEDERAUFNAHME) 49

Begegnung zu einem kostbaren Gespräch 51 ★ Religionen sind Annäherungen an eine größere Wahrheit 53 ★ Die Wahrheit in uralten Mythen 55 ★ Verwirrung ist eine Chance zu wachsen 57 ★ Schlafwandler zwischen den Dimensionen 58

DIE GESCHICHTE EINES SOLDATEN (ABSCHLUSS) 63

Führung von oben 63 ★ Unsere Vorstellung von Sicherheit 65 ★ Zukünftige Beschäftigungsmöglichkeiten beim Militär 67 ★ Militärische Mitwirkung an zivilen Projekten 69 ★ Vertrauen ins Sichtbare und Unsichtbare 70 ★ Entwicklung von Familienbeziehungen 71

Teil zwei – Familie und Beziehungen 75

SPIRIT UND GESCHLECHT SIND EINS 77

Das gesellschaftliche Geschlecht – eine Beschreibung und keine Festlegung 78 ★ Die Vielfalt ehrt das Wirken von Allem-was-ist 79 ★ Der Anfang der Schwierigkeiten 81 ★ Eintritt ins Zeitalter der präzessionalen Evolution 82

DIE ENTKLEIDETE VENUS: PLANETARE EINFLÜSSE AUF
GESCHLECHTER, LIEBE UND BEZIEHUNGEN 85

Über terrestrische Planeten und Wasserkreisläufe 87 ★ Die Venus wird kaum verstanden 88 ★ Zwei Symbole, die mit der Venus zusammenhängen 90 ★ Lebende Beispiele der Ganzheit 91 ★ Venus und ihr Gemahl 93

WIE MAN SEINE SPIRITUELLE FAMILIE FINDET 97

Wer in die Dysfunktionalität hineingeboren wird, ist zum Lehrer bestimmt 99 ★ Auf der Suche nach deiner spirituellen Familie 102 ★ Auf dem eigenen Weg in Kontakt bleiben 106 ★ Eine Erklärung des Begriffs Dysfunktionalität 108 ★ Eine Familie, die Quelle heißt 109 ★ Alle Wesen wirken an der Evolution der Erde mit 112 ★ Tiere können zur spirituellen Familie dazugehören 113 ★ So etwas wie Liebe oder Hass gibt es auf der Erde nicht 115 ★ Das kollektive Bewusstsein 116 ★ Himmel und Hölle 118 ★ Eine einfache Antwort auf eine einfache Frage 119 ★ Die dritte Dimension als Spiel im Spiel 122 ★ Biete deine Gegenwart an 123

DIE INDIGO-GENERATION: FRÜHE REIFE 127

Als du geboren wurdest 128 ★ Generationen und Zeitalter des spirituellen Erwachens 129 ★ Eure Zukunft – euer Erbe 132 ★ Eure besonderen Sinnesorgane und Wahrnehmungen 134 ★ Das Leben und seine Gefahren 135 ★ Macht dich das zum Indigo? 138

Teil drei - Die andere Seite   141

Jenseits der Schleier: Ende und Anfang   143
Der Übergang auf die andere Seite 145 ★ Eine verfeinerte Ausgabe von
dir 147 ★ Abschied von Wertungen 150 ★ Die Verkörperung von Spirit 154

Die Dimensionen zwischen Tod und Wiedergeburt   158
Die Definition von Himmel und Hölle 160 ★ Gaia liebt alle Menschen
bedingungslos 161 ★ Die Überlegenheit von Königen und Tyrannen
währt nur kurz 162 ★ Das natürliche Fortschreiten der Seele 165

Teil vier - Ressourcen und Verantwortung   169

Mit jeder Meditation neue Heilung für die Welt   171
Glück im Unglück 172 ★ Lasse dich nicht von übertrieben dramatischen
und dringenden Appellen einfangen 175

Bewusste Landerschliessung   179
Land besitzen oder in seine Obhut nehmen 180 ★ Sich in die klangliche
Resonanz einschwingen 181 ★ Imaginative Resonanz visualisieren 183

Knappe Ressourcen in einer Welt des Überflusses   185
Die Gezeiten der Wirtschaft 186 ★ Die Karten des Kartenhauses werden
neu gemischt 188 ★ Das Anzapfen unentdeckter Ressourcen 189 ★ Die
bevorstehenden Veränderungen 191 ★ Gift und Gegengift 193

Hoffnung auf spirituelle Grundsätze in der Wirtschaft   195
Grundsätze in der Welt und Arbeitswelt von heute 196 ★ Warum jemand finanziell zu kämpfen hat 197 ★ Der Bettler und der Prediger 199 ★
Was der Wohlstand wert ist 203 ★ Geist und Materie im Gleichgewicht 205

Lösungen für einen kleinen Planeten   207
Das Aufkommen der Podcars 208 ★ Neue Transporttechnologien zeichnen

sich ab 210 ★ *Fünftdimensionale Denker in unserer Zukunft 212* ★ *Das Gesetz der Anziehung und unsere Welt im Wandel 213*

DIE ENTWICKLUNG EINER PERSÖNLICHEN LEBENSPHILOSOPHIE   216

Die Botschaft der Natur 217 ★ *Es ist nicht zu spät 218* ★ *Die persönliche Moral entwickeln 220* ★ *Zur Geschichte des Studiums der Philosophie 222* ★ *Unharmonische Philosophien meiden 223* ★ *Du bist Teil einer sich wandelnden Welt 225*

DAS BESTE MIT SEINEM SPIRITUELLEN HANDWERKSZEUG ANFANGEN   227

Erfüllung im Leben 228 ★ *Erhebe dich und denke neue Gedanken 230* ★ *Ein verfeinerter Wirtschaftsausblick 231* ★ *Das Transportwesen in eine neue Richtung bewegen 234* ★ *Verlasse dich auf die Stimme von Spirit 236* ★ *Halte nach guten Nachrichten in deinem Innern Ausschau 237*

Teil fünf - Wo sich Vergangenheit und Zukunft treffen   241

LANGER REDE KURZER SINN   243

Der Beginn des Neuen Zeitalters 243 ★ *Die dritte Dimension wird ein Relikt der Vergangenheit werden 245* ★ *Was Freude und Fröhlichkeit unterscheidet 246* ★ *Glück und Elend, Verzückung und Qual 247* ★ *Die Erinnerung an Geburt und Tod 249*

DIE FÜNFTE DIMENSION IST GLEICH UM DIE NÄCHSTE ECKE   252

Die Destillation des Denkens 253 ★ *Von der dritten zur fünften Dimension 254* ★ *Ein Sprung nach vorn 256*

Nachwort: Die lemurischen Tauschlinge   259

Danksagung   264
Über Pepper Lewis   265

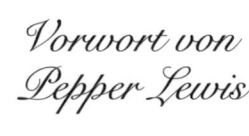

Vorwort von
Pepper Lewis

*Liebe Freunde und
liebe Familie von Gaia,*

die Erde ist ein kleiner Planet in einem vergleichs-
weise jungen und unreifen Sonnensystem. Die anderen Planeten in unserer Nachbarschaft haben
ein ähnliches Alter, doch weil sich alles zu seiner
Zeit und auf seine Weise entwickelt, hinkt ihnen die
Erde anscheinend etwas hinterher und hetzt sie in dem Eifer um
die Sonne, das zu erfahren, was sie bereits wissen. Im Gegensatz
dazu ist unsere Galaxis schon ziemlich gereift und bietet uns beständig umfassende Ressourcen und verschiedene Formen der
Unterstützung an.

Es könnte einem helfen, sich vorzustellen, dass die Erde auf einem
Eckparkplatz an einer stark befahrenen Kreuzung steht – einem
Ort, woran viele auf ihrem Weg hierhin oder dorthin vorbeikom-
men. Wie ein Bahnhof oder ein Zwischenlager bietet die Erde
allen, die daran Interesse haben, einzigartige Gelegenheiten und
Erlebnisse. Für manche ist die Erde eine Grundschule, für andere
eine Universität. Sie ist außerdem ein Schlachtfeld, ein Fundus
an Weisheit, ein Treibhaus und eine Kinderstube für Menschen
mit Eigeninitiative. Manche trägt sie bis in himmlische Sphären
hinauf, andere begleitet sie hinab in die Untiefen der Hölle. Die
Erde ist eine interaktive Bibliothek der paarweisen Gegensätze
wie Gut und Böse, Hell und Dunkel, Liebe und Hass.

Wie wir hat auch die Erde viele verschiedene Namen, und
jeder eröffnet uns einen Blick auf ihre Natur und ihre Persönlich-

keit – eine Möglichkeit, sich auf die zahlreichen Rollen zu beziehen, die sie in unserem individuellen und kollektiven Leben spielt. Die Erde ist unsere Mutter. Sie erlaubt uns, auf ihrem Körper zu leben, und unterweist uns durch ihr Beispiel. Die Erde ist unsere Führerin. Sie zeigt uns, wo die Sonne aufgeht und wie wir vermeiden können, dass wir in die Irre laufen. Die Erde ist unsere Beschützerin, die Hüterin unserer Geheimnisse, unsere vertraute Gefährtin und unsere Freundin.

Ich habe mich entschlossen, all diese Aspekte der Erde *Gaia* zu nennen. Gaia (gí ə) ist der Ehrenname, den die alten Römer der Erde gaben, so wie die alten Griechen sie Gaea (jəə a) nannten. Beide ehemals große Kulturen verehrten die Erde und ihre Freigiebigkeit durch Festlichkeiten, traditionelle Riten und andere Zeremonien. Die Erde war für sie empfindend – wach, wohlwollend und reaktionsfreudig. Unsere moderne Welt mit ihren eigenen Sitten und Gebräuchen ist weniger geneigt, zur Erde zu sprechen, geschweige denn, dem zuzuhören, was sie zu sagen hat. Aber das ändert sich gerade wieder.

Ich begann 1994, unserer Mutter Erde/Gaia zuzuhören, kurz nach einem gewaltigen Erdbeben, das jenes Gebiet um Los Angeles heimsuchte, das ich als mein Zuhause bezeichne. Wenn das eigene Leben Kopf steht, ist es manchmal besser, es dabei zu belassen, bis wir sicher sein können, in welcher Richtung oben ist. In dieser Zeit begann Gaia, mir mentale Bilder der Erde zu zeigen, wie sie vor langer Zeit aussah und wie sie jetzt aussieht, und verschiedene Szenen der nahen und fernen Zukunft.

Anfangs betrachtete ich all diese Szenen mit gelinder Neugier, doch nach und nach fiel mir auf: Je mehr ich mich mit Interesse und Aufgeschlossenheit auf das, was ich sah, einließ, desto schneller entwickelten sich die Szenen zu etwas, was offenbar ausgewogener war. Anders gesagt: Wenn mein Bewusstseinsstrom eingeschaltet war, wurden die Dinge rasch besser. Anfangs geschah das nur, wenn ich die mentalen Bilder sah, die Gaia mir zeigte, doch nach einer Weile entdeckte ich, dass ich nur die gleiche Methode bei meinen Alltagsaktivitäten anzuwenden brauchte, und schon lösten sich schwierige Zustände und Situationen. Schließlich fasste ich in meinem Leben wieder Tritt, und ich vermochte Gaias Worte zu hören und sie laut auszusprechen. Ich schrieb Gaias Botschaften in Tagebücher, sprach sie laut vor mich hin, nahm sie auf Band auf und veröffentlichte sie zu guter Letzt in Zeitschriften und Büchern sowie auf Websites.

Im vorliegenden Buch, *Evolution der Menschheit*, dem zweiten Band der deutschen Gaia-Edition*, wirst du eine solide Grundlage finden, die deinen irdischen Belangen dient und der Vision, um über sie hinauszuschauen. Gaia maßregelt und urteilt nicht, sie weist die Menschheit nicht zurecht und bestraft sie auch nicht, weder für echte noch für eingebildete Vergehen. Vielmehr bietet sie Erklärungen, Lösungen und Schlüssel an. Die Angelegenheiten dieser Welt und in dieser Welt verändern sich jetzt rasend schnell, beschleunigen sich und üben gewaltige Kräfte aus, um all das nach außen treten zu lassen, was nicht mehr ignoriert oder übersehen werden darf. Es wird Zeit, einander und uns selbst zu demonstrieren, dass wir wissen, wie wir von der erworbenen Weisheit Gebrauch machen können.

Am Anfang und Ende von nahezu jedem Seminar, das ich in letzter Zeit gegeben habe, sagte Gaia: »Das Leben währt lange, aber die Zeit ist knapp.« Sie erinnert uns daran, dass dies zwar unser Zuhause ist, wir deshalb mit dem Planeten aber nicht so umgehen können, wie es uns gerade beliebt. Die Erde ist auch das Zuhause vieler anderer Spezies, die ausgiebig die verschiedenen Ökosysteme nutzen, die es bekanntlich auf der Erde gibt.

Gaia sagt, dass sich unser menschlicher Körper an eine Vielfalt von Umgebungen äußerst gut anpassen kann, selbst an andere Welten und Planeten. Sie hat sich schon dazu geäußert, dass wir in

---

* Der erste Band erschien als *Lösungen für einen kleinen Planeten*; zusätzliches Material von Pepper Lewis finden Sie in *2012 – Das Bewusstsein der Neuen Zeit*, ebenfalls bei Amra erschienen, das auch Botschaften von Lee Carroll und Patricia Cori enthält, die Kryon und den Hohen Rat vom Sirius channeln. Weitere Bücher der Reihe »Weisheiten Gaias – gechanneltes Wissen von Mutter Erde« sind in Vorbereitung. – Der Verlag

der nahen Zukunft vermutlich ebenso in terrestrischen wie in außerterrestrischen Städten leben werden. Das kann von den meisten anderen Spezies auf der Erde nicht behauptet werden – von Natur aus elementar, gehören sie der Erde an und zu den Umgebungen, die die Erde versorgt und erhält. Da *das Leben lange währt*, kann das Fortschreiten der menschlichen Evolution in Windeseile durchlaufen werden. So kann die Erde unseren Rhythmus und unsere Lebenskraft dazu verwenden, ihre Naturreiche und Elemente wiederherzustellen. Und da *die Zeit knapp ist*, kommt es uns zu, nicht länger zu übersehen, was wir während unserer Zeit auf der Erde erschaffen haben. Gerade angesichts unserer Hast zu wachsen, uns zu entwickeln und vorauszudenken sollten wir unbedingt einen Blick zurückwerfen – und in der Rückschau jene Dinge erkennen, die dafür sorgen können, dass wir beim nächsten Mal vorausschauend handeln.

Während ich diese zivilisierten und gepflegten Worte niederschreibe, befindet sich der Golf von Mexiko mitten in einer der größten Ölkatastrophen der Geschichte der modernen Menschheit, und jede Umwelt und jedes Wesen – ob Pflanze, Tier, Mineral oder Mensch – scheint von dem Angriff betroffen zu sein. Ich habe in meiner Einleitung von Gaias Worten an euch schon darauf hingewiesen, dass sie niemals urteilt und bedingungslos mitfühlend ist, doch während ich das hier schreibe, fragt sich eine Stimme in mir, ob dies noch der Wahrheit entspricht. »Auch jetzt noch?«, frage ich laut, während der Fernseher im Hintergrund Bilder von wilden Tieren zeigt, die hilflos im Ölschlamm zappeln. Und doch weiß ich gleichzeitig, ohne auf eine Antwort warten zu müssen: *Ja, auch jetzt ist es noch so.*

Dennoch hat ein Teil von mir den Eindruck, als hätten wir eine unsichtbare Grenze überschritten, was langfristig gesehen Auswirkungen auf unsere gegenwärtigen und zukünftigen Erfahrungen auf der Erde und die der nachfolgenden Generationen haben wird. Vor etwa fünfzehn Jahren, als ich begann, Gaias Worte und Energie zu channeln, zeigte sie mir mentale Bilder der Erde in ihren verschiedenen Stufen der Evolution. Ich begriff, dass einige

Möglichkeiten darstellten, andere nur Wahrscheinlichkeiten und wieder andere bereits Gewissheit waren. Große Umweltkatastrophen schienen sehr wahrscheinlich zu sein, doch damals war ich zuversichtlich, dass wir die meisten davon vermeiden könnten, wenn auch erst im letzten Augenblick. Gaia sagt, dass wir einige auch vermieden haben, aber nicht alle vermeiden können, weil das Bewusstsein auf dem Planeten dafür einfach noch nicht groß genug ist. Glücklicherweise stehen uns einige »mitfühlende Korrekturen« bevor. Die gute Nachricht ist, dass wir nur zu lernen brauchen, einen Teil des Durcheinanders aufzuräumen, damit wir danach das nächste Durcheinander aufräumen können, vielleicht sogar das ganze.

Die Erde kann sich wieder erneuern und hat dies schon etliche Male getan. Wir, das Kollektiv der Menschheit, sind nur eine Ressource der Erde. Stets von Neuem durchleben wir unser Leben auf der Erde – lernen von ihr, teilen mit ihr und tragen auf vielfältige Weise zu ihr bei. Gaia zieht wahrlich Nutzen aus unserer Gesellschaft, und ihr Spürbewusstsein erfreut sich an der wechselhaften Geschichte, die wir bereits mit diesem Planeten erfahren haben.

Aber das ändert nichts daran, dass dies für die Menschheit und für die Erde eine Zeit der *Großen Veränderung* ist. Wir stehen am Beginn eines *Neuen Zeitalters,* und unsere gegenwärtige (und bald schon vergangene) Zeit läuft aus. Einige der Probleme, die sich in diesem Zeitalter gehalten haben, werden uns in das nächste begleiten. Wir können sie nicht einfach vergessen machen, weil der Kalender anzeigt, dass man das alte Blatt abreißen soll, damit ein neues zum Vorschein kommt. Leider werden uns einige der Lösungen und Veränderungen, denen wir Widerstand entgegenbrachten, ebenfalls begleiten und uns die Erhabenheit des Wissens zuteil werden lassen, dass wir uns wirklich verändert haben und uns nicht weiter zu fragen brauchen, ob wir uns das nur einbilden.

Gaias Liebe und Mitgefühl wird uns auf Schritt und Tritt begleiten, ob hierhin oder sonst wohin. Ihre Anteilnahme an der Menschheit schlägt eine universelle Note an, von der Art, die ein Gleichgewicht zwischen Freund und Feind herstellt, zwischen schauerlichen Albträumen und goldenen Zeiten, der dritten Dimension und der nächsten. Sie wird uns weiter darin unterstützen, jene Lösungen zu finden, die wir angesichts unserer gegenwärtigen Umstände am dringendsten brauchen. Aber wir müssen unseren Teil dazu beitragen. Selbst wenn wir die Systeme, die wir alle kennen, unterstützt haben und von ihnen unterstützt wurden, müssen wir zugeben, dass sie bisweilen fehlerhaft und nachteilig waren.

Dieses Buch will nicht mit dem Finger auf unsere weniger ehrenvollen Momente deuten. Vielmehr macht es Vorschläge, bietet Kurskorrekturen an, schildert zurückhaltend die Irrtümer und Unterlassungen früherer Zivilisationen und wirft ein Licht auf dunkle Bereiche unseres Denkens, die uns noch neu sind. Gaia kann uns keine fertigen Lösungen für unsere Sorgen und Nöte anbieten, aber sie kann uns mit dem Wissen ausstatten, dass wir uns mitten in der *Evolution der Menschheit* befinden – so dass wir aus unserer Zwangslage herausfinden und die Herausforderungen unserer Zeit annehmen können.

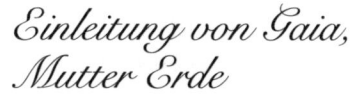

Einleitung von Gaia, Mutter Erde

*Verehrte Leserinnen und Leser,
geliebte Familie der Menschheit,*

ihr lebt in erstaunlichen und ungewohnten Zeiten, die in der einen Hinsicht erfreulich und in der anderen beängstigend sein mögen. Die Welt, die ihr gekannt habt, scheint rasch auseinanderzufallen. Gleichzeitig ist ein innerer Impuls am Wirken und bildet in allen Lebensbereichen ein ausgewogeneres Gewahrsein heraus. Auch wenn viele nachdenkende Menschen erkennen, dass sich die Dinge in einem kritischen Zustand befinden, sind doch nicht alle bereit, die Gelegenheit zum Finden von Lösungen zu benutzen, die einen bleibenden und nicht nur flüchtigen Wert haben. Während spirituelle Führer, Lehrer, Heiler und einzelne Personen auf der Welt etwas verändern wollen, müsst ihr lernen, euch bedingungslos einzubringen, ohne Gegenansprüche zu stellen.

Die ewigen Grundsätze, nach denen das Universum erschaffen wurde, sind unfehlbar in ihrer Fähigkeit des Erschaffens und Weltenbauens, wie ihr nun vielleicht mehr und mehr versteht. Dieselbe Macht und Weisheit, die diese Welt erschuf, kann euch die Macht verleihen, sie zu verändern und in eine andere zu transformieren, wenn das die Veränderung ist, die ihr sehen möchtet, und wenn ihr bereit seid, durch diese Veränderung fortzuleben. Dies ist eine interessante Zeit, in der ihr die Welt ausrangieren oder verwandeln könnt, aber ihr könnt ihr nicht den Rücken zukehren. Wisst ihr, ich mag die Stimme eines empfindenden Planeten sein, aber ihr seid die Stimme einer Welt im Übergang.

Während ihr diese Seiten lest, die ich für euch verfasst habe, werden einige Botschaften euch mehr berühren als andere. Wahrscheinlich werdet ihr meine Stimme vernehmen, wie sie unmittelbar und durch andere zu euch spricht.

Wenn das geschieht, lasst eure Fantasie zum Freudenfeuer der Wahrheiten werden, das vor einiger Zeit in euch entfacht wurde. Wie eine Flamme, die nicht verlöschen kann, werdet ihr in euch längst vergessene Erinnerungen und Emotionen der Seele wiedererwecken – ihr werdet Augenblicke wiederbeleben und neu hervorrufen wie den, als sich eure Seele für dieses Leben als machtvolle und wesentliche Möglichkeit entschied – ein helles Licht vor einem dunklen Hintergrund.

Bei diesen Botschaften geht es nicht um tiefere Mysterien, aber ihr werdet Hinweise darauf entdecken. Sie handeln nicht von der Alten Weisheit, aber ihr werdet sie zwischen den Zeilen lesen und in den Räumen dazwischen hören, in denen die Worte ausklingen. Bei Sprache und Stil, die ich für euch gewählt habe, geht es nicht um Einweihungen, heilige Disziplinen, weiterverfolgte Traditionen oder die Menschen, die sie hochhalten, aber dennoch werdet ihr hier finden, wonach ihr sucht – und noch vieles Erdenkliche mehr.

Wisst ihr, das Universale Gesetz wahrt vor allem die Grundlagen und Geheimnisse des Weltenbauens. Hinweise auf diese geheimen Vorgänge finden sich schon in den frühesten Ordensgemeinschaften auf dem Höhepunkt der alten Kulturen und in den modernen Überlieferungen des kürzlich eingesetzten New Age oder Neuen Zeitalters. Das Geheimnisvolle und das Heilige verschmelzen mit dem Hintergrund, sobald eine Welt geschaffen ist, die für die meisten unsichtbar ist und sich doch nur den wenigen erschließt, die ihrem Funken bei seinem Wirken weiter zusehen. Aber an einem bestimmten Punkt, wenn der Abstieg und Untergang einer Gesellschaft offenbar wird, müssen die gehüteten Wahrheiten im Raum dazwischen – bevor sich eine Kultur wiederbeleben lässt – wieder entfacht werden, damit eine neue Welt erdacht und dann erschaffen werden kann.

Auf diesen Seiten findet ihr versteckte 'Informationen und Unterweisungen genauso wie Mitgefühl und Verständnis. Ihr werdet auch einer unverfälschten Stimme begegnen, die euch direkt anspricht – mit einem Appell an die Vernunft, die es zu bewahren gilt, und an die irdische Gemeinschaft, die ihr darstellt. Warum sich auf andere verlassen, damit sie euch Nachrichten von etwaiger Bedeutung übermitteln, wenn ihr selbst Zugang zu eurer eigenen Weisheit erlangen könnt? Lasst von dem Ehrgeiz ab, mit dem ihr nach dem einen Lebenssinn strebt, und ihr werdet bald bewusst in dem Einen leben.

Ich übergebe euch dieses Buch als eine Art Labor, eine Ideenschmiede und ein Warenhaus, in dem ihr euch das Handwerkszeug und Gedankengut beschaffen könnt, das ihr am dringendsten braucht. Der Planet ist mein Körper, während eure Welt einfach nur auf ihm errichtet wurde. Sie ist ein provisorisches Bauwerk und war nie für die Ewigkeit gedacht. Das Beste, was man noch über sie sagen könnte, ist, dass sie einer Reihe von unterschiedlichen Zwecken dient. Viele verschiedene Welten sehen die Erde als ihre Heimat an, und jede ist einzigartig und unterscheidet sich zumeist von den übrigen. Jede ist wohltuend besonders, und keine gleicht der anderen, auch wenn einige von ihnen gemeinsame Interessen verfolgen und dieselben Ressourcen aufweisen. Einige der Welten sind sich gegenseitig bewusst, doch die meisten nicht. Fast immer stellen sie sich andere Welten so vor, wie ihr es tut – weit entfernt und unerreichbar, in Galaxien, von denen sie niemals wüssten, wenn keine fremdartig aussehenden Besucher vorbeischauen und ihnen davon berichten.

Die Evolution eines Planeten bedeutet auch, dass eine Evolution ansteht für jedwede Materie, die mit dem Planeten zusammenhängt und ihn belebt. Diese nicht ausschließliche Vereinbarung betrifft alle Welten und alle Realitäten, einschließlich der Denkprozesse, Ideen, Gefühle, Wahrheiten und der physischen Dinge, die die vorherigen Generationen hinterlassen haben. Mit anderen Worten: Die Veränderung von einem bedeutet die Veränderung von allem. Ist die Erde etwa zur eigenen Veränderung gezwungen, weil die Menschheit sich in ihrer Grundannahme, die Erde sei eine vollkommene Mutter und Ressource, geirrt hat? Oder ändert sich die Menschheit, weil sich die natürliche Umgebung, die sie als ihr Zuhause betrachtet, als Reaktion auf eine innere Leitlinie neu erschafft und ausrichtet? Trägt das eine oder das andere die Schuld an einem Verlauf, der älter ist als die Zeit?

Dies ist eine beschwerliche Zeit für die Menschheit, vor allem weil sie vergessen hat, dass sich Welten wie Tage überlappen. Diese Übergangszeit gleicht einer Kreuzung, die zu viele Fahrtrichtungen aufweist, unter denen man wählen soll. Mein Vorschlag für jeden von euch lautet, dass er seine Reaktion auf jede Idee, die ihn heimsucht, genau beobachtet, und darauf achtet, dass ein solcher Besuch nicht zu einem Daueraufenthalt wird. Haltet diese Augenblicke in Ehren, denn es sind die letzten vor den ersten. Sucht, wann immer möglich, die Gemeinschaft mit anderen, damit eure Seelen das Licht im Nächsten erkennen.

Eine Kerze kann leicht oder mühelos zehn und mehr Kerzen entzünden, und doch kann dieselbe Kerze keinem weiteren Menschen den Weg leuchten, weil ihr Lichtschein nicht einmal auf kürzeste Entfernung beiden genügen könnte. Setzten sie ihren Weg auf diese Art und Weise fort, würden sie einander auslöschen, geblendet von zu wenig Licht.

Das vorliegende Buch wird euch helfen, echte und vermeintliche Belastungen auszuräumen. Es wird euch beibringen, wie ihr euch eine neue Welt ausmalt und erträumt und sie schließlich erschaffen könnt. Ihr müsst nicht so lange warten, bis diese Welt euch, wie eine Kerze, nicht mehr den Weg leuchtet. Auf eurer Reise erwarten euch immer noch viele Freuden, und ihr werdet an vielen Erfolgen und Lösungen Gefallen finden.

Die Erde ist ein sehr einfallsreicher Planet, vielleicht sogar einfallsreicher als andere, die sich auf einer ähnlichen Bahn um ihre eigene Sonne bewegen.

Wer ist Gaia und was sind gechannelte Botschaften?

Gaia, das *Spürbewusstsein* oder die Seele, die die Erde belebt, ist der Partner der Menschheit, ihr Fürsorger und kreativer Helfer. Gaia beseelt die Erde, gibt ihr Sinn und ermöglicht das Leben auf diesem Planeten. Ihre Worte lindern den Schmerz und verleihen Mut, sind ebenso behutsam wie streng, drücken unendliches Mitgefühl aus, sind humorvoll und wirken immer irgendwie auf seltsame Weise vertraut.

Wir empfangen Gaias Führung durch die Gnade des *Channeling,* einer Kommunikationsform, die es den Eigenschaften der höheren Frequenzen und Dimensionen erlaubt, in unserer Sprache gehört und empfunden zu werden.

Channeling ist insofern einzigartig, als die Botschaften dergestalt angelegt sind, dass sie jeden von uns auf individuelle und zielgerichtete Weise berühren. Es ist durchaus möglich, dass Sie die Energie von Gaia sehr tief greifend wahrnehmen und ihre »mitfühlenden Korrekturen« schließlich in verschiedenen Bereichen Ihres Lebens wiedererkennen.

Gaia ist wahrlich der *Empfindungskörper* der Erde. Sie ist für den Planeten, was unsere Seele für uns ist, ein nicht-körperliches reines Gewahrsein, das lebendig und wach ist und uns jederzeit zur Verfügung steht. Gaia lenkt und belebt alles, was sich auf dem Planeten und in ihm befindet. Sie beseelt die Luft, die wir atmen, und das Wasser, das wir trinken, und doch ist sie noch so vieles mehr. Gaias Worte sind warm und liebkosend, es sind die Worte einer Mutter, die bedingungslos liebt und nicht urteilt, nicht einmal über jene, die ihr aus Unwissenheit oder Hochmut Schaden zufügen. Ihre Worte sind pragmatisch und präzise. Sie sind für diese Zeit gedacht und für jeden, der sie vernimmt.

Vielleicht möchten Sie dieses Buch in Reichweite halten, weil Sie feststellen werden, dass Sie es häufig zur Hand nehmen. Es wird sie durch gute und nicht so gute Zeiten tragen. Wie Gaia sagt: »Die Menschheit befindet sich nicht im freien Fall und auch nicht im Absturz, und die Erde wird auch nicht umgekrempelt oder auf den Kopf gestellt. Und doch gilt es, keinen Augenblick zu verlieren, denn das Leben währt lange, aber die Zeit ist knapp.«

Das Portal am Ende der Zeit
Eine Vorbemerkung

Neulich wachte ich über den Worten auf: »Ich hoffe, wir erwachen noch rechtzeitig.« Die Zeit mag ja eine Illusion sein, aber die Illusion davon, dass unsere Zeit abläuft, bewirkt etwas sehr Interessantes im menschlichen Bewusstsein. Bei den meisten von uns scheint da ein offensichtliches Gefühl der Dringlichkeit zu bestehen, und doch gibt im Hinblick auf unser Leben und unsere Zukunft noch immer die Selbstgefälligkeit den Takt an. Beschleunigt sich die Zeit proportional zum zunehmenden Licht, oder haben die Formen von Ungleichgewicht auf der Erde unsere eigene Beschleunigung unerreichbar gemacht?

GAIA SPRICHT: Beginnen wir einmal mit einer metaphorischen Geschichte, die von der Wahrheit nicht allzu weit entfernt ist. Sie wird dir in Bildern deine Frage und noch mehr beantworten. Stelle dir einmal vor, in deiner Familie gibt es schon, solange ihr alle zuruckdenken könnt, eine riesige Standuhr. Diese Uhr ist seit ewigen Zeiten immer genau gegangen. Man munkelt sogar seit Langem, dass sie die Zeit überhaupt erst hervorgebracht hat, und als Vater der Zeit sei sie noch heute für den perfekten und exakten Ausdruck des Vergehens der Zeit zuständig – zumindest behauptet das deine Familie.

Nach vielen Generationen erbst du diese Uhr, die man nicht etwa als eine Antiquität oder ein Erbstück betrachtet, sondern noch immer als das, was gegenüber der gesamten Menschheitsfamilie für die Genauigkeit der Zeitmessung verantwortlich ist.

Als die Uhr in deine Obhut übergeht, werden dir folgende Worte ans Herz gelegt: »Du und deine Generation, ihr seid die

Erben der Zeit, die sogar dem Leben selbst heilig ist. Diese Uhr
hielt hervorragend den Takt der Zeit schon vor deren Existenz,
was sie zum Vater der Zeit macht. Möget ihr sie bestens bewahren,
denn nun seid *ihr* es, die *ihr* die Zeit bringt, und dies ist euer her-
aufdämmernder neuer Morgen.« Dir wird deutlich, dass dir eine
große Ehre zuteilgeworden ist, und so nimmst du das Geschenk
entgegen und betrachtest dich als Glückspilz. Mit stolzgeschwell-
ter Brust registrierst du, dass du in ein so hohes Amt wie das des
Hüters und Bewahrers der Zeit für die Menschheitsfamilie eingesetzt worden bist.

Das Vorstellen unserer Uhren

Dir kommt vage zu Ohren, dass es irgendwo auch einen Hüter des
Lichts gibt, der die Aufgabe geerbt hat, die Evolution der Familie
Mensch zu beschleunigen. Du weißt, dass dieser Hüter des Lichts
von der Genauigkeit der Uhr abhängig ist, die dir zur Obhut übergeben wurde, und so wachst du gewissenhaft über die Uhr und
behütest sie und staunst immer wieder, wie perfekt sie die Zeit
im Takt hält. Jetzt, wo dir klar wird, welche Verantwortung mit
dem Geschenk verbunden ist, sinnst du mit einem Mal darüber
nach, inwieweit du dieser Verantwortung auch langfristig gerecht
werden kannst, und insgeheim fragst du dich, ob diese Aufgabe
irgendwann zur Last werden könnte.

Die Zeit vergeht (wie es sein sollte), und du findest dich zunehmend besser in deine neue Rolle hinein. Doch eines Tages in der
Zukunft oder in der Vergangenheit geschieht etwas oder nichts,
und du hast mit einem Mal den Eindruck, dass sich die Uhr ein
wenig verändert hat – oder fantasierst du das nur? Du beginnst
dich zu fragen, ob du sie nicht gut genug im Auge behalten hast.
Kann es sein, dass deine Nachlässigkeit bewirkt hat, dass die Zeit
nicht mehr so genau abläuft? Über Tage, Monate und Jahre wird
deine Sorge nicht geringer. Erst bist du sicher, dass die Uhr nach-
geht, später dann, dass sie vorgeht. Du würdest dir wünschen,

dich darüber mit jemandem beraten zu können, aber es gibt niemanden – du bist Erbe und Hüter dieser grandiosen Uhr. Du bist die Person, die Bescheid wissen sollte.

Du beobachtest die Uhr weiter, und du verfolgst, wie die Menschheit auf das Vergehen der Zeit reagiert, immer auf der Suche nach Anomalien. Auch wenn es nicht alle zu merken scheinen, so gibt es doch Belege dafür, dass die Zeit sich vielleicht wirklich beschleunigt, obwohl es unmöglich ist zu erkennen, wie oder warum. Deine Sorge wächst, als du zu dem Entschluss kommst, dass da ganz offensichtlich etwas nicht stimmt. Was, wenn die Zeit sich immer weiter beschleunigt? Was, wenn sie sich stattdessen zu sehr verlangsamt? Was, wenn die Uhr – und mit ihr die Zeit – ganz stehen bleibt? Was, wenn du elend versagt hast und es auf dein Konto geht, wenn die Menschheit ohne eigenes Vermächtnis zurückbleibt?

Du stellst dir schon das Schlimmste vor, ohne dich jedoch schon ganz geschlagen zu geben, und richtest deine Gedanken bewusst darauf, an der Lösung dieses Problems zu arbeiten, das noch nie da gewesen ist, zumindest nicht als Spur in der Zeit. Die Logik sagt dir, dass du ja schließlich der Hüter der Zeit bist und dass du daher auch in der Lage sein solltest, die Uhr zurückzustellen, aber wie? Davon überzeugt, dass deine eigene Unvollkommenheit zu dieser Bürde beigetragen haben, fragst du dich, wie du so etwas Vollkommenes wie die Zeit denn erkennen willst. Ob du aktiv werden sollst oder nicht, belastet dich bei Tag und verfolgt dich noch bei Nacht, bis du eines nicht mehr vom anderen unterscheiden kannst.

Als du das Ganze nicht mehr aushältst, beschließt du, die Uhr aufzuziehen, und hoffst dabei, dass es besser ist, etwas zu tun als tatenlos zuzusehen. Du glaubst stark daran, dass die Uhr sich dabei wieder auf »normal« zurückstellen könnte.

Als du dich daran machst, die Uhr aufzuziehen, stellt sich dir die Frage, ob der andere Hüter wohl je dasselbe tun musste. Hat die Uhr für alle außer dir weiterhin perfekt die Zeit vergehen lassen? Ist dies die Generation, in der die Zeit aus den Fugen gerät, oder – noch schlimmer – ganz entfällt? Du ziehst die Uhr auf, und es nimmt kein Ende. Du spürst keinen Widerstand, keinen Punkt, der dich zum Aufhören zwingt. Kann man die Uhr zu weit aufziehen? Aus unerfindlichen Gründen und weil der Mechanismus sperrt, kommst du zu dem Entschluss, dass es jetzt gut gewesen ist, und hörst auf, sie weiter aufzuziehen.

Hat sich etwas verändert? Ja. Etwas ohne Maß hat Spuren hinterlassen, als sei eine zeitliche Lücke dazwischengeschoben worden. In der Lücke ist es nicht langsam und auch nicht schnell, und sie scheint aus einer Substanz zu bestehen, die vor dem Aufziehen der Uhr gar nicht existierte. Du beäugst die Uhr und versuchst abzuschätzen, wie genau sie läuft, aber du kannst es nicht sagen, denn welchen Maßstab hast du schon? Du beschließt, dass der einzig wahre und genau Zeitmesser *du* bist, da du ja schließlich als Erster oder Erste die Beschleunigung wahrnahmst und dann zu dem Entschluss kamst, dass du etwas tun müsstest, weil du den innerlichen Impuls dazu verspürtest. Du bist der Erfüllungsgehilfe für die Veränderung (der Erbe der Uhr) ebenso wie das Werkzeug, das sie herbeiführt (die Person, die die Uhr aufzieht). Irgendwie bist du gleichzeitig zu einem Element dieses Vorgangs geworden und zu dem Vorgang selbst. Du warst die Instanz, die entschied, dass die Zeit nicht mehr genau war, und du warst die Instanz, die hier ohne Vorwissen, ohne entsprechende Anweisung und ohne Gewissheit einzugreifen beschloss. Von Zauberei oder Dummheit geleitet, sorgtest du für eine Lücke, ein Portal in der Zeit, wo die Menschheitsfamilie sich *in ihrem eigenen Tempo* finden und zum Aufwachen bringen kann.

Vor längerer Zeit, als ihr euch heute vorstellen könnt, erhielt die Menschheitsfamilie die Zeit als Geschenk. Und ein Geschenk ist die Zeit noch immer, aber um es wertschätzen zu können, dazu müsst ihr erlauben, dass sie umdefiniert wird, und zwar zur Maßeinheit für das Licht. Wenn das nicht geschieht, werdet ihr euch vom gewirkten Gewebe der Zeit abgeschnitten fühlen, das auch die Dimensionen definiert.

Es besteht heute eine Lücke in der Zeit und in der Messung der Zeit. In alter Zeit hieß es: »Es wird eine Zeit kommen, in der keine

Zeit mehr kommt.« Fälschlicherweise glaubte man, dass dies die Beschreibung für das Ende der Welt sei. Stattdessen beschreibt es aber zutreffend das schnellere Ablaufen der Zeit, das über die derzeitigen Messstandards hinausgeht. Deshalb werden die heutigen Kalender nach 2012 überholt sein.

Die Menschheitsfamilie trägt ein Herz und einen Geist in sich, manchmal freudig, manchmal auch gramvoll. Sie schleppt die Bürden ihrer Vergangenheit mit sich herum, all das Ungewisse ihrer Gegenwart und die Verantwortung für ihre Zukunft. Die Welt gestaltet sich heute um, und ob die Menschheit für Veränderung ist oder gegen sie, spielt keine Rolle, denn der kleine Zeiger tickt heute schneller als gestern. Während die Zeit sich selbst eine neue Gestalt gibt, wird sie auch das Antlitz der Natur und das des Menschen umformen, aber das ist wieder eine andere Geschichte.

Einblick in die Schwingung der Zeit

Die Worte, die ich euch hier darbringe, sind vom ersten bis bis zum letzten wohl gewählt. Metaphern meinerseits sind so genau und messbar wie eine Uhr. Habt ihr beispielsweise gewusst, dass man den Mechanismus, der die Geschwindigkeit steuert, mit der ein Chronometer seinen Gang regelt, *Hemmung* nennt? Eure Geschichtsschreibung schreibt diesen Fortschritt in der Gangregelung einem chinesischen Mönch aus dem achten Jahrhundert zu. Er nannte ihn *himmlisches Gleichgewicht,* und man wandte es zur Steuerung einer Wasseruhr an. Eine Hemmung kann unmöglich wirklich genau sein, denn sobald ein *Pendel* oder eine *Unruh* (auch dies sind Formen der Hemmung) angestoßen werden, damit die Schwingung beibehalten wird, ist der Takt schon gestört. Den Geschwindigkeitsunterschied zwischen der natürlichen Bewegung und einer Bewegung durch Einwirkung von außen bezeichnet man als *Hemmungsfehler.* Wissenschaftliche Kreise sprechen von einem *sphärischen Fehler,* denn obwohl diese beiden Arten von Bewegung einander entgegengesetzt sind, neutralisieren sie sich tendenziell.

Analog dazu heißen die größeren Getriebe in einer Uhr *Räder*, und diese sind in der Regel mit sogenannten *Speichen* ausgestattet. Die kleineren Getriebe haben Zähne statt Speichen und gelten als Evolventenzahnräder. Aufgrund ihrer Kleinheit können sie nur mit Unterstützung der größeren Räder weiterbefördert werden. Zu guter Letzt sei noch gesagt, dass der Aufziehmechanismus einer Wand- oder Standuhr als *Schlüssel* bezeichnet wird und der einer Armbanduhr als *Krone*. Treten dort Störungen auf, so hat man es meist mit einem Problem zu tun, das *Stellungsfehler* genannt wird.

Bitte nehmt euch einen Augenblick Zeit dafür, zur Kenntnis zu nehmen, wie diese sehr plastischen Funktionen auch Aspekte eures eigenen Lebens beschreiben.

Teil eins

Ein Salut dem Militär

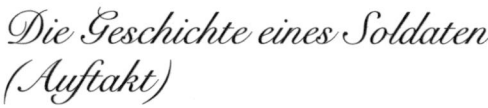

Die Geschichte eines Soldaten (Auftakt)

ANMERKUNG DES CHANNELMEDIUMS: *Ich bin dem unten zitierten jungen Mann dankbar, dass er mir erlaubt hat, seine kürzlich stattgefundene Einzelsitzung mit Gaia für Sie zugänglich zu machen. Ich selbst konnte spüren, wie seine innersten Gedanken und Gefühle mein Herz an-rührten, und ich hoffe, es wird auch bei Ihnen so sein. Als langjährige treue Leserinnen und Leser von Gaias Wor-ten übersehen wir manchmal, dass gechannelte Botschaften, Durchgaben also, für viele unter uns noch etwas völlig Neues sind. Das Gleiche gilt für das Verständnis, dass die Erde ein empfindendes Wesen ist, dessen Vergangenheit, Gegenwart und Zukunft zutiefst mit unserer eigenen verknüpft ist.*

Der junge Mann, um den es hier geht, ist Rekrut im Dienst der US Army. Er bat mich, die meisten näheren Einzelheiten zu seiner Person nicht preiszugeben. Ebenfalls um Diskretion bat er bei einigen Fragen, die für sein Gefühl zu persönlich waren, um andere daran teilhaben zu lassen, und sei es auch anonym. Er ist nicht im Irak stationiert, den er als »die Hölle« bezeichnet, aber zu seinem Berufsalltag gehört unter anderem »Feindbekämpfung« (seine Worte). Er hatte vor unserer Begegnung noch nie etwas von Channelings gehört, war aber offen dafür und bereit, einmal selbst eine Session zu erleben, die seine Schwester ihm geschenkt hatte.

Wie man sich vorstellen kann, waren manche seiner Fragen auch rein persönlich und wurden aus diesem Grund weggelassen. Andere schienen bei ihm Saiten anzuschlagen, die mit Misstrauen gegenüber seinem jetzigen Umfeld zu tun hatten und bei ihm die Befürchtung weckten, es ginge womöglich um militärische Angelegenheiten, die er vielleicht besser für sich behalten solle. Auch sie wurden auf seine Bitte ausgespart. Mir wurde bei seinem Mut und seiner Unschuld ganz warm ums Herz, und ich hoffe, es wird auch Ihnen so gehen. Es gäbe noch so viel mehr, was ich Ihnen gern über ihn sagen würde, aber vielleicht braucht es ja auch nicht mehr als seine Worte und die von Gaia.

Im Nachhinein kam mir noch die Idee – auch weil mich viele Anfragen zu diesem Thema erreichten –, Gaia um eine Äußerung zu den immer noch auf der Erde tobenden Kriegen zu bitten.

Zur »Person« von Gaia

Bist du wirklich Mutter Erde?

Ja. Ich bin das, was diesen Himmelskörper mit Seele oder Spürbewusstsein erfüllt.

Warum nennt man dich Gaia?

Es ist ein beschreibender Name, der auf die alten Griechen und Römer zurückgeht. Die Personifizierung, die mit ihm einhergeht, lässt offenbar das Gefühl entstehen, leichter an mich heranzukommen. Sie erlaubt einem sozusagen, auf Du und Du zu sein. Ich hänge nicht an diesem Namen. Du kannst dem Spürbewusstsein, das mich ausmacht, auch einen anderen Namen geben, wenn du möchtest – einen, der dir besser gefällt.

Was ist ein Spürbewusstsein?

In diesem Fall geht es um das Bewusstsein und zugleich Gewahrsein dieses Planeten. Das, was weiß, was fühlt und sich bis in und durch jedes Teilchen der materiellen und nichtmateriellen Erde erstreckt.

Inwiefern ist der Planet nichtmateriell?

Alles ist materiell und nichtmateriell. Die Tatsache, dass ihr die materielle Beschaffenheit der Dinge mit euren Sinnen erfassen könnt, schließt nicht aus, dass sie auch von nichtmaterieller Beschaffenheit sind.

Wenn also ein Planet wie du mit mir reden kann, heißt das dann, dass du quasi so etwas wie Gott bist?

Nein, das bin ich nicht. Sowohl du als auch ich haben gottähnliche Qualitäten, auf die wir zurückgreifen können, und dazu gehört auch die Fähigkeit, auf Wegen zu kommunizieren, die allgemein als übersinnlich oder paranormal angesehen werden.

Warum solltest du überhaupt mit mir reden wollen? Hast du nichts Wichtigeres zu tun?

Für alles, was es zu tun gilt, wird schon gesorgt, während wir gerade miteinander sprechen. Diesen Augenblick mit dir zu teilen ist gegenwärtig die allerwichtigste Beschäftigung. Meine Energie mit deiner zu verbinden, damit wir einander erkunden können, hat für meinen Empfindungskörper höchste Priorität. Es wird auch »oberstes Gebot« genannt.

Was meinst du, warum meine Schwester gewollt hat, dass ich mit dir rede?

Deine Schwester sorgt sich um dein Wohlergehen. Sie ist nicht begeistert von deinem Entschluss, zur Armee zu gehen. Sie hat Angst um dich und auch um sich. Sie erträgt den Gedanken nicht, dass du zu Schaden kommen könntest. Gleichermaßen schwer tut sie sich mit der Überlegung, dass ja auch du einem anderen womöglich Schaden zufügen könntest, und sei es auch nur zur Verteidigung. Sie glaubt, dass es auch zum Sinn ihres Erdendaseins gehört, auf dich Acht zu geben. Unter den jetzigen Umständen hat sie nicht das Gefühl, dies angemessen tun zu können.

Warum sollte es ihre Aufgabe sein, mich zu beschützen? Das macht doch keinen Sinn.

Für deinen logischen, linear denkenden Verstand ergibt dies keinen Sinn. Deine Schwester in diesem Leben war in einem gemeinsamen Vorleben im Ersten Weltkrieg dein Freund und Kamerad. In diesem damaligen Leben überredete sie dich dazu, dich freiwillig zur Armee zu melden. Sie hielt das Ganze nämlich für ein grandioses Abenteuer – eine Gelegenheit, die Welt zu sehen und dem grauen Alltag zu entfliehen. Keiner von euch sollte den Krieg überleben, aber du fielst als Erster. Sie war dabei. Es trat der übliche Effekt ein: Sie gab sich die Schuld daran. Sie leistete auf der Seelenebene einen Schwur, dich irgendwie wieder zum Leben zu erwecken. Ihr Licht wacht jetzt über deiner Seele wie auch der ihren – sozusagen in doppelter Mission, wie man bei euch sagen würde.

Krieg und Gott existieren nebeneinander

Was bedeutet das, wenn ihr Licht über meiner Seele wacht?

Es ist wie die Verantwortung für einen anderen zu übernehmen – etwas, das man von einem Schutzengel erwarten mag. Das Geschick eines Teils ihrer Seele ist mit deinem Schicksal verwoben.

Ich glaube, das passt mir aber ganz und gar nicht. Ich will nicht, dass irgendein anderer für mich verantwortlich ist. Es war doch schließlich meine Entscheidung. Ich bin der Einzige, der damit leben muss. Kannst du daran etwas ändern? Oder ich?

Nein. Weder du noch ich können etwas daran ändern, aber du solltest auch wissen, dass du es damals abgesegnet hast. Du erinnerst dich heute bloß nicht mehr, dass es so war.

Jede Entscheidung, die auf der Seelenebene getroffen wurde, hat ihren Sinn. Dass ihre Seele sich deinem Schutz verschrieben hat,

ist nur eine Facette von ihrem oder deinem Leben. Der Daseinszweck ist etwas Multidimensionales. Er durchdringt, durchtränkt
und transformiert Lebensmuster. Er kann Weiterentwicklung und
Ausdehnung bewirken. Er unterstützt dein Gewahrsein dabei, in
sich selbst das Gott-Bewusstsein zu erkennen.

*Ich könnte mich selbst nie als Gott sehen. Ich glaube, dass man das Gute,
was ich je wirklich vollbracht habe, gerade einmal an zehn Fingern ab-
zählen könnte. Was ich hier draußen mache, würde niemand als Werk
Gottes betrachten.*

Alles ist Gott, da nichts außerhalb von Gott besteht. Krieg ist ein
Teil Gottes, der sich nicht darüber klar ist, dass er es mit Brüdern
zu tun hat. Krieg ist ein Teil Gottes, der glaubt, von ihm abgetrennt zu sein. Der Krieg ist Gott ohne einen Spiegel, der dem
Betrachter sein eigenes Bild widerspiegelt.

*In dem Punkt muss ich, glaube ich, widersprechen, wenn du erlaubst.
Kriege und Gott sind bei mir noch nicht einmal auf demselben Planeten
angesiedelt.*

Bitte widersprich Gaia gern, sooft wie du willst. Unsere gemeinsame Zeit ist nicht dazu da, dass wir uns immer nur einig
sind. Mein Einfluss auf diesen Moment erstreckt sich nur darauf, dir eine Idee zu liefern, die du dir durch den Kopf gehen
lassen kannst. Kriege und Gott existieren auf vielen Planeten nebeneinander, ebenso wie Krieg und Frieden und Gott und Frieden.
Nichts ist außerhalb von Gott, da alles dem Geist Gottes ent-
sprungen ist.

Warum sollte sich Gott so etwas wie Krieg ausdenken?

Nicht Gott hat sich den Krieg ausgedacht, sondern der Mensch.
Und doch bestehen beide als Ideen im Geiste Gottes. Alles, was
der Mensch sich je ausdenken kann, ist auch erfahrbar.

Wenn das stimmt, warum sollte sich der Mensch den Krieg dann über-
haupt ausgedacht haben?

Der Menschheit wurde von anderen Wesen, in deren eigener
Welt kein Frieden herrscht, gezeigt, wie man Kriege führt. Sie
trugen ihren Krieg auf die Erde. Der Mensch war damals voller
Unschuld und ahmte einfach alles nach, was er sah. Eure Vorfahren glaubten, sie würden einen Krieg ausfechten, um Gott
zum Sieg zu verhelfen. Bis zu einem gewissen Grad trifft das auch
heute noch zu.

Wenn wir uns den Krieg ausgedacht haben, können wir das dann auch
wieder rückgängig machen und uns stattdessen Frieden ausdenken?

Ja, aber das Gegenteil von Krieg ist gar nicht Frieden. Vielmehr ist
es das Gewahrsein von der Gleichwertigkeit und der Gegenwart
anderer. Eine inhaltliche Antwort auf das Phänomen »Krieg« muss
alle Lebewesen, alle Länder, alle Religionen und so weiter mitein-
beziehen. Deshalb gibt es sie auch noch nicht. Eine solche Idee
würde auch den Seelenfrieden umfassen, Frieden innerhalb der
Familie und so weiter. Bei manchen, die gegen den Krieg protestieren, tobt ein heftiger Kampf in ihrer eigenen Seele und ihrem
Herzen. Andere liefern sich Kleinkriege mit Nachbarn und Freunden über das Für und Wider von Kriegen, leuchtet dir das ein?

Waffen und Technik

Könnten wir über das Thema Waffen sprechen?

Es laufen ziemlich heftige Sachen dort draußen ab. Ja, ich bin mir
darüber im Klaren. Die Waffen, auf die euer Geist euch bringt,
zerstören die Einheit des Körpers. Der Tod tritt erst Stunden später oder sogar erst Tage nach Abzug der Soldaten ein.

Das habe ich dir gar nicht gesagt, und doch wusstest du es schon?

Ja. Ich nehme sehr wohl wahr, was du nicht preisgeben kannst, obwohl du es aussprechen möchtest. Du hast mich deine Gedanken lesen lassen, und das genügt.

Könnte unser ganzes Gespräch auch telepathisch ablaufen?

Wenn deine Gedanken durchweg klar genug wären, dann ja. Aber das sind sie nicht. Deine Gedanken sind wie Bilder. Einige von ihnen zeigen sich vollständig und andere nicht.

Da Telepathie nicht so viel Struktur hat wie Worte, funktioniert sie am besten, wenn sie ein möglichst vollständiges Bild zeichnet. Deine Bedenken zum Thema gehen über den jetzigen Moment hinaus. Deine Fantasie ist ihnen in die Zukunft hinterhergeeilt und hat viele mögliche Ergebnisse durchgespielt. Deine Bedenken reichen auch bis in dein Traumbewusstsein hinein. Dein Traumbewusstsein und dein Unbewusstes haben Erinnerungen und Bilder aus anderen Zeiten und von anderen Orten ausgegraben, die dich an deine jetzige Lage erinnern. Diese realen Bilder leben in dir als Themen, die bislang ungelöst blieben. Dein Wunsch nach einer Beendigung des Kampfes durch einen festen Entschluss deinerseits lässt deine Bilder ganz klar werden. Aus genau diesem Grund bewirken Sessions wie diese auch etwas.

Was kann ich selbst gegen solche Waffen tun?

Nicht sehr viel. Du hast sie nicht erfunden, aber du hast dich zu einem Dienst bei einer Einrichtung verpflichtet, die sie billigt. Das war deine ureigene Entscheidung. Dabei fehlte dir zwar der Weitblick, aber aus deinen Erfahrungen, die du nun machst, wirst du viel lernen.

Ich bin im Umgang mit den verschiedensten Waffen ausgebildet und auch bereit, sie zu gebrauchen, wenn es darum geht, mein Vaterland und seine Freiheit zu verteidigen. Aber das hier scheint noch weiter zu reichen. Wer hat sie erfunden, weißt du das?

Ja, die ersten Eingebungen zu ihrer Technologie tauchten bei Personen mit entsprechender Begabung auf, die imstande waren, sich die Zukunft und eine zukunftsweisende Gegenwart woanders vorzustellen.

Erscheint mir aber ganz schön weit hergeholt. Selbst wenn man annimmt, dass das ginge – ich würde so etwas bestimmt nicht tun –, warum sollte es überhaupt jemand tun?

Viele würden auch behaupten, dass sie sich das, was du heute tust, für sich nicht vorstellen könnten. Für viele wären die Pflichten, die du als Soldat erfüllst, genauso undenkbar, wie du dieses Treiben findest – man spricht von Fernwahrnehmung (engl. *Remote Viewing*). Denen, die das Wissen über diese Technologie zu euch brachten, zeigte man vorher Schreckensbilder von einer möglichen Zukunft. Dazu gehörte die Invasion durch eine scheinbar unbezwingbare Macht, die zu einer unvorstellbaren Vernichtung von Leben fähig wäre. Dann trug man ihnen auf, eine brauchbare Lösung für ein solches Szenario zu finden.

Ist dies denn so anders als das Szenario, das man dir gegenüber ausmalte, als du in deinem jetzigen Einsatzgebiet den Dienst antratest?

Ich habe geschworen, mein Land in Ehren zu halten und zu verteidigen. Das ist nicht dasselbe. Ich bin zur Armee gegangen, weil ich dazu beitragen wollte, einen Krieg zu beenden. Nicht, um einen neuen anzuzetteln.

Ja, das stimmt. Aber das ist nicht bei allen so, die mit dem Thema Krieg zusammenhängen. Krieg ist zunächst eine Idee und erst dann ein Geschehen.

Du musst hier draußen ja nicht den Kopf hinhalten. Woher willst du das wissen?

Ganz im Gegenteil, junger Mann: Ich halte durchaus den Kopf da draußen hin, und das schon seit ewigen Zeiten. Schlachten und Kriege haben auf meinem Leib getobt, und das Blut, das dabei vergossen wurde, sickert schon seit Jahrtausenden in die Zellen der Erde.

Wenn du demgegenüber schon die Augen verschließen willst, dann richte den Blick dabei wenigstens nach innen, damit du vielleicht eine größere Wahrheit siehst.

Überzeugungen gehen mit Wertungen wie »richtig« und »falsch« einher

Ich will ja nicht respektlos erscheinen, aber ich bin der festen Überzeugung, dass ich hier bin, um meinem Land zu nützen. Ansonsten wäre ich nicht hier. Ich verstehe nicht, was einige dagegen haben, ihr Heimatland zu verteidigen. Weißt du eine Antwort darauf?

Ich habe es nicht als respektlos aufgefasst und könnte es auch gar nicht. Mein Empfindungsvermögen reicht über das menschliche Fühlen hinaus, und dennoch begreift es dieses Fühlen auch in sich. Die Menschen protestieren gegen das, was scheinbar ihren Überzeugungen widerspricht. Sie glauben, dass es Lösungen gibt, die ohne Waffen und Krieg auskommen. Sie sagen sich, dass sich die Gattung Mensch von ihrer Intelligenz her für etwas anderes entscheiden könnte.

Mag ja sein, aber sollten wir das nicht denen überlassen, die wir in Spitzen- ämter wählen? Ich glaube schon, dass es eine Weisungskette oder Hierarchie geben muss. Wenn nicht, bricht das System zusammen. Meine Schwester sagt, selbst bei den Engeln gebe es eine Hierarchie. Stimmt das?

Die Protestler sind der Auffassung, dass die gewählten Amtsinhaber das, was sie zu schützen gelobt haben, eben *nicht* schützen. Ihrer Auffassung nach bezog sich ihr Eid auf die Defensive und nicht die Offensive. Das sind Überzeugungen, die weder besser noch schlechter sind als deine eigenen, sondern einfach nur anders. Überzeugungen haben mit Wertungen zu tun: richtig oder falsch. Überzeugungen bröckeln schnell, wenn sie bei Konflikten in Misskredit geraten oder sich aufgrund neuer Informationen als überholt erweisen. Selbst von der höchsten Warte aus betrachtet sind sie allenfalls vorläufig. Achte darauf, dass du dich nicht von deinen Überzeugungen beherrschen lässt und du zu ihrem Untergebenen wirst. Die Engel unterstehen in der Tat einer Hierarchie, aber ihr Aufbau gründet auf einer harmonischen Struktur statt auf Rängen.

Das Engelreich kann keine Partei ergreifen

Was meinst du, was die Engel wohl von den Vorgängen hier draußen halten? Meinst du, dass es hier überhaupt Engel gibt? Auf welcher Seite würden sie stehen?

Engelwesen sind überall und sie benachteiligen niemanden. Sie mischen sich nicht in das kriegerische Tun und Treiben der Menschen ein, und doch schreiten sie ein, wenn es dem Zweck des Ganzen dient und das Protokoll es gestattet.

Das will heißen: Wenn es für den Daseinszweck von jemandem vorgesehen war, auf unangenehme Weise zu Fall zu kommen, so könnte seine Seele um ein – wie die Menschen sagen – göttliches Eingreifen bitten. Wie du dir vorstellen kannst, ist die Sphäre der Engel nicht in der Lage, für eine Seite Partei zu ergreifen, sei es nun die siegreiche oder eine andere. Engel finden, dass Schlachtfelder erbarmungswürdige und deprimierende Orte sind, wo der Hunger und Durst nach Überleben der trockensten Wüste gleichkommen. Aber als Gesandte richten sie weder über den Schöpfer noch über das Erschaffene.

Wer gerichtet werden will, wird gerichtet werden

Meinst du, dass Gott weiß, was ich hier draußen mache? Glaubst du, dass er zu dem Urteil gelangt, dass ich richtig gehandelt habe, weil ich mein Land verteidige? Oder falsch, weil ich töte?

Gott als die Kraft, die in allem lebendig ist, kann nicht über dich oder sonst jemanden richten. Gott als das lebendige Wesen, das alles Leben beseelt, kennt nur Mitgefühl und Allwissenheit. Gott als Form und Funktion innerhalb des Universums ist wie Wissenschaft und Erforschung. Gott als spirituelle Energie ist unbestimmbar und weit, nicht eigensinnig oder lieblos. Gott als Ikone in Religion und Glauben ist das, wofür du Es (Ihn) hältst. Wenn du vor einen Richter treten willst, wird es so kommen; und wenn du glaubst, dass du gerichtet werden musst, wird es so sein.

Ich will niemanden ums Leben bringen, aber es gibt hier draußen Feinde, die mir selbst an den Kragen wollen. Ich weiß nicht, ob ihr Gott ein anderer ist als meiner, aber vermutlich nicht. Ich bin dazu ausgebildet, meinen Job zu machen, und werde es eben tun, so gut ich kann. Wenn ich später mit den Konsequenzen fertig werden muss, tue ich das. Ich will, dass es Konsequenzen hat. Es sollte Konsequenzen geben.

Konsequenzen sind nicht unbedingt gleichbedeutend mit richtig oder falsch. Zu einem viel späteren Zeitpunkt wirst du Gelegenheit bekommen, deine Entscheidungen und Handlungen noch einmal Revue passieren zu lassen. Sehr wahrscheinlich werden jene, die du damit betraut hast, deine spirituelle Entwicklung zu begleiten, dir bei diesem Prozess behilflich sein. Du triffst dann die weiteren Entscheidungen je nachdem, was dir eingegeben wird.

Soll das heißen, dass ich mich selbst verurteilen werde? Sagst du, dass der Punkt kommen wird, an dem ich meine Entscheidungen zwangsläufig anders wahrnehme? Meinst du damit Karma und das, was ich vielleicht in meinem nächsten Leben erfahre?

Weder du noch sonst jemand wird dich verurteilen. Diese veralteten Vorstellungen werden allmählich immer mehr verblassen, und bald bist du ein für alle Mal frei davon. Es sind Überreste früherer Glaubenssätze und Inkarnationen und sie haben bei dem, was du aktuell erlebst, eigentlich nichts mehr verloren. Irgendwann wirst du all deine Entscheidungen und alles, was du dir gewählt hast, anders wahrnehmen. Das ist ein Geschenk.

Hast du dich nicht schon manchmal gefragt, was wohl ein anderer über dich oder über deine Handlungen denkt? Karma ist nicht mehr als die Gelegenheit, genau das zu tun. Es ist keine Strafe. Auch dies ist eine veraltete Vorstellung und wird von dir abfallen. Dein nächstes Leben mag mit diesem hier in Verbindung stehen oder auch nicht. Die Leben verlaufen weder linear noch in bestimmter Reihenfolge, es sei denn, sie sind dazu bestimmt, so erlebt zu werden.

Jedoch könnte es passieren, dass du eines Tages zum Vormund eines verwaisten Kindes wirst, das seinen leiblichen Vater im Krieg verloren hat, verstehst du? Das nur als ein Beispiel – es soll nicht als Vorhersage von dir aufgefasst werden, klar?

Du kannst anderen nichts antun, wozu sie dich nicht selbst einladen

Ich hatte schon Träume, worin alle, die irgendwie in diesen Krieg verwickelt waren, eine gewisse Schule besuchen mussten. Anfangs standen wir uns auf verschiedenen Seiten gegenüber und wurden dann gezwungen, die Seite zu wechseln. Man verband uns die Augen, so dass wir einander nicht mehr sehen konnten. Es war schwierig, den einen vom anderen zu unterscheiden. Manchmal erschossen wir uns gegenseitig. Daraufhin hätten wir eigentlich tot sein müssen, aber so war es eben nicht. Wir kamen einfach immer wieder zurück, fast so, als hätte jemand bei einem Videospiel auf »Neustart« gedrückt. Meinst du, dass in diesem Traum eine tiefere Wahrheit steckt?

Nein, nicht in eurem linearen Erleben. Dieser Traum war symbolisch angelegt, um dir zu zeigen, dass ihr einem anderen nichts antun könnt, wenn er es nicht vorher zugelassen oder dazu eingeladen hat. Die besondere Schule, von der du geträumt hast, könnte gewissermaßen die Erde gewesen sein, und die wiederholte Zusammenkunft etwas, wobei alle als verschiedene Aspekte ein und desselben Ganzen betrachtet werden. Eines Tages wird es dir auch so vorkommen, selbst wenn es heute noch nicht der Fall ist.

Werde ich diesen Krieg überleben? Wir Soldaten sprechen unter uns nicht so viel darüber, aber komme ich wieder heil nach Hause zurück? Komme ich überhaupt wieder heim? Mir geht es dabei gar nicht so sehr um mich, sondern eher um meine Familie. Ich will ihr nicht wehtun. Sie kam in dem eben erwähnten Traum nicht vor, aber ich weiß nicht genau, ob das etwas zu sagen hat oder nicht.

Deine Familie kam in deinem Traum nicht vor, weil du es warst, der sich das mit dem Krieg ausgemalt hat, nicht sie. Sie ist an deiner Entscheidung beteiligt, aber nur indem sie bereit war, dein Recht auf Selbstbestimmung zu respektieren.

Wenn du nach Hause willst, könntest du dir vorstellen, dass du dort und nicht hier wärest. Vielleicht machst du Zukunftspläne und arbeitest darauf hin. Mache aus dem Hier eine Episode, aber kein ganzes Leben. Verstehst du, was ich meine?

Sei bereit, diejenigen zurückzulassen, die weiter dortbleiben wollen, da sie sich durchaus dafür entscheiden könnten. Habe sie zu Lebzeiten bei dir, aber nicht darüber hinaus. Sei ihnen ein Kamerad und Bruder, aber schleppe keinen Sarg voller Verantwortung mit dir herum. Wahrscheinlich überlebst du dieses Wagnis, aber nur wenn du alle Gründe geprüft hast, warum du es auf dich genommen hast. Lasse dir die Antworten genau so leicht zufließen, wie es jetzt die Fragen tun. Mache jeden Moment zu einem gegenwärtigen, wenn es geht. Verabschiede dich davon, in diesem Leben einen Krieg zu brauchen, und die Schlacht ist schon halb gewonnen. Gebiete dem drängenden Wunsch in dir, deinem Land zu dienen, dass du dies auf andere Weise tun willst, und dann wird es so kommen.

Deine Zukunft ändert sich von einem Augenblick zum nächsten

Ich habe den starken Eindruck, dass es für mich sehr wichtig ist, anderen dienen zu können. Offenbar kann ich mir mein Leben gar nicht anders vorstellen. Mir ist schon der Gedanke gekommen, Polizist zu werden, und einige von den Jungs hier draußen haben sich auch schon bei der Feuerwehr beworben. Kannst du meine Zukunft sehen? Sagt sie irgendetwas darüber?

Deine Zukunft gibt es noch nicht, wenigstens nicht, bis du dein geistiges Gewahrsein darauf gerichtet hast.

Wenn du deine Zukunft sehen möchtest, musst du jetzt damit anfangen, sie zu erschaffen. Es gibt einige Anteile von dir, die dort, wo du jetzt bist, nicht gebraucht werden. Das ist ein bisschen paradox, und du musst verstehen, dass dein volles und gegenwärtiges körperliches Gewahrsein hier und jetzt gebraucht wird, um dich sicher durch die Wirren deiner jetzigen Umgebung zu bringen.

Aber dein wahres Ich ist viel größer und umfassender, als du dir jetzt vorzustellen vermagst. Deine vergangenen, gegenwärtigen und zukünftigen Augenblicke liegen übereinandergeschichtet, so ähnlich wie die Schichten einer Torte oder ein Stapel Pfannkuchen. Und du bestimmst und beeinflusst, wie viel Sirup du über deinen Pfannkuchenstapel gießt. Du kannst ihn überall nur ein wenig damit beträufeln und beobachten, wie der Sirup in die kleinen Poren und Zwischenräume rinnt. Aber du kannst ihn auch gezielt an eine bestimmte Stelle gießen, die dadurch mit Gehalt und Aufmerksamkeit überschwemmt wird, wodurch du eine Veränderung im Geschmack und in der Konsistenz erfährst.

Deine Zukunft verändert sich von einem Augenblick zum nächsten, indem sie sich an die Intensität und starken Wünsche anpasst, mit der du sie versiehst oder die du von ihr wegnimmst.

Mit deiner Vergangenheit ist es nicht anders: Sie fördert Erinnerungen zutage, damit sie entweder noch einmal durchlebt werden können oder langsam verblassen und in den Hintergrund treten. Deine Zukunft ist zu diesem Zeitpunkt noch nicht geschrieben. Du hast dir noch nicht den Luxus gegönnt, dir für alle Fälle schon einmal eine zu erschaffen. Fange jetzt damit an. Stelle sie dir vor, entwerfe sie, erschaffe sie, erfinde sie ... und dann statte ihr öfter einen Besuch ab, so lange, bis es dir so vorkommt, als sei sie beinahe ein echter Ort und hätte eine echte Form. Von da an wirst du imstande sein, sie zeitlich unterzubringen und sie dein Eigen zu nennen. Sie wird dann *deine* Zukunft sein, und du wirst sie von deinen Träumen unterscheiden können. Ich kann dir dabei helfen, wenn du möchtest, aber du wirst mehr Aufschluss darüber brauchen, was es mit meinem Spürbewusstsein auf sich hat, um daraus einen Nutzen zu ziehen.

Ich bin nicht sicher, ob ich alles verstanden habe, was du eben gesagt hast, aber ich glaube, dass es mir trotzdem etwas gebracht hat. Ich bin nicht einmal sicher, ob ich überhaupt schon verstehe, was und wer du bist, aber ich bin jetzt näher dran als vor unserer gemeinsamen Zeit. Ich habe das Gefühl, dass ich hiervon auf vielfache Weise profitiert habe, was ich irgendwann später vielleicht gar nicht in Worte fassen kann. Hilfst du mir, besser zu verstehen, was überhaupt geschehen ist?

Du hast einen Dialog mit dem Empfindungskörper oder Spürbewusstsein der Erde geführt, einem Gewahrsein, das deinem eigenen sehr ähnelt, nur eben mit erweiterten Fähigkeiten ausgestattet ist – zumindest in diesem Moment. Diese Begegnung erfordert, dass du dich über deinen Normalzustand hinweg ausdehnst und einen Zustand erreichst, in dem du mehr Bewusstheit über dich selbst erlangst und von deiner Seele leiten lässt. Dieser Umstand wirkt sich so auf die Facetten deines Seins aus, dass du offener und empfänglicher wirst, als du es unter normalen Gegebenheiten je wärst. Die Menschen tragen oft dicke Knoten aus Angst, Sorge, Problemen und auch Neugier in sich. Wir haben einfach ein paar dieser Knoten gelöst, die dich geplagt haben. Jetzt liegt es bei dir, nicht wieder neue entstehen zu lassen, wozu der Mensch aufgrund seiner Persönlichkeitsmatrix durchaus neigt.

Deine Ängste machen dich nicht klein

Woher soll ich wissen, dass ich das nicht tue? Es ist ja nicht so, dass ich morgen keine Ängste mehr durchmachen oder mich nie wieder fragen müsste, ob ich wohl nächste Woche im Leichensack den Heimweg antrete.

Stimmt. All diese Gedanken werden dir trotzdem weiter im Kopf herumspuken. Können wir uns einigen, dass du dir auch ein paar Gedanken zu der Zeit machst, die wir miteinander verbracht haben? Und vielleicht noch ein paar mehr, in denen eine lebenswerte und kreative Zukunft vorkommt? Führe dir überall, wo du bist, den Wunsch vor Augen, weiter auf dem Weg zu bleiben, der Menschheit zu dienen, den du ja auch schon eingeschlagen hast. Und dann werde zum Beobachter dieses Prozesses als auch zu dem Beobachteten und zu Beobachtenden.

Mit anderen Worten: Werde zur Erfahrung selbst als auch zu ihrer weiteren Entfaltung. Verstehe, dass du dahingehend konditioniert bist, an einen Anfang und ein Ende zu glauben, weshalb du, wenn diese Zeit unseres Miteinanders vorüber ist, vielleicht denkst, das war es jetzt also mit Gaia oder Gaia hätte sich in den hintersten Winkel deines Gedächtnisses zurückgezogen. Ganz im Gegenteil! Gaia lebt durch einen solchen Austausch regelrecht auf.

Was du glaubst, vermag nicht, Gaia zu vertreiben, und deine Ängste schmälern dich nicht. Erlaube, dass dieser Moment dir weiterhin innewohnt und ebenso deine Träume und Wünsche. Lass sie unentwegt weitergehen und ihre Wirkung tun, ohne

Anfang oder Ende. Das kommt der Wahrheit, die du bist, näher als deine Glaubenssätze.

Ich gehe einmal davon aus, dass andere dir die Arbeit nicht so schwer machen. Wahrscheinlich sind ihre Fragen auch wichtiger als meine. Ich weiß sehr wenig vom Leben, zumindest wenn es um größere Fragen geht.

Ganz im Gegenteil: Es scheint, dass sich dir mit jedem Tag größere Fragen stellen – Fragen, bei denen du gezwungen bist, sie im jeweiligen Moment zu beantworten, und die nicht bis morgen warten können und dann ohnehin wieder auftauchen würden.

Was andere angeht, so wurden die meisten bedeutsameren Fragen bereits beantwortet, allerdings schenkt niemand diesen Antworten viel Beachtung. Die meisten machen einen großen Bogen um den Weg, der einfacher wäre und mehr Wahrheit enthält; und sie leben lieber mit ihren ganzen Widersprüchen und Problemen. Die besten Fragen sind die, die das Herz stellt und die von der Erfahrung beantwortet werden. Die schlechtesten Fragen sind die, die unbeachtet bleiben oder die jemand mit seiner Wahrheit beantwortet, die jedoch nicht deine eigene ist. Die wichtigsten Fragen basieren nicht auf der Intelligenz des Verstandes, sondern auf der leidenschaftlichen Sinnsuche der Seele.

Lass dich von dem ausdauernden und gutwilligen Ruf leiten, der aus deinen Inneren kommt, und die Antwort wird stets den ergiebigen Lohn der Weisheit im Außen mit sich bringen. Abschließend warne ich dich, nicht zu lange in deinem jetzigen Beruf auszuharren. Das, wozu er gut war, ist beinahe schon vollständig erfüllt, und dein nächster Neuanfang rückt näher. Beginne schon jetzt, woanders deine Erfüllung zu finden.

Während der Niederschrift dieses Buches ist unter jenen, die den Krieg statt seiner Alternative wählen, der Widerwille, sich anders zu entscheiden, nicht geringer geworden; daher wüten weiterhin Schlachten und Kriege auf der Erde und verwüsten so das Menschheitserbe. Diejenigen, die sich heute für Krieg entscheiden, wählen auch morgen noch den Krieg. Räumt man das

Hindernis beiseite, von dem sie heute behaupten, es stünde dem Frieden im Wege, so rückt morgen nur das nächste an seinen Platz. Krieg ist für viele eine Handelsware und das Kriegführen gehört zu ihrem Leben – es ist nichts, was sie *tun*, sondern das, was sie *sind*. Das müssen diejenigen, die gegen diese Lebensweise sind, sich ganz deutlich machen. Der Frieden wird sich nicht einstellen, indem man die Gelüste der Kriegslüsternen stillt oder ihren Forderungen nachgibt, indem man ihnen Land abtritt oder etwa an einen anderen Gott glaubt.

Andererseits führen diejenigen, die nach dem Credo »Krieg« leben, ihre eigene Auslöschung herbei, weil die Erde immer weniger bietet, worum sie sich bekriegen können. Was bedeutet schon die Kriegsbeute, wenn einem das Kriegführen selbst verleidet wird?

Was wäre, wenn sich beweisen ließe, dass die zweifache Natur Gottes es zulässt, dass einige sich nur für Krieg und andere nur für Frieden entscheiden könnten? Was wäre, wenn man ein zugehöriges Gen identifizieren und ermitteln könnte, ob es bei jemandem an- oder ausgeschaltet ist? Und was wäre, wenn man außerdem wüsste, welche Machthaber dementsprechend veranlagt sind? Wäre das nicht nützlich?

Solche Informationen hat man bereits, bloß nutzt man sie relativ wenig. Der wissenschaftliche Fortschritt hat hier zwar nur ansatzweise, aber doch brauchbare Ergebnisse gezeigt. Vorreiter auf dem Feld der Genomforschung werden in einigen Kreisen zu Helden ausgerufen und in anderen zu Bösewichtern. Die Finanzierung auf diesen Gebieten läuft über Pioniere aus der Privatwirtschaft und in gewachsenen Militärstrukturen – beide treiben dies aus individuellen und Gruppeninteressen voran.

Die Länder, die beim Kriegführen ganz vorne dabei sind, haben hinsichtlich anderer Ressourcen selbst am wenigsten zu bieten. Ressourcen sind kostspielig und werden von einer Bevölkerung, die immer abhängiger von ihnen wird, dringend benötigt. Krieg und seine Nebenprodukte dagegen lassen sich billig produzieren, sind relativ leicht zu exportieren, erfordern nur ein minimales Management und bieten eine zunehmend ausbaufähige Peripherie.

Krieg ist in den Augen derer, für die Bewusstseinserweiterung und die Entwicklung der Seele weniger erstrebenswert sind, eine sinnvolle Sache. Dennoch sind ihre Tage auf der Erde gezählt, da die Ressourcen, auf die sie zurückgreifen, rasant schwinden. Irgendwann werden sie sich schließlich bemühen müssen, ihre Kriege in Himmelssphären jenseits von dieser hier zu tragen und sie sogar in andere Welten zu exportieren. Das wird nur wenig erfolgreich sein, denn welches Land oder welche Welt sollte schon die Hinterlassenschaften eines oder einer anderen wollen? Derzeit werden auf der Erde 162 Kriege ausgetragen. Letztes Jahr um diese Zeit wurde für 214 bewaffnete Kämpfe mobil gemacht. Der Wert von Menschenleben, ebenso wie der Wert der Erde selbst, muss entweder steigen, oder man wird sie opfern.

Sei darauf bedacht, andere nicht für ihre Entscheidungen zu verurteilen. Du kennst weder ihre Vergangenheit noch ihre Zukunft, und ihre Gegenwart ist keine angemessene Beschreibung ihrer Wahrheit. Wenn du an Frieden glaubst, lasse dich von deiner eigenen Aufrichtigkeit leiten und gebrauche sie wohl bei all deinen Beweggründen. Schaffe Raum dafür in jeder Beziehung und bei jeder Wende der Ereignisse. Krieg findet nicht »da drüben« statt. Er wohnt in allen, die je Vorurteile, Hass, Diskriminierung und Schuldzuweisungen zu spüren bekommen haben. Es gibt nur wenige auf der Erde, die noch nie ein Leben beendet haben, nie eines wiedergegeben oder es gegen etwas vermeintlich Wertvolleres eingetauscht haben. Die heimtückische Natur von Kriegen lässt den Geist viel schneller verhärten und das Herz viel schneller erkalten als die globale Erwärmung, die so viele fürchten. »Dine with the butcher that ye would know the beast he has slaughtered« (»Speise mit dem Schlachter zu Abend, und du weißt, welches Tier er geschlachtet hat«) ist ein alter Spruch, der auch heute noch Gültigkeit besitzt.

Stelle dich an die Seite derer, die Friedensimpulse geben, wenn du willst, aber zuerst stelle dich zu jenen, die wirklich vergeben können. Vergib deinem eigenen kriegerischen Naturell, selbst wenn du es nicht sehen kannst. Erkenne an, dass du keine Feinde hast – nicht in der Vergangenheit, Gegenwart oder Zukunft. Leiste Wiedergutmachung im Hinblick auf jegliche Aspekte deines Wesens, die dich zu etwas Geringerem als einem friedvollen, kreativen Naturell anregen. Erkenne, dass sich die meisten deiner Geschwister einmal bei einer Auseinandersetzung frontal gegenüberstanden oder noch Schlimmeres, und entzünde eine Kerze zu Ehren ihrer Wahrheit, selbst wenn sie Welten von deiner eigenen entfernt ist. Sprich leise die Namen der Großmütter und Großväter vor dich hin, die vor dir waren, denn ihr Leben war dem deinen geweiht und ihm ein Vorbild.

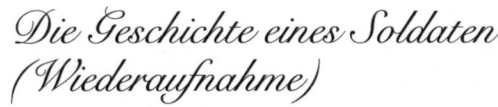

Die Geschichte eines Soldaten (Wiederaufnahme)

ANMERKUNG DES CHANNELMEDIUMS: Im Folgenden handelt es sich um ein späteres Gespräch zwischen dem jungen Soldaten und Gaia. Ich hatte eigentlich gar nicht mehr damit gerechnet, noch einmal von ihm zu hören. Offen gestanden war ich mir auch nicht sicher, ob er noch lange zu leben hätte – nachdem ich mittlerweile seit mehr als fünfzehn Jahren Sitzungen mit Gaia anbiete, ist meine Fähigkeit, die Lebenskraft als einen der Quotienten abzuschätzen, die über unsere Verfassung entscheiden, sehr gut ausgebildet. Es freute mich, neulich wieder von ihm zu hören und mehr Zeit dafür zu haben, ihn näher kennenzulernen.

Er gestattete mir auch wieder, Sie an seiner Sitzung mit Gaia teilhaben zu lassen, mit den gleichen Auflagen wie beim ersten Mal: Fragen sehr persönlicher Natur wurden ausgelassen, ebenso wie jeder Hinweis auf seine Identität oder seinen Wohnort.

Unsere Zeit miteinander war erfrischend und für uns beide belebend. Ich fand seine Fragen und seine Kommentare hinterher in der Suche, die in ihnen zum Ausdruck kam, schlicht und doch tiefsinnig. Anders als bei den meisten von uns sind seine Informationsquellen derzeit sehr begrenzt. Gaia betrachtete das als Pluspunkt!

Ich hoffe, Sie werden seine Fragen ebenso liebenswert und erfrischend finden wie ich.

Begegnung zu einem kostbaren Gespräch

Danke, dass du erneut mit mir sprichst.

Wir haben auch schon in anderen Momenten miteinander gesprochen. Du erinnerst dich nicht so an sie wie ich, aber du hast Zugang zu diesen Erinnerungen, wenn du es möchtest. Die nonverbale Kommunikation zwischen den Ebenen und Dimensionen ist sowohl häufig als auch ökonomisch, vor allem dort, wo Traumata oder andere Formen von sensorischer Deprivation, dem Entzug von Sinneseindrücken, eine andere Kommunikation unmöglich machen.

Ich habe gehofft, mit dir über die Traumata sprechen zu können. Ich habe nicht das Gefühl, dass ich noch derselbe Mensch bin wie der, mit dem du früher gesprochen hast, aber ich bin nicht sicher, worin der Unterschied besteht.

Es gibt immer einen Unterschied, wenn es um die Entwicklung von Herz und Verstand geht. Beide können auf einem neutralen Schlachtfeld als gegensätzliche Kräfte wirken, sobald Widerstand vorhanden ist. Du hast dich auf ein körperliches und zugleich seelisches Schlachtfeld begeben, und das kann auf jeden Fall eine traumatische Erfahrung sein.

Na ja, das Letzte, was ich hier draußen zu finden glaubte, war Gott oder etwas mit Religion, geschweige denn so viele Ausführungen davon. Ich will richtig dort sein, wo Gott ist, und auf der Siegerseite. Macht das Sinn?

Du nimmst an, dass Gott einen Plan hätte, der unter anderem vorsieht, zu gewinnen. Das ist eine noch unentwickelte Prämisse. Gott schlägt sich nicht auf eine Seite, kein Land und keine Religion hat ihn für sich gepachtet. Was wäre, wenn Gott zur römischen Antike gehört hätte und zu allem, wofür sie stand? War der Untergang Roms dann auch der Untergang Gottes? Ist

Gott einfach zu einer anderen Zivilisation weitergewandert und hat verkündet, dass er jetzt deren Gott sei? So verhalten sich niedere Gottheiten, Könige und Tyrannen – aber es ist nicht die Art von Allem-was-ist.

Warum gibt es dann so viele Namen für Gott? Liegt es nicht daran, dass Gott auf unterschiedliche Menschen unterschiedlich eingeht?

Die Namen Gottes sind wie Beschreibungen seiner unterschiedlichen Facetten, wie man sie durch ein Prisma sieht. Sie sind begrenzte Darstellungen von geringeren Wahrheiten, mit denen versucht wird, größere zu beschreiben.

Was ist der zutreffendste Name für Gott?

Keiner von ihnen. Das Wort »Gott« (engl. *god*) ist nur »Yod« und »Vod« falsch ausgesprochen, und beide sind wiederum nur Aspekte eines anderen Wortes, das entsteht, wenn aus ausgesandtem Licht Klang wird. Diese Worte leiten sich von einer Sprache ab, die nicht gesprochen wird, nämlich der Symbolsprache des Wort-Lichts.

Wenn wir Gott also keinen Namen geben oder seinen Namen nicht einmal aussprechen können, woher wissen wir dann, dass er unser Gott ist?

Weil es nur einen Gott, eine Wahrheit und einen ewigen Moment gibt, wovon alles Wirklichkeit wird. Es gibt sonst nichts und niemanden.

Das klingt nicht so, als ob das alles wäre. Da müsste noch mehr sein.

Genau deshalb hat der Mensch Religionen geschaffen und Götter, die über sie zu Gericht sitzen. Auch in alten Zeiten wollten viele Menschen schon mehr, genau wie du heute. Das Einfache war zu einfach, und man bevorzugte das Komplexere. Heute habt ihr eine große Vielfalt, und dennoch ist ein ständiger Kampf im Gange, damit eine Religion die andere bezwingt, vertilgt oder sich einverleibt.

Religionen sind Annäherungen an eine größere Wahrheit

Aber drückt eine Religion nicht wenigstens mehr Wahrheiten aus als eine andere? Kommt eine von ihnen den ursprünglichen Wahrheiten nicht näher als die anderen?

Sie sind allesamt Annäherungen. Sie alle haben einen wahren Kern. Sie alle haben Einwände gegeneinander und tragen deshalb, was den Menschen anbelangt, zur Teilung und Trennung bei.

Was ist mit dem, was meine Schwester das »New Age« nennt? Liegt hierin denn mehr Wahrheit als bei den älteren, herkömmlichen Religionen?

Nein. Das New Age unterscheidet sich nicht von den anderen Religionen. Es wird dort gelehrt, gepredigt und gebetet wie in allen Religionen. Es gibt sich selbst andere Namen und betrachtet seine Generation als besonders und einzigartig. Es ist der Auffassung, dass seine Aufgaben schwieriger seien als andere, und glaubt, auch der Lohn würde entsprechend hoch ausfallen. Das ist nur eine weitere Interpretation von Trennung – es ist von der Prämisse her weniger als ganz.

Meine Schwester sagt, dass das Medium, durch das du sprichst, eine Reihe von Publikationen verfasst hat, die man dem New Age zuordnen würde. Stimmt das? War das deine Idee oder die von deinem Medium?

Meine, ihre und von uns beiden. Es ist eine Partnerschaft, die einem doppelten Zweck dient, denn in der zum Ausdruck gebrachten Zweiheit liegt immer eine Bewegung in Richtung Mitte.

Aber wenn du mit dem New Age oder mit den anderen Religionen nicht übereinstimmst, warum schreibst du dann für sie?

Ich schreibe nicht für sie. Ich schreibe für dich. Ich schreibe für das Bewusstsein der Menschheit. Ich schreibe, um sie aus ihrer Unbewusstheit zu wecken. Ich schreibe für das Menschenreich und auch für andere Daseinsreiche. Ich schreibe und spreche und flüstere, aber ich schreie nicht.

Wenn es etwas bewirken würde, warum solltest du dann nicht schreien?

Weil man sich die größte Mühe geben wird, um eine geflüsterte Weisheit zu verstehen; das Schreien jedoch ist als Warnung vor einer drohenden Gefahr gedacht. Der menschliche Geist vergisst schnell, was ihm zugeschrien wird. Deshalb bewirkt eine Auseinandersetzung zwischen Menschen auch nichts, wenn man sich dabei gegenseitig anschreit – der Geist wird schnell wütend und das Herz schnell verletzt. Beide verhärten sich nur allzu rasch. Dies ungeschehen zu machen, fällt schwerer als das Schreien selbst.

Möchtest du mir damit sagen, dass ich Gott nicht finden werde?

Nein, ganz und gar nicht. Ich sage damit, dass du zuerst die Wahrheit finden musst und dass du in der Wahrheit Gott finden wirst.

Was schlägst du vor, wo ich anfangen soll?

Genau dort, wo du jetzt bist.

Entschuldige mal, aber ich bin in der Hölle. Wenn du wirklich Mutter Erde bist, dann lebe ich in deiner Achselhöhle. Jeden Tag frage ich mich, ob es mein letzter sein wird. Und manchmal, das muss ich dir ganz ehrlich sagen, ist der Gedanke gar nicht mal so übel.

Dann gilt es, wie man so sagt, keinen einzigen Augenblick zu verlieren! Die Achselhöhle, in der du lebst, war einmal eine Inspiration für alle, die sie erblickten. Duftende Gärten raunten den Namen derer, die zu Besuch kamen, und es gab viele, die sie das Kronjuwel nannten. Heute verhält es sich nicht so, aber eines Tages könnte es wieder so sein. Du lebst nicht in der Hölle, aber du hältst dich derzeit dort auf, wo Bedrängnis, Kummer, Verzweiflung, Elend, Trauer und Angst wohnen. Jeder dieser menschlichen Züge hat sich dort häuslich eingerichtet. Das Land steht vor einer Reinigung, und diejenigen, die dort Stellung bezogen haben, ob vorübergehend oder dauerhaft, sind ein Teil des Prozesses.

Die Wahrheit in uralten Mythen

Selbst wenn ich mich hier auf die Suche nach der Wahrheit und nach Gott machen wollte, wie müsste ich das angehen?

Beginne mit der Geschichte des Landes und seiner Menschen. Gehe so weit zurück, wie du kannst, bis sich die Namen ändern und selbst das Ordnungssystem der Zahlen ein anderes wird. Stelle Fragen. Wenn du Antworten bekommst, beginne mit dem nächsten Schwung Fragen. Höre dir die Geschichten und die Mythen an. In uralten Mythen verbirgt sich mehr Weisheit als in der heutigen Wissenschaft. Sei gewillt, nichts zu wissen und alles zu lernen. Beginne ganz von vorn. Erlaube, dass die Geschichte sich neu für dich schreibt. Wirf Glaubenssätze über Bord. Ergründe Mysterien. Schreibe kein Fazit auf.

Das ist nicht gerade das, wie die meisten von uns ihre Tage hier verbringen. Was werden die anderen bloß denken?

Sie werden denken, dass du mit deiner jetzigen Wirklichkeit unzufrieden bist.

Sind sie mit ihrer zufrieden?

Nein, aber aus anderen Gründen als du. Nicht jeder stellt sich die Frage nach der Herkunft Gottes. Einige sind schon ganz zufrieden, wenn sie sich fragen, wer wohl das nächste Baseballspiel gewinnt. Bitte denke nicht, deine Fragen seien anderen über- oder unterlegen. Die Fragen der Menschheit werden nicht nach Verdienst beurteilt – eine Frage ist ein offener Gedanke. Es ist besser, einen offenen Gedanken in Form einer Frage zu haben als einen abgeschlossenen Gedanken, aus dem eine feste Meinung wird.

Kann ich das alles zunächst einmal für mich behalten, oder muss ich irgendjemanden daran teilhaben lassen?

Das kannst du halten, wie du willst. Du trittst in eine Zeit des Erkundens ein, die dich Jahrhunderte weit vorwärts und rückwärts führen wird. Du wirst im Rahmen dieser Reise zu vielen verschiedenen Personen werden. Einige davon werden in dir und durch dich leben, wenn du es ihnen erlaubst.

Ist das gefährlich? Ich weiß, die Frage muss blöd klingen, vor allem weil ich ja jeden Tag Gefahren ausgesetzt bin. Aber das ist neu für mich, und ich bin nicht sicher, welchen Reim ich mir darauf machen soll.

Es ist nicht gefährlich, das Denken mit verschiedenen Wahrheiten zu konfrontieren. Allerdings mag das manchmal etwas Bedrohliches an sich haben, vor allem für den Teil des Denkens, dem seine Glaubenssätze gefallen. Der Geist denkt, er wisse vieles und fühlt sich unwohl, wenn man ihm beweist, dass er Unrecht hat. Deshalb ist es wichtig, aufgeschlossen zu sein. Auf diese Weise kommt es zu weniger Auseinandersetzungen. Warum sich dabei abmühen, eine bestimmte Tür aufzubrechen, wenn es so viele andere gibt, die hineinführen?

Verwirrung ist eine Chance zu wachsen

Wenn ich dich hierzu beim Wort nehme: Woher werde ich denn wissen, ob ich auf der richtigen Spur bin? Was ist, wenn ich am Ende noch verwirrter bin als jetzt?

Es ist gar nicht so schlecht, verwirrt zu sein. Ein verwirrter Geist bietet die Gelegenheit, dass sich das Bewusstsein entwickeln kann. Verwirrung führt zu Klarheit. Erkundung führt zum Entdecken. Vielleicht bekommst du nicht alles richtig hin, aber du kannst dabei keinen Fehler machen. Dein Geist wird leiden, wenn er sich einer Kontroverse ausgesetzt sieht, und rebelliert womöglich dabei. Fördere den Prozess, und er wird dich über diese Augenblicke hinwegbringen.

Können wir uns noch über ein paar andere Dinge unterhalten? Es gibt einen konkreten Grund, warum ich mit dir sprechen wollte. Ich muss die Wahrheit über etwas wissen, was hier draußen passiert ist. Ich wüsste nicht, wen ich sonst fragen könnte.

Man sollte meinen, dass die Suche nach Wahrheit allumfassend ist. Es ist ein interessanter Effekt, dass die Suche nach Wahrheit in einem Lebensbereich die Suche im Ganzen einleitet. Das Leben ist allumfassend. Das Leben auf der Erde zu erschaffen bedeutet, es sich anderswo vorzustellen; und um es sich woanders vorzustellen, dazu muss man voll und ganz hier leben. Dein Bedürfnis, die Wahrheit über diesen Punkt herauszufinden, der Anlass für unser Zusammentreffen war, geht dir schon etliche Wochen voraus.

Du wusstest bereits, was ich fragen würde? Kennst du alle meine Fragen schon, bevor sie gestellt werden?

An der Oberfläche lassen sich Schmerz und Leid unterdrücken, aber ich bin es schon gewohnt, durch die Oberfläche hindurchzuschauen. Es ist schwer, beim Verlust von etwas (oder jemandem) sehr Wertvollem völlig ungerührt zu bleiben. Ich bin mir über deine Bedenken und deinen persönlichen Weg im Klaren, der auch viele deiner Fragen mit sich bringt. Schon bevor du um Rat fragst, ordnet sich das Universum entsprechend neu, um dir von Nutzen zu sein. Ich (Gaia) bin ebenfalls ein Teil von diesem Prozess. Alles, was eine Erweiterung deines Lebensweges darstellt, ist schon in deinem Energiefeld angelegt und kann mit einem Einflusskreis verglichen werden, verstehst du? Alles, was in dem Wahrscheinlichkeitsfeld vorhanden ist, ist einfach nur außerhalb des ersten Feldes – aber nahe genug dran, dass du es fühlen und in dein nächstes Feld hineinholen kannst. Kurz hinter diesem Feld liegt das Feld der Möglichkeiten, das ebenfalls im Rahmen (und nicht außerhalb) deiner Fähigkeit angesiedelt ist, das gewünschte Thema oder die gewünschte Erfahrung in dein Gewahrsein zu bringen.

Schlafwandler zwischen den Dimensionen

Okay. Das verstehe ich ja noch gerade. Weißt du auch schon, dass ich hier draußen meinen besten Freund verloren habe? Kannst du mir sagen, wo er ist und ob es ihm gutgeht?

Er ist nicht weit von dir entfernt, und er befindet sich noch immer unter dem Einfluss der Erde. Die Schleier um ihn herum sind noch immer sehr dicht. Diejenigen, die erst in jüngster Zeit die Schranken zwischen der einen und der nächsten Dimension durchschritten haben, sind nur begrenzt fähig, sich auszudrücken. Ihre Sinnesorgane müssen sich auf ein leichteres Umfeld einstellen, und wenigstens etwas von der Dichte der dritten Dimension muss sich auflösen, bevor sie kommunizieren können. Mit Somnambulie oder Schlafwandeln lässt sich der vorliegende Bewusstseinszustand am besten beschreiben.

Was wird als Nächstes mit ihm geschehen? Wohin wird er gehen? Warum hat er sich vom irdischen Dasein gelöst?

Bevor er irgendwohin kann oder irgendetwas tun kann, muss er sich erst seiner selbst gewahr werden. Er muss sich der Reise gewahr werden, die er soeben angetreten hat. Er ist bei diesem Unterfangen nicht allein – keiner ist das, es sei denn, jemand möchte es so. Es warten viele Entscheidungen auf ihn, aber er muss zunächst einmal sein Gewahrsein wiedererlangen. Er ist noch in irdischem Licht gebadet, was bedeutet, dass seine Persönlichkeit noch mit seinem jüngsten Leben auf der Erde verbunden ist. Dies wird allmählich abfallen und ihm ermöglichen, klarer zu sehen. Der Prozess ist immer gleich, und dennoch ist er für jeden Menschen einzigartig. Je weiter entwickelt die Seele ist, desto schneller setzen die Erholung und der Übergang ein. Er hat sich losgelöst, da dies für ihn angebracht war. Schätzungsweise fünfzig Prozent aller, die in eine Schlacht ziehen, beschließen, ihren Körper dort zurückzulassen. Er gehörte zu dieser Gruppe.

Und gehöre auch ich zu dieser Gruppe?

Das kann ich nicht für dich beantworten, zumindest noch nicht. Am besten rufst du dir ins Gedächtnis, dass die Entscheidung immer bei dir liegt.

Warum kannst du diese Frage nicht beantworten? Ich dachte, wir könnten über alles reden?!

Ja, wir können über vieles reden, aber ein solches Thema muss vom Zusammenhang her verstanden werden, sonst kannst du mit der Antwort wenig anfangen. Die Antwort auf diese Frage gibt es schon in dir, und zwar an einem geschützten und sicheren Ort. Der Punkt ist gar nicht so sehr der, dass sie ein Geheimnis wäre, sondern dass sie heilig ist. Die Antwort offenbart sich dann, wenn an sie auch herangegangen wird wie an etwas Heiliges und wenn es zweckvoll ist, sie zu kennen.

Ich habe wirklich den Eindruck, dass es zweckvoll wäre, wenn ich es jetzt wüsste. Sollten meine Chancen, das hier zu überstehen, nur bei fünfzig Prozent liegen, würde ich anders leben, wenn ich den Ausgang wüsste.

Genau. Du würdest anders leben, wenn du die Zukunft kennen würdest, aber ohne dieses Wissen würdest du genauso leben. Wenn du ein zweckvolles und bewusstes Leben führst, wirst du in der Vergangenheit, der Gegenwart und der Zukunft leben – du würdest zwar nicht anders leben, aber du wärest dennoch nicht der Gleiche. Das Heilige ist nichts anderes als das Erfahren, vollkommen im Jetzt zu sein.

Hat mein Freund gewusst, dass er sterben würde?

Nein, er hat es nicht gewusst. Er ging davon aus, dass er das Trauma seiner Verwundung durchmachen würde. Er erkannte sie nicht als todbringende Wunde. Er blieb ein wenig zu lange in seiner Bewusstlosigkeit und kostete den Frieden aus, der damit verbunden war. Er dachte, es käme von einem Betäubungsmittel, dass er so reagierte. Es kam überraschend für ihn, und er ist auch noch immer überrascht, auch wenn es jetzt immerhin kein Schock mehr für ihn ist.

Bereut er irgendetwas?

Fast alle Wesen haben etwas, das sie bereuen. Da bildet er keine Ausnahme. Interessanterweise beruht das Bereute eher auf Wahrheiten, die man anderen nicht zu verstehen gab, und nicht auf ungenutzt verstrichenen Augenblicken. Ob man alt oder jung ist, spielt dabei nur selten eine Rolle – meistens deshalb, weil Zeit bedeutungslos ist.

Kannst du mir dabei helfen, mit ihm in Verbindung zu treten?

Kann ich nicht. Zum einen ist er dazu noch nicht in der Lage und wird höchstwahrscheinlich auch nicht das Feingefühl entwickeln, um es zu tun. Und zum anderen erstreckt sich meine Vereinbarung und Zusammenarbeit mit dem Channelmedium auch nicht auf dieses Gebiet oder diese Form der Kommunikation.

Warum? Warum sollte sie bei dieser Art von Kommunikation nicht behilflich sein wollen? Ist ihre Aufgabe oder Begabung nicht dafür vorgesehen?

Ihr Weg ist der Weg des Dienens, wozu auch gehört, der Menschheit zu dienen. Aber es ist jedem selbst überlassen, zu wählen, wie sich dieser Weg kreativ ausdrückt. Sie hat sich dafür entschieden, sich auf die erwachende Menschheit zu konzentrieren, in dem Wissen, dass es andere gibt, die womöglich besser für diese Aufgaben geeignet sind. Eine Begabung verpflichtet nicht dazu, sich ihrer zu bedienen.

Wenn du sie bitten oder ihr sagen würdest, dass sie dies tun soll, würde sie es dann tun? Deine Worte oder Anweisungen sind wichtiger, also dürften sie doch Vorrang haben, oder?

Nein. Meine Worte und Taten entsprechen dem Augenblick, ebenso wie deine. Die Naturgesetze sind nicht so willkürlich wie die Gesetze der Menschen. Alles, was zielgerichtet ist, beruht auf einem Zusammenwirken; selbst die Beziehung zwischen einem Baum, seinen Wurzeln und der Erde, die ihn trägt, beruht darauf. Solange diese Gesetze allerdings übertreten oder neu ausgelegt werden können, wird das Ergebnis immer geringer ausfallen als erhofft.

Ich will nicht, dass unsere Zeit zu Ende geht, aber ich weiß, dass sie es irgendwann muss. Kannst du mir etwas geben, worauf ich mich freuen darf?

Freue dich darauf zu verstehen, was und wer du bist. Wenn du dir deine Herkunft neu vorstellst, wirst du entdecken, dass du dich selbst nach einem anderen Bild neu erschaffen kannst. Das ist auf jeden Fall etwas, auf das du dich freuen kannst. Betrachte die Welt um dich herum mit uraltem Blick statt mit deinem jetzigen. Dein Schlachtfeld ist neu, aber der Kampf ist uralt. Es gibt keine Waffen zum Kämpfen, die man sich nicht schon ausgedacht hat. Vielleicht birgt ein Krieg, der alterslos, zeitlos und nie zu gewinnen ist, eine ganz andere Botschaft in sich.

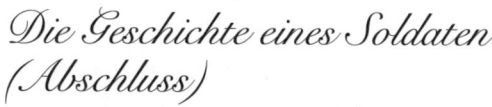

Die Geschichte eines Soldaten (Abschluss)

ANMERKUNG DES CHANNELMEDIUMS: Wieder einmal bin ich dankbar, Sie an den Fragen, Gedanken und Ideen teilhaben lassen zu können, die ein junger amerikanischer Soldat kürzlich bei seiner Channeling-Sitzung mit Gaia vorbrachte. Es war seine dritte Sitzung dieser Art, und wer die vorherigen Kapitel aufmerksam gelesen hat, erkennt vielleicht die ständigen Fortschritte, die er macht, während er sich bemüht, sein eigenes Leben im Rahmen des Militärlebens, das er für sich gewählt hat, weiterzuentwickeln und entsprechend auszurichten. Wie schon zuvor wurden allzu private Fragen ausgelassen, obwohl sie kaum auffallen dürften. Er möchte auch weiterhin lieber anonym bleiben, und ich komme ihm in dieser Hinsicht gern entgegen – sozusagen als Gegenleistung für die Erkenntnisse, an denen wir bevorzugt teilhaben dürfen.

Führung von oben

Ich bin heute wieder in der Heimat, und so weit ich sagen kann, werde ich wohl nicht wieder eingezogen. Ich habe noch weniger als ein Jahr Wehrdienst vor mir, und wahrscheinlich kann ich den letzten Rest in der Nähe meines Wohnortes ableisten. Trotz der guten Ausbildung gab es auch Zeiten, in denen ich unsicher war, ob ich es wirklich schaffen würde, noch einmal zurückzukommen. Und auch ein paar Momente, in denen es mir egal war. Meine Frage lautet: Haben mir meine Geistführer und Engel über diese Momente hinweggeholfen? Oder war ich dabei auf mich selbst gestellt? Kümmert es überhaupt irgendwen »da oben«, was wir von unserem Leben halten oder was wir dabei fühlen?

Auf dich selbst gestellt bist du immer, aber du bist nie auf dich selbst gestellt und dabei ganz allein. Dein Leben, deine Gedanken und Entscheidungen sind einzigartig und in ihnen unterscheidest du dich von allen anderen. Es gibt niemanden, der haargenau so ist wie du, was dich besonders und zugleich bedeutsam macht. Aber du bist auch Teil von etwas viel Größerem, und dieses Etwas ist wiederum Teil von etwas noch Größerem.

In jedem Abschnitt und Stadium des Miteinander-Verbundenseins gibt es ein über- und ein untergeordnetes Gewahrsein – eines, das den einzelnen Menschen betrifft, und ein weiteres, das dem Ganzen gilt. Sinn deines Lebens ist es, beiden zu dienen und dabei ganz zu werden. Obwohl man meinen könnte, dass niemand zwei Herren zugleich dienen kann, besteht deine Aufgabe darin, zu erkennen, dass sie nicht voneinander zu trennen und sogar eins sind.

Es gibt jedoch jene, die dich bei deinem Bestreben unterstützen und dabei anleiten, dein Gewahrsein unentwegt zu erweitern, ebenso in friedvollen und erhabenen Augenblicken wie unter den schwierigsten Bedingungen. Allerdings schenkt dir Spirit – die geistige Welt – nicht weniger Beachtung, wenn du niedere Gedanken hast oder negative Gefühle entwickelst. Spirit sieht diese Erfahrungen als einen berechtigten und wichtigen Teil des Prozesses an und würde dein Potenzial in dieser Hinsicht niemals leugnen oder unterdrücken.

Die Führung ist immer nur einen Atemzug weit entfernt. Sie ist hier unten, dort drinnen und »da oben«, wenn dir diese Vorstellung lieber ist. Das Geführtwerden, ob von Engelwesen oder anderer Seite, ist eine natürliche Kraft, die dir in Erinnerung ruft, dass du selbst wählen kannst. Sie stellt dein natürliches Selbst wieder her, so dass du dir bewusst wirst, dass du selbst *Ursache* bist und nicht *der Wirkung von etwas ausgesetzt*. Diese Art der Führung bietet Unterstützung und Orientierung, jedoch keine Ratschläge oder Beaufsichtigung; sie wird deine Gedanken und Entscheidungen nicht kontrollieren oder regeln. Sie bietet dem Selbst den Rat des Höheren Selbst an.

Führung ist in fast jedem Augenblick gegeben, manchmal für die Menschheit aber schwer wahrzunehmen, da sie es zu sehr gewöhnt ist, sich von Autoritätspersonen beeinflussen zu lassen. Zwar kommt Spirit eine höhere Autorität zu, aber nicht von der Art, die beeinflusst oder manipuliert. Es steht nicht in der Macht der geistigen Welt, deine Gedanken zu beherrschen, aber sie kann diese so weit zur Ruhe bringen, dass sie sich wieder auf deine Mitte ausrichten. Indem du die Beziehung zu deinem Selbst vertiefst, geschieht dies auch mit deiner Beziehung zu deinen Geistführern und anderen Gefährten aus der geistigen Welt. Es kann nie genug gesagt werden, welche außerordentlichen Vorzüge eine Beziehung mit dem Höheren Selbst und Spirit bietet, denn die Auswirkungen sind geradezu wundersam.

Die Menschheit wird von Spirit geliebt und ist ihm geweiht, von daher ist Hilfe immer verfügbar. Was du erfahren hast, könnte man am besten einen »lichten Moment« nennen, in dem alle Wahlmöglichkeiten und ihre Folgen über den Zeitraum eines vollständigen Atemzyklus (gleichbedeutend mit einem ganzen Leben) ausgelotet wurden. Mit ein wenig Hilfe warst du imstande, einige deiner eventuellen Zukünfte zu sehen und in dir selbst die erforderlichen Korrekturen vorzunehmen, die sie ermöglichen würden. Im übertragenen Sinn könnte man sagen: Wenn du deine Zukunft nicht mit eigenen Augen gesehen hättest, hättest du dein Leben und deine Waffe wahrscheinlich weniger fest im Griff gehabt, was die Dinge wesentlich verändert hätte.

Unsere Vorstellung von Sicherheit

Wo wir gerade von Waffen sprechen: Mir ist es schwerer gefallen, als ich dachte, ohne meine Waffen zu sein. Lange waren gerade sie es, die mir ein Gefühl von Sicherheit gaben. Es ist mir egal, wenn andere Leute sagen, dies sei eine trügerische Sicherheit – für mich fühlt sie sich ganz schön echt an. Hast du ein paar Tipps für mich, wie ich das besser bewältigen kann?

Wenn du glaubst, dass eine Waffe dir Sicherheit bietet, dann bist du zunächst einmal überzeugt von diesem Glauben, und es hat keinen Sinn, sich über einen Glauben zu streiten. Waffen sind schön und gewaltig, und der Mensch kann auf eine lange und wechselvolle Geschichte mit ihnen zurückblicken. Du bist ja nach wie vor beim Militär, wo eine Sicherheit, die sich auf Waffen stützt, energisch befürwortet wird. Da auch eine Anstellung eine Art von Sicherheit darstellt, ist es durchaus begründet, einen Zusammenhang zwischen diesen beiden wichtigen Faktoren zu sehen, mit denen dein jetziges Glaubensgefüge steht und fällt. Vielleicht befasst du dich einmal damit, was an Gedanken, Dingen und Menschen sonst noch zu deiner Sicherheit beiträgt. Du wirst feststellen, dass solche Verrichtungen wie die Zubereitung und das Einnehmen einer Mahlzeit dich dabei unterstützen können, ebenso wie das Beobachten des Sonnen- oder Mondaufgangs. Auch anderen Menschen, die nicht allein zurechtkommen, seine Hilfe anzubieten oder beizustehen, ist eine gute Möglichkeit, sich mit dem eigenen Sicherheitsbedürfnis auseinanderzusetzen, da es dich weiter in deiner Fähigkeit stärkt, auch allein zurechtzukommen.

Du wirst dich, während du bereits in einem solchen Zustand bist, viel leichter damit tun, andere Möglichkeiten zu erkunden, in Sicherheit zu sein und dich in Sicherheit zu fühlen. Mit anderen Worten, erkunde sie getrost, wenn deine eigene Waffe in deiner Nähe ist oder wenn andere es sind. Zwinge dich nicht, so zu denken oder so zu sein wie andere, denn du wirst hier deinen eigenen Weg finden.

Solange du beim Militär bleibst, wirst du Grund genug haben, dich in der Nähe von Waffen aufzuhalten. Das wird dem Wesensteil von dir Sicherheit geben, der das braucht. Irgendwann wirst du schließlich feststellen, dass dir nicht viel passieren kann, ob mit einer Waffe in Griffweite oder ohne. Dennoch kann es sein, dass du dich dazu entschließt, eine oder mehrere zu besitzen. Die bisherigen Waffengesetze sind in den USA ja recht locker und zu deinen Gunsten formuliert, vor allem dort, wo du lebst.

Sei bereit, dir und den Menschen, die dir nahestehen und dich nicht dafür verurteilen, deine Ängste und Unsicherheiten einzugestehen. Erlaube deinen Glaubenssätzen, nur vorübergehend zu bestehen und durch andere ersetzt zu werden, die noch nicht feststehen.

Zukünftige Beschäftigungsmöglichkeiten beim Militär

Abgesehen von ein paar Gelegenheitsjobs kenne ich nichts anderes als das Militär. Ich war nie auf dem College, und der Gedanke, noch einmal die Schulbank zu drücken, reizt mich nicht gerade. Da ist auch kein »Familienbetrieb«, in den ich einsteigen könnte, von daher weiß ich nicht so recht, was ich als Nächstes tun soll. Ich könnte wieder zum Militär gehen, aber falls ich das tue, will ich es wirklich aus freien Stücken tun und nicht, weil mir nichts anderes übrig blieb. Ich würde gerne etwas anderes machen, habe aber nicht die leiseste Ahnung, was. Kannst du mir auf die Sprünge helfen?

Halte zunächst einmal einen Augenblick inne und freunde dich mit dem Gedanken an, dass alles, was du bisher in deinem Leben gemacht hast, seinen Sinn hatte und auf seine Weise ein Gewinn war, selbst das, was dir unwichtig, nicht sonderlich gelehrt und zusammenhanglos vorkommt. Bildung ist etwas, wozu du tagtäglich Zugang hast und was mit jedem Tag zunimmt. Ein Abschluss von einer höheren Bildungsanstalt ist wiederum eine ganz andere Sache. Die Erfahrungen, die du »on the job«, das heißt, in der Praxis gesammelt hast, werden dein Leben auf vielfältigere Weise bereichern als solche, die man an einer Universität erwerben kann. Beide sind nützlich und bringen zusätzliche Nuancen und Vielschichtigkeit in dein Leben.

Ein physisches Leben besteht aus Stoffen (Ideen), die zusammengefügt und wieder auseinandergenommen werden können. Sie sind nicht so zerbrechlich, wie sie wirken, obwohl sie es gefühlsmäßig manchmal sein mögen. Meist ist ein Leben dazu angelegt, an mindestens sieben verschiedenen Zeitpunkten und auf mindestens sieben verschiedene Arten auseinandergenommen und neu zusammengefügt zu werden. Das soll nicht heißen, dass in einem Leben Platz für sieben verschiedene Ehen oder Berufswege sein sollte, obwohl es so sein könnte. Ein Leben ist eine ziemlich kreative Angelegenheit, aber es mag nicht von vornherein so wirken, vor allem wenn du auf der Suche nach einer Gebrauchsanweisung bist oder es mit dem Leben deines Nachbarn vergleichst. Manchmal muss ein Leben erst gründlich auseinandergenommen werden oder einstürzen, bevor es wieder zusammengefügt werden kann, um kreativere und belebende Muster zu bilden. Wenn du dir selbst vor Beginn dieses Lebens oder auch nur in deiner frühen Kindheit einen Besuch abstatten könntest, würdest du dich erinnern, dass dies mit zu dem gehört, woran du dich später zu erinnern hofftest.

Die Alternativen und Möglichkeiten, die sich dir heute bieten, scheinen nicht gerade verlockend zu sein, aber das wird sich bald ändern. Die Veränderung mag sich von allein einstellen oder auch nicht – manchmal musst du sie näher zu dir heranziehen oder dafür sorgen, dass du dich selbst dorthin begibst, wo deiner Meinung nach der nächste Schritt erfolgen könnte. Du musst dabei auf deinen Instinkt vertrauen, genauso wie du dich in anderen Bereichen deines Lebens auf ihn verlässt.

Gedanken stellen sich mitunter als unfertige Ideen ein, die erst richtig geordnet werden wollen. Mit der Lebenserfahrung geht es auch ein wenig in diese Richtung, weshalb du mitunter »das Pferd von hinten aufzäumst«. Ich kann dir sagen, dass es gute Gründe dafür gibt, dass du beim Militär warst, und dass es dir auch weiterhin noch von Nutzen sein wird, wenngleich nicht so, wie du dir das vorstellst.

Militärische Mitwirkung an zivilen Projekten

Wie du bereits weißt, gibt es beim Militär verschiedene Zweige, und jeder weist seine eigenen mit Orden dekorierten Stärken und Merkmale auf. Du hast dir den gewählt, der dir damals am meisten entgegenkam. In naher Zukunft wird es weitere »Nebenzweige« geben, die mit den jeweiligen Zweigen von heute in Verbindung stehen. Diese weniger strukturierten Organisationen werden ziviler Natur sein und sich um die technische Planung, Infrastruktur und humanitäre Hilfsprojekte drehen.

Die wählende Öffentlichkeit ist im Begriff, sich von militärischen Interessen im Ausland abzuwenden, um sich auf die wirtschaftlichen Probleme im Inland zu konzentrieren, was diejenigen, welche die Gesetze erlassen, veranlassen wird, dasselbe zu tun. Das Militär wird bei den Gesetzgebern mit Nachdruck in eigener Sache mobil machen, da es wohl kaum die Mittel verlieren möchte, die sein Dasein auf der Welt sichern und ihm ermöglicht haben, sein Einflussgebiet auszudehnen. Einige Mittel werden vorübergehend für Bauvorhaben abgezweigt werden, von denen städtische Regionen profitieren, zumindest eine Zeit lang. Es ist schwierig, das Ergebnis dieser Entscheidungen und Projekte hochzurechnen, da sie in mehrfacher Hinsicht weitreichende Auswirkungen haben werden.

Die Nationalgarde beispielsweise wird aufgestockt und sich in verschiedene Richtungen weiterentwickeln. Wer ihr beitritt, dem wird man Jobs im zivilen Bereich, Umschulungen und berufliche Fördermaßnahmen anbieten. Mindestens ein weiterer Zweig des Militärs wird ein ähnliches Programm ausarbeiten, und in diese neue Richtung werden Mittel fließen. Die Vorzüge der neuen zivilen Bündnisse werden unverkennbar sein, zumindest anfangs, wenn die Arbeitslosen wieder öffentliche Arbeit finden. Städte und Bundesstaaten, die schon jetzt in einer ernsthaften Notlage sind, werden die staatlichen Transferleistungen, die mit diesen Bestrebungen verbunden sind, begrüßen, selbst wenn die Beihilfen für Hochschulstudenten gekürzt werden. Später mag die

Bevölkerung die »Vermischung« militärischer Projekte mit zivilen Projekten sowie deren Regelung durch den Staat statt durch die Bundesstaaten in diesem Zusammenhang in Frage stellen, aber das ist ein anderes Thema.

Du wirst feststellen, dass deine militärische Ausbildung zum Zerschlagen unerwünschter Netzwerke und Elemente angepasst und weiterentwickelt werden kann, um bei Wiederaufbauprojekten zum Einsatz zu kommen. Stelle dich vorerst darauf ein, dass es zu deiner Lebensaufgabe gehört, einen Dienst zu versehen, andere zu beaufsichtigen und zu führen. Es besteht keine unmittelbare Notwendigkeit, sich eine andere Tätigkeit zu suchen oder anzunehmen, deine derzeitigen Fähigkeiten ließen zu wünschen übrig. Die Welt verändert sich eben sehr schnell, und als Bewohner dieser Welt veränderst du dich ebenfalls. Lass dich von den Orientierungshilfen und »Tipps«, die du von der geistigen Welt erhältst, auch weiterhin inspirieren.

Vertrauen ins Sichtbare und Unsichtbare

Irgendwann möchte ich gern heiraten und Kinder haben. Werde ich sie auch beschützen können, wenn es so weit ist, angesichts der Lage, in der sich die Welt dann befindet?

Genau wie heute wirst du in der Welt leben, die du selbst erschaffst und an die du glaubst. Alle Welten werden aus Gedanken und Ideen zusammengefügt. Einige davon bleiben nur vorübergehend bestehen, andere dagegen scheinen beständiger zu sein. Heute richten sich die Gedanken der Menschen auf Kampf, Überleben, Arbeit, Schuldentilgung und Sicherheit in einer Welt, die zunehmend unsicher erscheint. Stark verdichtete Gedanken ordnen sich neu und treten erst als Bedenken und dann als Sorgen wieder in Erscheinung. Mit jedem weiteren Auftreten werden sie auf der persönlichen Ebene immer präsenter und realer. Ist sie an eine Wirklichkeit gekoppelt, gibt man der Sorge die Erlaubnis, zu bestehen – da zu sein. Und durch diese Assoziierung kommt das, was *ist*, allem anderen gleich, das ebenfalls *ist*. Mit anderen Worten, eure Sorgen werden mit euch gleichgesetzt, und in einigen Fällen werden sie sogar größer als ihr, weil ihr eure Macht an sie abgebt.

Es kann durchaus sein, dass die Kinder, mit denen du später dein Leben verbringst, einen ganz anderen Hintergrund haben als du selbst. Ihr Zellgedächtnis bei der Geburt wird aus einer anderen Welt sein, was diese Welt noch fremdartiger für sie macht. Ein offener Geist lässt sich nur von einem anderen offenen Geist bewahren, und ein offenes Herz nur von einem anderen offenen Herzen. Türen sind dazu da, geöffnet zu werden, und Schwellen dazu, überschritten zu werden.

Du wirst merken, wie schwer es ist, Kinder vor ihrer eigenen Neugier zu bewahren. Es wird an dir sein, für sie zu sorgen, sie vor Schaden zu bewahren und ihnen ein Dach über dem Kopf zu geben. Du wirst auf ewig ihr Beschützer sein und magst ihre Unversehrtheit vielleicht so verteidigen, wie es einem liebevollen Vater zukommt. Das Übrige liegt dann bei ihnen. Manchmal wirst du dir auf die Lippen und die Zunge beißen, und selbst wenn es dir im Herzen wehtut, möchte ich dich ermahnen, die Eigenständigkeit kreativer und junger Geister zu achten. Lass jedes deiner Kinder selbst den Nektar des Lebens saugen; lass sie diesen süßen Nektar statt Verbitterung wählen, indem sie den Unterschied zwischen beidem herausfinden. Die Welt wird für sie sorgen, genauso wie sie für dich gesorgt hat und dies auch noch weiterhin tut, selbst in der heutigen Zeit. Hab Vertrauen in die Dichte von allem, was sichtbar ist, und in die Leichtigkeit von dem, was unsichtbar bleibt.

Entwicklung von Familienbeziehungen

Ich stand den anderen Soldaten in meiner Einheit sehr nahe. Jeder verstand dort die Bedeutung eines Blicks, einer Handbewegung, ja sogar eines Zuckens im Handgelenk. Es gab Tage, an denen wir wenig sprachen

oder ganz schwiegen, aber darauf kam es nicht an. Wir verließen uns auf
den anderen, weil unser Leben davon abhing. Es gab zwischen uns keine
Unehrlichkeit, und unser Vertrauen ist mit der Zeit gewachsen und hat
sich noch vertieft. Sie waren meine Brüder, und ich vermisse sie sehr.
Meine eigenen Brüder haben mich schon gefragt, wie ich nur den dauern-
den Waffenlärm ertragen konnte; ich aber frage mich, wie sie den ganzen
Lärm aushalten, der mit einem betriebsamen Tag einhergeht – schrillende
Handys, sinnloses Gequatsche, Blicke, die ich nicht deuten kann, und
Tratsch über Leute, die wir nicht kennen und die uns egal sein dürften.
Wie soll ich ihnen das nur erklären?

Du lebst auf demselben Planeten und in derselben Gesellschaft wie
viele deiner Angehörigen, und doch hast du wahrscheinlich nicht
dasselbe Weltbild. Da bist du nicht der Einzige, und tendenziell
ist es meistens so, dass man sich selbst innerhalb der Familie bei
einem bestimmten Punkt im Leben oder auch mehreren nicht einig
ist. Fast jeder verändert sich im Laufe der Zeit und entwickelt sich
weiter, vor allem, wenn die Lebensumstände den Weg prägen, den
man einschlägt. Deine Lebensreise hat dich in andere Länder und
Kulturen geführt. Dein erweiterter Kreis an Brüdern ist einzigartig
und wird dir weiter Kraft geben, solange du die Unterschiede kulti-
vierst, die jeden von euch dazu brachten, einander so zu unterstützen, wie ihr es tatet. Was die Mitglieder deiner leiblichen Familie
verbindet, sind jedoch eher Ähnlichkeiten als Unterschiede. Ihren
ungeschriebenen Gesetzen zufolge haben sie sich geschworen, an
Dingen und Menschen das hochzuhalten, was in ihrer Welt leicht
wiedererkennbar ist, und die Dinge und Menschen auszuschlie-
ßen oder zu verurteilen, bei denen es sich nicht so verhält. Bevor
du fortgingst, warst du noch »einer von ihnen«, ohne zu bemerken,
dass es so etwas überhaupt gab. Deine Reisen haben deinen Horizont erweitert und auch deine Ansichten übers Leben.

Bei unserer ersten Unterhaltung hattest du dich besorgt über
die Veränderungen gezeigt, die du gerade durchmachtest: Du
hattest Angst, einen Punkt zu erreichen, an dem es kein Zurück
mehr gäbe. Offen gestanden hattest du diese Schwelle bereits

überquert und warst schon ein gutes Stück weit auf dem Weg zur nächsten vorangeschritten. Wir haben damals nicht viele Worte darüber verloren, weil es nicht nötig war. Deine Familie ist nicht unehrlich zu dir, und größtenteils herrscht dort eine starke Verbundenheit. Ihre Welt ist kleiner als deine, und wahrscheinlich wird sie noch ein wenig mehr schrumpfen. Deine Welt ist größer, und wahrscheinlich wird sie sich weiter ausdehnen. Der »Lärm«, den du hörst, wenn du mit ihnen und anderen mit einer ähnlichen Schwingung zusammen bist, ist genau das: Es ist das Gesumm menschlicher Sprache, die allzu oft nachgemacht wurde. Gedanken, die sich wiederholen und zurückgeworfen werden, aber wenig zu verkünden haben, lösen sich auf, weil sie keinen Anklang mehr finden, wodurch sie fortbestehen würden. Sie bleiben nur so lange lebendig, wie sie jemand demonstrativ hochhält, und das wird vor allem erreicht, indem man sie wiederholt. Schweigen dagegen bringt einen Zustand zum Ausdruck, der mit Werthaftigkeit, Tiefe und Frieden verbunden ist – selbst auf dem Schlachtfeld, wo es um Leben und Tod geht.

Man kann wenig sagen oder tun, wenn Andersgesinnte so kommunizieren, wie sie es eben tun. Tratsch ist eine Sprache für sich. Für einige stellt er eine Möglichkeit dar, sehr persönliche Dinge zu erörtern, ohne Tacheles reden zu müssen. Der Mensch lernt indirekt aus dem Unglück und Missgeschick anderer, und Tratsch ist eine Möglichkeit, bei dem er die Geschichten und Mythen entwickelt, mit denen er lebt. Diejenigen, die es zulassen, auf ein Podest gestellt zu werden, willigen damit auch ein, wieder von ihm heruntergeholt zu werden, wenn die Zeit reif dafür ist; sie werden dabei nur so tief fallen, wie der Elfenbeinturm, auf dem sie sich befinden, hoch ist. Diejenigen, die an Tratsch Vergnügen finden, erfahren dadurch einen Kick, und so kann man ihn als etwas betrachten, das durchaus seinen Zweck erfüllt. Er ist gewissermaßen Futter, Silage für den Winter des Gemüts, wenn Nahrung sonstiger Art eben nicht so reichlich vorhanden ist. Das Gemüt ist ein fruchtbarer Ort, begnügt sich jedoch in Ermangelung des Echten mit einem armseligen Ersatz.

Was diejenigen betrifft, die entsprechend konditioniert und veranlagt sind – sei in ihrer Gegenwart auf der Hut, horche genau auf
ihre Worte und achte auch auf deine eigenen (selbst die unausgesprochenen). Bleibe friedlich, selbst in einer Streitarena, wo die
Menge mit johlenden Anfeuerungsrufen noch den Niedergang
derer herbeischreit, die ohnehin schon am Boden liegen. Gehe
gütig damit um, wenn anderen ein Scheitern oder der Ruin droht,
selbst wenn sie ihn verdient haben. Trage nicht zum Zusammenbruch eines Geistes oder Herzens bei, wenn es sich vermeiden
lässt. Folge wo immer möglich höheren Idealen und sei auf einen
anderen Ausgang vorbereitet als den bereits einstudierten.

Teil zwei

Familie und Beziehungen

Spirit und Geschlecht sind eins

Ich will es ja eigentlich nicht wahrhaben, aber es scheint tatsächlich mehr Frauen mit einem Hang zur Spiritualität zu geben als Männer. Das zeigt sich bei der Zusammenset- zung der Seminarteilnehmer, bei Mailinglisten sowie bei Reisen zu heiligen Orten und Website-Foren. Würdest du mir bitte einmal deine neutrale Sichtweise zu diesem vor- belasteten Thema verraten?

Und es kommt mir so vor, als wenn jede Frau, die ich in den letzten beiden Jahren kennengelernt habe, mich gefragt hätte, ob ich mich für Spiritualität interessiere. Als wäre das der Maßstab, an dem sich zeigt, wer ich bin. Was ist Spiritualität eigentlich genau? Ich glaube, dass ich ein guter Kerl bin. Ich halte meine Versprechen und Verpflichtungen ein, ich sage die Wahrheit und achte die Bräuche, Vorstellungen und den Glauben anderer. Ist das Spiritualität?

Spiritualität ist eher ein Geistes- oder Seelenzustand als ein Seinszustand. Der Geist kann sich über spirituelle Themen Ge- danken machen, aber er ist nicht in der Lage, irgendetwas zu sein. Der Geist ist ein Sammelsurium an Vorstellungen, Glaubens- sätzen und Informationen, und zu erwarten, dass er mehr als das sein sollte, bedeutet, die vielen Privilegien zu missachten, die euer wahres Selbst zu bieten hat. Schon die Idee, dass Frauen spiritu- eller seien als Männer, veranschaulicht dies, denn das, was ihr wirklich seid, hat kein Geschlecht. Männer und Frauen, sowohl menschlicher als auch anderer Art, stellen sich selbst und gegen- seitig schon seitdem die Dualität Gestalt annahm zu vorteilhaft und beschönigt dar.

Das gesellschaftliche Geschlecht –
eine Beschreibung und keine Festlegung

Spirit ist in der ganzen Vielfalt des Lebens enthalten, spiegelt sich in ihr wider und drückt sich in ihr aus. Gewächse, Bäume und das gesamte Pflanzenreich sind von seinem beseelenden Geist erfüllt; das ist eine der Hauptarten, wie ihr die seelische Gesundheit eures stofflichen Körpers erhaltet. Ohne dieses Zutun bliebe euer Körper nicht so lange erhalten, wie es heute der Fall ist. Offensichtlich findet sich solch ein beseelender Geist auch im Tierreich, und wenn das Fleisch der Tiere so behandelt und verzehrt wird, wie es ihm zusteht, kann es viele nutzbringende Eigenschaften aufweisen. Das Mineralienreich ist natürlich kristallisierter oder *physikalisierter* beseelender Geist, und eine Begegnung mit ihm ist für jeden Aspekt des Lebens förderlich. In allen Fällen gilt: Je organischer oder natürlicher die Form, desto größer der Nutzen für alle Beteiligten.

Alle Daseinsreiche, das des Menschen inbegriffen, sind ein Ausdruck der spirituellen Vielfalt des Weltalls. Jede Welt und jede Dimension ordnet den beseelenden Geist zunächst kollektiv und dann individuell auf Basis der Gesetze an, die dieser Welt für das schöpferische Erleben zugeteilt wurden. Das gesellschaftliche Geschlecht (engl. *gender*) ist eine Form des kreativen Ausdrucks, den Spirit wählt, um sich selbst zu erhöhen. Gender ist eine Beschreibung und keine Festlegung durch Geschlechtsmerkmale wie beim biologischen Geschlecht (engl. *sex*) – ein markanter Unterschied, der es dem Individuum ermöglicht, sozusagen mitten im Leben seine Geschlechtsidentität zu wechseln. Entgegen der öffentlichen Meinung und gesellschaftlichen Richtlinien ist das Geschlecht bei der Sexualität kein entscheidender Faktor. Dies war bislang eine Fehldeutung seitens der Menschheit, die unnötig lange zu einer scharfen Trennung zwischen Mann und Frau führte sowie zur kulturellen Abkehr von religiösen Vorstellungen.

Spirit erkennt sich in allem und hält dabei nie inne, um erst einmal zu überlegen oder auszuwerten, wie weit er bislang vorangeschritten ist. Er ist sich sogar weitgehend nicht bewusst, überhaupt einen *spirituellen Weg* zu haben. Spirit *ist*, deshalb *wirkt* er auch durch die Tat; er unterscheidet nie zwischen beidem, da es keinen Unterschied gibt.

Warum also nimmt der Mensch, der hierbei oft so streng mit sich ins Gericht geht, diese Trennung vor? Der Mensch bewertet etwas, von dem er glaubt, es sei von ihm getrennt – ein nur allzu weit verbreiteter Widerspruch, der aber ein Ding der Unmöglichkeit ist. Der Mensch vergleicht und bewertet alles, von seiner linken Gehirnhälfte bis zu seinem rechten Zeh, weil er selbst diese als von ihm getrennt betrachtet. Da es ihm nicht gelingt, die einzigartigen und vielfältigen Ausdrucksformen zu erkennen, in denen sich Spirit darstellt, verbannt er genau das, wonach es ihn am meisten verlangt: Einheit in und durch Vielfalt.

Hierin liegt die Schwierigkeit, die der Mensch in allen Lebensbereichen erfährt und besonders bei allem, was mit dem gesellschaftlichen Geschlecht, Rasse, Religion und Kultur zusammenhängt. Es gibt keinen völlig passenden Überbegriff für dieses Phänomen, aber alle sind gewissermaßen mit Vorurteilen behaftet.

Die Vielfalt ehrt das Wirken von Allem-was-ist

Allgemein betrachtet haben Frauen keinen größeren Hang zu spirituellen Themen als Männer. Doch haben viele Kulturen auf der Welt dafür gesorgt, dass sich die *Sensibilität* eines Mannes nicht im Innen, sondern vorwiegend im Außen über seine *Verständigkeit* auszudrücken hat – für die Menschheit insgesamt nicht gerade eine glückliche Wahl. Das gesellschaftliche Geschlecht bringt Spirit nicht zum Ausdruck; Spirit drückt sich über das gesellschaftliche Geschlecht aus. Spirit ist die wirkende oder tätige Kraft, die von Allem-was-ist/der Quelle/Gott eingesetzt wird. Für diese wäre es vollkommen unmöglich, sich auf nur eine Form, nur einen Gedanken, nur einen Ausdruck oder nur ein Geschlecht zu beschränken. Warum also hält sich diese Überzeugung bloß so hartnäckig?

Spirit hält nicht Ausschau nach einem Gefährten oder einer Partnerin, sondern der Geist, der den einzelnen Menschen beseelt. Mit anderen Worten: Die zum Individuum gewordene aktive Naturkraft sucht nach einem Gegenstück, etwa so wie die Wurzeln eines Baumes sich in den tieferen Lehmboden vortasten, der mehr Nährstoffe bietet als das obere Erdreich. Es ist für den Baum etwas Natürliches, dies zu tun, und da es natürlich ist, ist es auch spirituell. Wenn sich der Geist, der die einzelne Person beseelt, auf natürlichem Weg ausdrückt, wird das, was dabei herauskommt, immer die Einheit durch die Vielfalt widerspiegeln – es kann gar nicht anders sein. Derzeit ist die spirituelle Verschiedenheit zwischen den Kulturen und Geschlechtern kein natürlicher Ausdruck, sondern künstliche Fassade und verzerrt.

Auch vor langer Zeit bestand schon ein auffallender, einzigartiger Unterschied zwischen den Geschlechtern, aber man könnte leicht sagen, dass die Verschiedenheiten damals noch eine gesündere Achtung genossen als heutzutage. Jahrhundertelang wurden die Unterschiede als ein Akt Gottes/der Göttin/von Allem-was-ist gepriesen. Denn man wusste sehr wohl, dass die Quelle vielerlei Gestalt annehmen und viele Sprachen sprechen kann – symbolisch und auch anderweitig. Die Göttin(nen) musste(n) sich ihren Platz an der Seite des Gottes/der Götter oder als sein/ihr Gegenüber nicht erst erkämpfen, wie man das heute beobachten kann, da man verstand, dass es sich eben um zwei Aspekte (nicht Hälften) desselben Einen handelte. Man verehrte sie für die einzigartigen Eigenschaften Spirits, die jeder für sich verkörperte, aber sie wurden als eins betrachtet; Vielfalt innerhalb der Einheit (nicht dazwischen). Verstehst du?

Viel später fehlte es dann kriegsbedingt an Männern. Die Frauen beteten daraufhin zur Großen Göttin und verneigten sich ehrerbietig vor ihr, und schließlich wurde das Gleichgewicht wiederhergestellt. Viel, viel später mangelte es dann wegen einer Seuche, die vor allem junge Frauen dahinraffte, an Frauen. Die Männer beteten, hielten Zeremonien ab und brachten dem Großen Geist Opfergaben dar, verbunden mit der Bitte, sie weibliche

Nachkommen zeugen zu lassen. Wo endet ein Aspekt von Gott/ der Göttin/Spirit und wo beginnt der nächste? Welches Geschlecht ist also spiritueller?

Der Anfang der Schwierigkeiten

Die Schwierigkeiten begannen schließlich, als der Menschheit gesagt wurde – und sie später auch noch dem Irrglauben verfiel –, sie sei nach dem Ebenbild eines Gottes in männlichem Gewand geschaffen. Obwohl alles ganz harmlos anfing und man es leicht hätte zurechtrücken können, geschah es nicht. Diejenigen, die es vermocht hätten, den eingeschlagenen Kurs der Menschheit zu korrigieren, kamen bei den Huldigungen, die ihnen zuteil wurden, auf den Geschmack und unterließen es. Sie hätten eigentlich sagen sollen, dass der Mensch das Ebenbild von allem ist, was es gibt und was je war, und dass der ihm innewohnende, ihn beseelende individuelle Geist der gleiche war wie jener, der sich in allem verkörperte. Aber die damaligen Möglichkeiten, dies zu vermitteln, beschränkten sich auf Zeichen, Symbole und einsilbige Worte, und alle Bemühungen, das Unrecht wiedergutzumachen, waren zu zaghaft und kamen zu spät, insbesondere von Seiten derer, deren Ansehen größer und beeindruckender war als beim Rest.

So interessant solche Nachforschungen unter der Rubrik »Kurioses«, wie wir sie heute angestellt haben, auch sein mögen, stellen sie allenfalls ein *obiter dictum* dar, eine nebensächliche Beobachtung. Diese geht zwar von irgendeiner Autorität aus, für die Zukunft aber sind sie nicht bindender als eine heutige Lehrmeinung, denn es bleibt ja die Frage: Warum hat man den Eindruck, dass sich die Geschlechter leichter entzweien als zusammenfinden, wenn es um den Geist geht? Warum hält sich unvermindert das wahrgenommene Bild, dass es eine Ungleichheit der Geschlechter bei der Spiritualität gäbe?

Größtenteils ist es ein Echo aus der Vergangenheit. Die Wahrnehmung eines Menschen(mannes), der von niedrigeren Motiven getrieben ist als denen spiritueller Art, ist eine falsche Wirklichkeit. Sozusagen ein falsch-positives Testergebnis, das sich im parasympathischen Nervensystem (Parasympathikus) der Menschheit festgesetzt hat. Bei Männern zeigt sich dies in der Regel ausgeprägter als bei Frauen und tritt – zeitlich gesehen – eher bei den älteren Männer- und Frauengenerationen auf.

Der Parasympathikus steuert die unwillkürlichen und unbewussten Funktionen des Körpers. Außerdem hängt er eher mit den Hirntätigkeiten zusammen, die der linken Gehirnhälfte zugeordet werden und mit Wissen und Kenntnissen analytischer Natur in Verbindung stehen. Der Sympathikus hingegen, der andere Teil des vegetativen Nervenystems, der bei Stress oder Gefahr höchst aktiv ist, ist derzeit eher im Gleichgewicht. Das sympathische Nervensystem ist an der Regulierung von Puls und Blutdruck beteiligt, bei der Weitung der Pupillen und der Änderung der Muskelspannung. Auch trägt es zum Funktionieren der rechten Gehirnhälfte bei, die mit der Steuerung dafür typischer Tätigkeiten zusammenhängt, wozu Gefühle und Kreativität gehören.

Eintritt ins Zeitalter der präzessionalen Evolution

Mit rasantem Tempo steuert die Menschheit auf einen Scheideweg zu, der sie kollektiv von einem Zeitalter in ein neues versetzen wird. Es ist eine Zeit der *präzessionalen* Evolution, bei der die gleichmäßige Bewegung der Achse eines (sich drehenden) Körpers zunimmt oder schneller wird und hierdurch Zeit, Raum, Frequenz und Dimension beschleunigt. Wie ihr euch vorstellen könnt, wird der Mensch immer stressanfälliger, je mehr er sich diesem Kreuzungspunkt nähert, weshalb ein regulierter Puls wichtiger wird als je zuvor. Angesichts dessen, was wir gerade erläutert haben, kann man mit einiger Wahrscheinlichkeit annehmen, dass der Sympathikus in Verbindung mit den Tätigkeiten, die eher die rechte Gehirnhälfte betreffen, derzeit viel aktiver ist als der Parasympathikus, der eher mit Tätigkeiten der linken Gehirnhälfte zusammenhängt. Und so sehr heute analytische Prozesse vonnöten sind – schöpferische Ergebnisse haben noch höheren Vorrang.

Verdreht diese Worte bitte nicht voreilig, indem ihr gleich zu verstehen meint, warum Frauen derzeit eine größere Notwendigkeit sehen, dass das Spirituelle zum Ausdruck kommt. Schließlich kommt der Mentalkörper bei Mann und Frau im Gewand männlicher Energie daher, und den Emotionalkörper zeichnet bei beiden weibliche Energie aus. Der Unterschied besteht also darin, wie diese Energiekörper übereinandergeschichtet sind, so dass der eine eher durchscheinend und der andere eher undurchscheinend ist. So fein die energetischen Unterschiede auch sind, sie haben auf alles eine Auswirkung, von der Frequenz und dem Wohlbefinden bis zum Verlangen nach sinnlichem und spirituellem Ausdruck.

Darauf aufbauend kann mit Sicherheit behauptet werden, dass jede Schicht eures Seins schon dabei oder kurz davor ist, ihre Ausdrucksform, ihre Frequenz, die Farbe ihrer Aura und ihre jeweilige Schwingung zu verändern. Die Drehung der Erde stellt in dieser Hinsicht eure eigene sicher, bemerkt ihr das? Generell sind diejenigen, die einen ausgeprägteren Emotionalkörper aufweisen, ihrem Wesen nach eher transluzent, während die, bei denen der Mentalkörper stärker hervortritt, eher transzendenter Natur sind. Dieses Phänomen weist auf eine Veränderung hin, aber es verweist nicht unbedingt auf eine spirituelle Fortentwicklung oder moralische Überlegenheit. Beide Phänomene stehen mit der übernatürlichen und überirdischen Erfahrungswelt in Zusammenhang – dem, was jenseits der materiellen Welt stattfindet; unabhängig vom normalen menschlichen Erleben, aber innerhalb des Spektrums dessen, was zu wissen möglich ist.

Die Fähigkeit zur Anpassung ist bei fast jeder Gattung und in jedem Daseinsreich zu beobachten, aber genauso verhält es sich auch mit dem Aussterben. In Zeiten von evolutionären Bewusstseinssprüngen sind solche Umstände normal. Das Physische, das ja auch am dichtesten ist, muss früher oder später den feineren

Substanzen und Stoffen des Lebens weichen. Da dasselbe Gesetz für alle Wesen und Dinge gleichermaßen gilt, kann man sowohl von Männern als auch von Frauen sagen, dass sie sich beide in einem großen Übergang befinden, bei dem deutliche, aber auch feine Unterschiede anscheinend stärker hervortreten als bestehende Gemeinsamkeiten. Es verbergen sich somit große Chancen in den Herausforderungen, die ebenso großzügig vorhanden sind.

Und auch wenn für das Tierreich die natürliche Auslese nach dem Prinzip »Survival of the Fittest« gelten mag, dem Überleben desjenigen, der am besten angepasst ist, so hängt die Einigkeit des menschlichen Geistes doch von seiner Toleranz und Bereitschaft ab, sein Selbst zu erkunden und zu heilen. Die Menschheit ist heute recht angreifbar; und eigentlich möchte sie lieber Mauern errichten, obwohl sie viel besser beraten wäre, Brücken zu bauen. Und wären die Brücken dann aus Geistigem errichtet, umso besser.

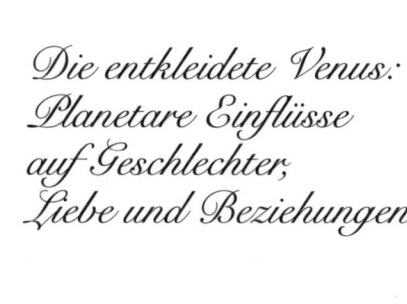

Die entkleidete Venus: Planetare Einflüsse auf Geschlechter, Liebe und Beziehungen

ANMERKUNG DES CHANNELMEDIUMS: *Über die Jahre hinweg war ich stets bemüht, Gaia auf möglichst viele und unterschiedliche Themen und Fragen anzusprechen. Manchmal treten die Themen überdeutlich zutage, wie es sich diesen Monat gezeigt hat. Die unten stehenden Fragen wurden alle in den drei Wochen vor dem Valentinstag an mich herangetragen. Auch wenn die Ratsuchenden Gaias Antworten erst jetzt bekommen, habe ich mir gedacht, dass sie sie höchstwahrscheinlich immer noch zu schätzen wissen. Mir geht es jedenfalls so!*

★ Neulich habe ich jemanden getroffen, den ich bewundere und gern näher kennenlernen würde. Aber meine Astrologin meint, dass wir als Liebespaar wahrscheinlich nicht zusammenpassen. Daher bin ich jetzt unsicher, was ich tun soll. Es heißt doch, die Sterne lügen nicht – belügt mich demnach mein Herz?

★ Nachdem ich jahrelang auf der Suche nach dem Richtigen war, habe ich herausgefunden, dass ich eigentlich eine Sie – also die Richtige – suchte. Warum konnte ich das nicht schon früher erkennen?

★ Anscheinend bin ich dafür prädestiniert, immer in der falschen Beziehung zu landen. So eine, von der man später sagt, sie sei einem eine Lehre gewesen. Wie komme ich bloß davon weg?

★ Ich habe mich in jemanden verliebt, der meine Liebe nicht erwidert oder erwidern kann. Ich weiß, dass man andere nicht dazu bringen kann, einen zu lieben, aber was für einen Zweck hat so eine Erfahrung, die einem das Herz zerreißt?

★ Meine Ehe ist gerade erst kaputtgegangen, und doch gibt es da einen Teil in mir, der trotz allen Leids bereits ahnt, dass eine andere und größere Liebe auf mich wartet. Würdest du das Intuition nennen oder Dummheit?

★ Wenn ich gerade in keiner Beziehung bin, wünsche ich mir oft, in einer zu sein. Und wenn ich dann wirklich in einer Beziehung bin, denke ich, dass ich besser allein sein und daran arbeiten sollte, endlich beziehungsfähig zu werden! Ist das nicht völlig krank?

Was verstehen die Sterne schon von Liebe? Wo doch gerade sie nachts dermaßen hell zu dir herunterstrahlen, und sei es nur, um deine Bewunderung zu ernten? Stürzen sie denn nicht hingebungsvoll ineinander, nur weil der Augenblick danach verlangt? So wenige Sterne sind Fixsterne, und den meisten von ihnen wäre es anders lieber. Die Planeten verharren für sehr lange Zeit in festen Umlaufbahnen, als bestünde eine göttliche Beziehung zu ihrer Wanderschaft, aber selbst unsere Wanderschaften, die von Himmelskörpern, sind dazu vorgesehen, Liebe hervorzurufen und zu kultivieren. Man verliebt oder »entliebt« sich nicht ohne Sinn, aber es sind nicht die Sterne, die einem den Zweck zuweisen oder übertragen, sondern die leidenschaftlichen und mitfühlenden Seelen.

Venus, eine meiner Lieblingsschwestern, schmückt sich das ganze Jahr über mit wechselnden Gewändern und lädt andere dazu ein, es ihr gleichzutun. Gaia (der Planet Erde) ist eine »lebendige Bibliothek« für alle, die auf der Suche nach ihrem irdischen Spirit sind, dieser bleibenden und ewigen Qualität, in der und durch die Alles-was-ist gegenwärtig ist. Venus gilt als terrestrischer oder erdähnlicher Planet und ist für die Ästhetik des Zusammenseins zuständig; durch Schönheit und Wahrheit zerstreut sie die Illusion und liefert ein vollkommeneres Verständnis von einer Verbindung.

Über terrestrische Planeten und Wasserkreisläufe

Terrestrische oder *tellurische* Planeten bestehen in erster Linie aus Silikatgestein, das zu den verbreitetsten und wichtigsten gesteinsbildenden (und Beziehungen aufbauenden) Mineralien gehört. Sie sind aus Silizium und Sauerstoff in Kombination mit diversen weiteren Elementen entstanden und nach ihren einzigartigen kristallinen Strukturen eingeteilt. Als terrestrische Planeten unterscheiden sich Erde und Venus (und ebenso Merkur und Mars) erheblich von den Gasgiganten unter unseren Brüdern und Schwestern, die größtenteils keine feste Oberfläche aufweisen. Vielmehr bestehen diese Mitglieder unserer Familie hauptsächlich aus Wasserstoff, Helium und Wasser in unterschiedlichen Aggregatzuständen, allerdings ohne Form. Für diese Planeten wäre daher die formlose oder geistige Essenz interessanter, die in Beziehungen anzutreffen ist. Terrestrische Planeten haben eine Struktur, zu der ein zentraler Kern und eine ihn umgebende Silikathülle gehören.

Auch Beziehungen haben einen Hauptzweck oder ein Kernthema und sind von Elementen umgeben, die je nach ihren Eigenschaften erschaffen und zerstören beziehungsweise neu bilden und abtragen. Terrestrische Planeten sollen Beschreibungen zufolge auch Schluchten, Krater, Berge und Vulkane aufweisen. Auch in Beziehungen stößt man auf Schluchten oder Abgründe, die die Herzen und Gemüter voneinander trennen – Krater, die zu tief sind, um aus ihnen wieder herauszuklettern, Berge, die zu hoch sind, um sie zu erklimmen, und regelmäßig wiederkehrende Vulkanausbrüche, die alles in Asche verwandeln können.

Derzeit besitzt nur die Erde eine aktive Hydrosphäre, jene Ansammlungen von Wasser, die man in unterschiedlicher Form auf, unter und über der Erdoberfläche vorfindet. Die Erde besitzt einen Wasserkreislauf, über den das Wasser zum Planeten und durch ihn hindurch befördert wird, darunter auch in seine Lithosphäre (das Wasser unterhalb der Erdoberfläche und im Gestein) und Biosphäre (das Wasser in Lebewesen wie Pflanzen und Tieren).

Das Wasser, das in flüssiger und in fester Form die Oberfläche des Planeten bedeckt, macht als Wasserdampf, Wolken und Niederschlag die Atmosphäre aus.

Auch Beziehungen sind hydrosphärischer Natur – eine Entsprechung findet man in den Emotionen. Der Emotionalkörper unterliegt physiologischen und psychologischen Veränderungen in den Niederschlägen beziehungsweise Absonderungen des Körpers, zu denen das Bedürfnis und die Fähigkeit gehören, Tränen zu vergießen. Auch der Austausch von Flüssigkeiten, den der menschliche Beischlaf mit sich bringt, ist hier zu erwähnen. Diese Beziehungen existieren energetisch, um den Ausdruck eurer Seele zu vervollständigen und zu ihm beizutragen, verlangen eurem freien Willen dabei aber nichts ab, versteht ihr?

Die Venus wird kaum verstanden

Man weiß immer noch zu wenig, was es mit dem Planeten Venus eigentlich auf sich hat. Er wird mit Liebe assoziiert wie die römische Göttin, deren Namen er trägt. Heutzutage bezeichnet man das, was der Venus zugehörig ist, als *venusisch* oder *venerisch* – Letzteres ist jedoch ein schlechter Ersatz für den eigentlich treffenderen Ausdruck *venerabel*, weil er nämlich synonym für sexuell übertragbare Krankheiten verwendet wird. Dabei rufen venerable Beziehungen eigentlich ein Empfinden oder ein Handeln hervor, das von Hochachtung und Verehrung gegenüber jemandem oder etwas bestimmt ist. Solche Beziehungen, die weit über die menschliche Liebe hinausgehen, verdienen unseren Respekt, denn sie zeichnen sich durch große Weisheit, bemerkenswerte Errungenschaften und Qualitäten aus, die sich deutlich vom Alltäglichen abheben.

Im Altertum glaubte man, dass venerische Beziehungen ihren Ursprung im Genitalbereich hätten, von wo aus auch das sexuelle Verlangen aufsteige. [Das englische Wort] *venery* steht für die Jagd nach oder das Ausleben sexueller Lust. Sie wurde zunächst durch die Unschuld des Herzens auf eine höhere Ebene gebracht und galt später durch die Reinheit der Seele als vom Geist transzendiert oder als göttliche Bewegung. Damit Klarheit herrscht: Dies war die wahre Geburt und Bestimmung der Venus und all derjenigen, deren Überzeugungen und innere wie äußere Bewegungen dieser Göttin entsprachen. Interessanterweise waren es vor allem die Priesterinnen, Anhängerinnen der Venus, die am besten Beschwerden und Krankheiten heilen konnten, welche von einem sexuellen Ungleichgewicht bei Männern und Frauen herrührten. Die Priesterinnen der Venus waren jedoch keine enthaltsamen Jungfrauen, sondern leiteten die Ehrungen und Zeremonien an, die bei den Übergangsriten zum Mannsein und Frausein vorgenommen wurden.

Die Venus rotiert auf ihrer Achse gegenläufig zur Erde. Das bedeutet, dass auf diesem Planeten – anders als bei uns – die Sonne im Westen aufgeht und im Osten untergeht. Sagt man nicht, dass sich in der Liebe gerade Gegensätze anziehen? In der Geometrie werden die Seiten oder Winkel eines gleichseitigen Vielecks, die einander zugewandt sind, Gegenkatheten beziehungsweise Gegenwinkel (engl. *opposites*) genannt. Ein Gegensatz ist auch etwas, das sich komplett von etwas anderem oder von dem, was gemeinhin erwartet wird, unterscheidet. In der Kunst wie auch in der Natur betrachtet man solche Gegensätze als komplementär, das heißt, dass sie einander ergänzen.

Ein Tag auf der Venus entspricht ungefähr 243 Erdentagen, und noch viel eigentümlicher ist die Tatsache, dass ein einziger Tag auf der Venus länger als ein ganzes Jahr dauert, weil ihre Umlaufzeit um die Sonne nämlich nur 225 Tage beträgt! Die Venus ist einer von nur zwei Planeten dieses Sonnensystems, die gegenläufig rotieren, das heißt, eine rückläufige Bewegung vollführen. Für die Venus, den Planeten, der mit Liebe und Beziehungen in Verbindung steht, ist es also normal, sich auf eine Art und in eine Richtung zu bewegen, die einzigartig ist. Soll ich noch mehr erzählen?

Zwei Symbole, die mit der Venus zusammenhängen

Es gibt zwei Symbole, die mit der Venus assoziiert werden. Das erste entspricht dem, das in der Biologie als Frauenzeichen verwendet wird: eine stilisierte Darstellung des Handspiegels der Göttin Venus – ein Kreis über einem kleinen Kreuz. Aus alchemistischer Sicht stellt dieser Kreis das Geistige dar und das Kreuz die Materie. Zwischen der *Konjunktion* (der Position eines Planeten, bei der dieser – von der Erde aus gesehen – auf einer Achse mit der Sonne liegt), und der maximalen *Elongation* (Winkelabstand eines Planeten von der Sonne von der Erde aus betrachtet) liegt eine Zeitspanne von 266 Tagen.

Darin besteht ein enger Zusammenhang zur durchschnittlichen Schwangerschaftsdauer beim Menschen, was auch dazu beigetragen hat, dass man die Venus mit Fruchtbarkeit verbindet. Doch bei näherer Betrachtung fällt einem noch mehr auf: Venus und Merkur sind die einzigen Planeten, deren Transit *vor* der Sonne erfolgen kann, weil sie nie in *Opposition* zueinander stehen (mit einem Winkelabstand von 180 Grad von der Erde aus betrachtet). Der Merkur erreicht eine maximale Elongation von ungefähr 28 Grad von der Sonne, eine Lebenszeit (im Alter von etwa 28 Jahren), in der die Seele ihren Daseinszweck auf der Erde setzt oder sich damit krönt. Hier wirkt das männliche Prinzip, und beide Geschlechter können zu diesem Zeitpunkt, als Ausdruck ihrer männlichen Ausrichtung, über eine Ehe nachdenken, selbst wenn sie diese letzten Endes doch nicht eingehen. Die Venus, mit ihrer maximalen Elongation bei 45 bis 47 Grad, manifestiert sich zu einem Zeitpunkt auf der Erde, an dem die Ausrichtung auf das Männliche allmählich in den Hintergrund tritt.

Manchmal wird dann das gegenüber einem anderen geleistete Versprechen für nichtig erklärt, um die harmonische Ausrichtung des Männlichen und des Weiblichen im Innern wieder ins Gleichgewicht zu bringen. Dies kann natürlich jederzeit und in jedem Alter eintreten, ebenso wie es bei beiden Geschlechtern vorkommt. Aber hier wollen wir uns eben mit messbaren männlichen und weiblichen Kräften befassen, die einen Einfluss auf menschliche Übergangsriten haben.

Das zweite Symbol, das mit der Venus assoziiert wird, ist das Pentagramm. Vor langer Zeit entdeckten die Gelehrten, dass die aufeinanderfolgenden Konjunktionen der Venus von der Erde aus betrachtet alle acht Jahre ein vollkommenes Pentagramm um die Sonne herum ergaben. Nach einem Zyklus von vierzig Jahren war schließlich wieder der Ausgangspunkt erreicht. Diejenigen, die sich sehr auf die Venus ausrichten, können bei jeder Achtjahres-Spitze des Pentagramms einen Sinneswandel durchmachen, bis sie ungefähr mit 40 Jahren mit dem Zyklus des Zweifels oder der karmischen Beziehung abschließen, um sich selbst neu einzubringen. Diejenigen, die als PartnerInnen und WegbegleiterInnen bei dieser Reise an eurer Seite sind, haben ihre eigenen Gründe dafür. Alle sind als Ausdrucksform von Liebe fehlerfrei und untadelig; in ihr spiegelt sich lediglich der göttliche Wunsch, sich selbst, das Göttliche, zu erfahren.

Als wäre das noch nicht genug, gibt es auch noch religiöse Sekten und Glaubensrichtungen, die die Venus mit der Hölle in Zusammenhang bringen. Ihre extrem dicke Oberfläche und die undurchdringliche Wolkenhülle um sie herum veranlassten einige zu dem Glauben, auf der Oberfläche der Venus loderten, von der Erde aus nicht sichtbar, die Höllenfeuer.

Lebende Beispiele der Ganzheit

Jeder Planet, jeder Stern, jede Beziehung und jede Wesenheit ist ein lebendes Beispiel der Ganzheit. Der Prozess der Veredelung und Vervollkommnung mag jedes Mal anders ablaufen, doch der Wunsch dahinter ist immer derselbe. Terrestrische Planeten drücken dieses Verlangen auf vielerlei Art und Weise aus, und dazu gehört das Zulassenkönnen und Mitgefühl gegenüber allem, was auf und in ihrem Körper stattfindet, gegenüber allem, was sie miteinander teilen, wie es die Erde als mitfühlende Bibliothek belegt.

Eine andere Möglichkeit geht mit der Maßeinheit *Exzentrizität* einher. Die Exzentrizität versteht sich als Maß dafür, wie sehr eine Form (in diesem Fall eine Umlaufbahn) von einem Kreis abweicht. Sollen Standardannahmen gelten, so muss eine Umlaufbahn die Form eines *Kegelschnitts* aufweisen (eine geschlossene Kurve wie etwa eine Ellipse). Die Exzentrizität einer Umlaufbahn ist ein wichtiger Parameter, der bei der Bestimmung der absoluten Form hilft. Die Umlaufbahnen der Planeten sind zwar elliptisch, die Umlaufbahn der Venus jedoch kommt der Kreisbahn am nächsten, mit einer Exzentrizität von weniger als einem Prozent. Beziehungen lassen sich in ähnlichen Einheiten ausdrücken, aber nicht so, wie ihr denkt. So ist beispielsweise eine Exzentrizität, die derjenigen der Venus ähnelt, kein Garant für Langlebigkeit. Für einige gilt: Je langgezogener die Ellipse, desto länger die Reise. Ebenso kann die Reise zurück nach Hause oder zurück zur Mitte dann zu lang sein!

Und es gibt noch mehr hinzuzufügen: Als terrestrischer Planet hat die Venus zwei große, kontinentartige Oberflächen; eine davon hat ungefähr die Ausmaße von Australien und die andere ungefähr die von Südamerika. Mit einigen wenigen Ausnahmen wurden alle Oberflächenmerkmale der Venus einschließlich ihrer Höhen (und Niederungen) nach Göttinnen und weiblichen Gottheiten benannt – bei keinem anderen Planeten verhält es sich so! Derzeit gibt es nichts, was der Venus in ihren Eigenschaften als planetare Einflussmacht an weiblicher Liebe, Schönheit, Lust, Romantik und Beziehungskraft gleichkommt. Aber in ihren eigenen Gefilden hat sie keinen Gemahl, nur in dem, was ihr entgegengesetzt ist. Mit anderen Worten: Die Venus muss, um ganz zu werden, aus sich herausgehen und auf diese Weise einen Partner finden. Solange die Menschheit auf der Suche nach Antworten in Liebesdingen den Blick auf die Venus richtet, solange wird sie weiter nach außen blicken, um das zu vervollständigen, was im Inneren bereits ganz ist.

Ist euch schon einmal die zunehmende Beliebtheit von gleichgeschlechtlichen gegenüber andersgeschlechtlichen Partnerschaften aufgefallen? Die Zahlen steigen ständig und zeigen keine Bevorzugung von Männern oder Frauen oder eine Voreingenommenheit für eines der Geschlechter. Lesbische Beziehungen sind wieder so sehr in Mode, wie sie es vor langer Zeit bereits waren; und selbst wenn homosexuelle Beziehungen in den meisten Kulturen noch weitgehend ignoriert werden, so verankern sie sich doch immer mehr im Denken aufgeschlossener Kreise der Bevölkerung und werden zusehends besser akzeptiert. Diese beiden Entwicklungen sind ein Nebeneffekt des Bemühens der Venus, sich selbst innerhalb eines neuen Paradigmas neu zu erschaffen. Könnten wir ihr dabei nicht helfen?

Venus und ihr Gemahl

Die Venus wird oft mit ihrem Bruder Mars zusammengebracht, der ihr als vermeintlicher Gemahl an die Seite gestellt wird. Aus himmlischer Sicht ist dies ein vorübergehender Verkupplungsversuch, und es wird nicht gutgehen. Recht selten – und dann auch nur für sehr kurze Zeit – respektieren Venus und Mars einander überhaupt.

Ach, aber die Musik, die sie bei ihren Zusammenstößen machen! Sie haben eine sehr große Reichweite, kommen wie mit Raketen betrieben so richtig in Fahrt – heben sich jedoch meist nicht genug Treibstoff für die Heimreise auf. Es sind sehr unterschiedliche Energien, die sich nicht leicht integrieren lassen. Sie können sich am besten mit den jeweils kompatibleren Elementen ausdrücken, wie Feuer und Luft oder Erde und Wasser. Venus zieht an, Mars hingegen vereinnahmt, und das kann sich für alle, denen Beständigkeit etwas bedeutet, als problematisch erweisen. Mars steht für Männlichkeit, Mut und Wille. Er ist durchsetzungsstark, und wenn er die Initiative ergreift, ist ebenso viel Wut im Spiel wie Lust. Venus und Mars teilen das Bestreben nach Vereinigung, doch oft drückt es sich bei ihnen ganz unterschiedlich aus, was den anderen ungewollt verwirrt und durcheinanderbringt.

Es ist wichtig, dass sich beide ihrer gegenseitigen Abhängigkeit, der Interdependenz, bewusst werden und ihr Handeln darauf abstellen, damit keine co-abhängige Beziehung entstehen kann, die heute doch so verbreitet ist. Jeder muss Mut zum Risiko aufbringen und das, wonach er sich am meisten sehnt, zu sich einladen und sich nicht aneignen.

Eine Beziehung wird am besten erfahren, wenn man kein Männer-Ideal hat und auch kein typisches Männerbild mitbringt, denn das, was einen Mann ausmacht, ist heutzutage ohnehin einem ständigen Wandel unterworfen. Auch das Frauen-Ideal samt dem damit einhergehenden typischen Frauenbild steckt mitten in großen Veränderungen, die überhaupt nicht absehbar sind. Das beste Maß für Liebe ist eure Fähigkeit, sie zum Ausdruck zu bringen und zu empfangen. Eure Liebenswürdigkeit euch selbst gegenüber wird sich einladend auf die Zuneigung anderer auswirken, bei Freunden, Familienmitgliedern und Liebespartnern. Die Fähigkeit, eine Partnerschaft einzugehen und sie auch zu bewahren, hängt von eurem Vermögen ab, mit euch genauso zu verfahren. Sprecht erst die Sprache der Wahrheit, dann wird sich die Sprache der Liebe ganz leicht einstellen. Wenn eure Kreativität Harmonie und Gleichgewicht hereinlässt, werdet ihr innere und äußere Schönheit erleben.

Durch die immer häufigere Entdeckung und Identifizierung anderer Planeten wird die Venus bald einen anderen Gefährten bekommen, und es wird kein Bedarf mehr bestehen, sie Mars aufzuzwingen und umgekehrt. Wenn es erst so weit ist, werden die Beziehungen auf der Erde umgehend positiv davon beeinflusst und harmonischer werden, als sie es heute noch sind. Bis dahin wird es am besten sein, weniger vom anderen zu verlangen und erst einmal sein eigenes Inneres zu erkunden.

Die Personifizierung der Planeten und Gestirne ist nichts Neues, und damals wie heute machte man Götter und Göttinnen für fast jeden Bereich des Lebens verantwortlich. Aber das Leben ist ein Mysterium, in das sich selbst Götter und Engel kleiden. Auch die Menschheit verweilt in diesen Verwicklungen und versucht, auf sie einzuwirken und sie gleichzeitig zu entschlüsseln. Die Fruchtbarkeit, also die Fortpflanzungsfähigkeit einer Spezies, ist ein Schlüsselfaktor für das Überleben der menschlichen Rasse. Ebenso wichtig ist aber auch die Fähigkeit, originelle, fantasievolle und fruchtbare Ideen und Beziehungen hervorzubringen.

Eure Beziehungen sind ein Spiegelbild dessen, was in euch vorhanden ist – je mehr ihr euch kennt, desto besser vermögt ihr, Beziehungen zu schaffen, in denen man sich ergänzt, statt zum Gegner des anderen zu werden. Geht gut mit euch selbst um und bleibt eurer Sache treu. Es kann viele Leben dauern, bis ihr in eurem eigenen Spiegelbild Gott erkennt.

Selbst wenn es in diesem Leben etliche Jahre dauern sollte, bis ihr in euch selbst die Liebe erkennt, so werden diese gut angelegt sein und euch dafür viel zurückgeben. Vertraut darauf, dass die Sterne und Planeten euch leiten – dazu sind sie da, und sie werden euch nicht im Stich lassen. Vertraut auf das, was sie sind, denn Gott hat sie am Thronhimmel über euch an ihren Platz gestellt. Gebt nicht so viel darauf, wie sie für das Jahr stehen, das ihr schon bald durchlaufen haben werdet. Verlasst euch lieber auf eure Intuition, weil sie mit eurer Seele im Einklang steht. Entschließt euch zum nächsten Schritt auf eurer Reise statt für ein Ziel, das ihr jetzt noch nicht erkennen könnt. Euer Herz ist ein zuverlässiger und belastbarer Muskel, und sein Schlag ist präzise und vollkommen. Wie der Pulsschlag des Sonnensystems wird sein Takt von den Engeln vorgegeben und von Allem-was-ist gehört.

Haben diese Ausführungen die vorherigen Fragen beantwortet? Vielleicht nicht, denn die Fragen waren so individuell wie die Fragesteller, aber der Grundtenor bei allen ist Unzufriedenheit, Verwirrung und andauernde Erwartung, die besonders heute für fast jeden Lebensbereich gilt. Indem ihr das Rätsel des Lebens entmystifiziert, hastet ihr seine Gänge entlang, seien sie dunkel oder hell, ohne zu zögern. Und sobald eine gewisse Beklommenheit auftritt, lauert in denselben Gängen bereits die Angst und kleidet die Wände mit einer dicken, teerartigen Schicht aus, die den Prozess verlängert und die Zweifel verstärkt. Endlich biegen alle um die Ecke, eine neue Buchseite wird aufgeschlagen und ein neues Kapitel des Lebens ist angebrochen. Dies geschieht gerade jetzt, und fast jedem ergeht es so.

In diesen Gängen geht es sehr geschäftig zu, in ihnen stauen sich die Seelen, die es eilig haben, noch rasch weiterzukommen, bevor das nächste Kapitel beginnt. Seid euch darüber im Klaren, welchen Zweck ihr verfolgt. Er besteht jetzt darin – und darin bestand er schon immer – zu entdecken, dass das Licht, dem ihr folgt, dem gleicht, was euch innewohnt. Gemeinsam brausen wir (Erde und Mensch) mit erstaunlicher Geschwindigkeit durch Raum, Zeit und Dimensionen – auf einer Reise, die uns zum *Geschenk* gemacht wurde. Eines Tages wird diese Reise zu Ende sein, und ich für meinen Teil möchte mich an jeden einzelnen Augenblick erinnern, bei dem ihr dabei wart, auch an diesen hier!

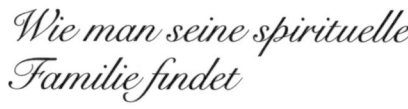

Wie man seine spirituelle Familie findet

Und wieder stellt sich ein neues Thema, nämlich die spirituelle Familie (oder besser gesagt: die fehlende spirituelle Familie), das spirituelle Leben (oder ein fehlendes spirituelles Leben), das spirituelle Verstehen, Wachsen oder Erfassen von Glaubensvorstellungen, ob das bedeuten mag, sie als Worte zu Papier zu bringen oder sie sozusagen aufzuschnappen und mitzunehmen.

Alle, die hier versammelt sind oder sich von diesen Worten angezogen fühlen, wird es zu einer Lichtfamilie hinziehen. Von Anfang an, ja schon seit Anbeginn des Seins, stand immer die Familie als Perspektive im Vordergrund. Das trifft nicht auf alle zu. Es gibt viele, die sagen werden: »Ich bin ein Individuum. Ich bin eine individuelle Seele. Bei mir zeigt sich ein ganz individuelles Wachstumsmuster, und ich hänge nicht mit irgendeinem anderen Wesen, Gedanken, irgendeiner Welt oder irgendeinem Aspekt davon zusammen.« Aber für die, die hier zusammengekommen sind, sage ich noch einmal: Es gibt eine Perspektive für die Familie – ob es nun die Suche nach einer fehlenden Familie ist, die Suche nach einem fehlenden oder vermissten Kind, eine Suche nach dem Mysterium, was es heißt, eine Familie zu sein – im spirituellen und irdischen Sinne.

Legen wir doch erst einmal genau fest, was eine spirituelle Familie überhaupt ist. Man kann sie sich als ein Gefüge vorstellen, das Rückhalt und Sicherheit gibt. Ist es die leibliche Familie oder nicht? Das spielt im Grunde genommen keine Rolle. Ist es die spirituelle Familie, wie man es heutzutage nach Definition von

New-Age-Kreisen auffasst? Das spielt ebenfalls keine Rolle. Mit anderen Worten, eine spirituelle Familie umfasst nicht einfach nur die Gruppe Gleichgesinnter, die dir am Herzen liegen. Die spirituelle Familie ist die Instanz, die mit deinem spirituellen Wachstum betraut wurde. Man hat ihr die Aufgabe übertragen, dich zu einem tieferen Verständnis von dir selbst, der Selbstlosigkeit und der Bedeutung deiner Abkunft von der Sonne zu bringen. Das bedeutet, dass hier eine unmittelbare Verbindung zu der solaren Kraft besteht, der du entstammst, woher die ursprüngliche spirituelle Familie stammt.

Es gibt eine ursprüngliche spirituelle Familie. Ich sage *gibt*, nicht *gab*. Sie hat nicht etwa vor langer Zeit existiert und dann einfach an Bedeutung verloren oder zu sein aufgehört. Es gibt eine echte und ursprüngliche spirituelle Familie des Seins, und du bist ein Teil von ihr. Es ist eine Sonnenfamilie, nicht unbedingt eine Erdenfamilie. Die spirituelle Familie ist das, was – seit einem individuellen Schöpfungsakt von der höchsten Quelle als individueller Gedanke und individuelle Erfahrung – daran festhielt, dass es einen Ursprung namens Familie gibt. Dass es Unterstützung gibt. Aber es gibt immer die Seinessenz namens Einheit, die Quelle. Und diese ist das Eine und die Vielen. Insofern ist die Ursprungsfamilie der Quelle das Eine und die Vielen. Sie ist die Quelle und jenseits der Quelle. Sie ist die Quelle und auch das, was anscheinend nicht die Quelle ist. Sie ist der Einzelne und alles, was zu ihm gelenkt wird. Das ist die Ursprungsfamilie. Du bist ein Teil dieser Familie.

Wie groß die Familie ist? Sie ist riesig. Wenn du dir irgendein Wesen, jedes Wesen vorstellen kannst, das je verstehen musste, was es mit einem Leben voller schwieriger Erfahrungen auf sich hat – genau so groß ist sie. Betrifft dies die gesamte Menschheit? Nein. Nicht alle, die die Dysfunktionalität erleben, bilden auch eine spirituelle Familie. Einige sind Ausströmungen zweiten und dritten Grades der spirituellen Familie, und wie bei einem noch unfertigen Programm müssen die Töchter und Söhne in der zweiten oder darauffolgenden Generation die Erfahrung noch vollenden. Die Söhne und Töchter der ursprünglichen Familie sind deine Lehrer. Sie sind auch deine Brüder und Schwestern. Sie sind Aspekte der Familie. Sie sind Ressourcen, auf die ihr zurückgreifen könnt. Sie sind eure Lehrer. In manchen Fällen sind sie Engelwesen. In anderen sind sie meisterliche Söhne des Lichts. Einige manifestieren sich auf der Erde, andere außerhalb der Erde oder dort, wo es Zweck und Sein gibt.

Wer in die Dysfunktionalität hineingeboren wird, ist zum Lehrer bestimmt

Diejenigen, die sich nun zur Geburt in eine dysfunktionale, also zerrüttete Familie eingefunden haben, verfolgen dabei einen wichtigen Zweck. Problemfamilien sind kein purer Zufall. Und es gibt auch keinen Zufall, der dich ausrufen lässt: »Seht euch an, was mir diesmal passiert ist. Seht euch an, was aus mir geworden ist. Seht euch an, was für ein schlechtes Blatt ich ausgeteilt bekommen habe. Seht euch an, wie ich mich beweisen muss. Ach herrje, das darf doch nicht wahr sein!« So ist es nicht.

Diejenigen, die in die Dysfunktionalität hineingeboren wurden – und ich sage bewusst *hineingeboren* – sind sofort im Jetzt, von vornherein, gleich mit der Geburt ... Lehrer. Sie sind Lernende, und sie lernen schnell. Wenn du zu denen gehörst, die unmittelbar in ein gestörtes Umfeld hineingeboren wurden, so sage ich dir, dass du sehr schnell dazulernst. Es ist nicht einfach nur Karma, das dich in eine Problemfamilie hineinbringt. Es ist nicht so, dass du eine Schuld bei einem anderen abtragen müsstest oder der Welt oder irgendjemandem einen Dienst schulden würdest – das ist es nicht. Es geht darum, dass du über eine rasche Auffassungsgabe verfügst und vorher gesagt hast: »Bitte jetzt sofort. Bitte diesmal gleich von Anfang an, damit ich daraus lernen kann. Bitte jetzt, damit ich aus diesem Leben etwas Vollkommenes, ein vollendetes Zeichen machen kann. Ich weihe mich dem Selbst, der Sonne und dem Lehren« – so ungefähr.

Und so stellt sich von Anfang an ein Verstehen ein, das einen sagen lässt: »Na schön. Was funktioniert hier nicht? Wenn es in meinem Leben nicht richtig funktioniert, funktioniert es auch bei anderen nicht, und wenn es in der Gesellschaft nicht funktioniert, der Kultur, der Welt und dem Planeten, so funktioniert es höchstwahrscheinlich auch nicht im Universum. Also sind diejenigen, die hier diese Erfahrung machen wollten, dazu da, es bestmöglich umzuformen, es wieder bestmöglich umzuwandeln. Diejenigen, die aus der universellen Struktur des Einseins hervorgegangen sind und sich dann in der Geteiltheit, Getrenntheit und dem Nichtfunktionieren wiederfinden – das sind die Wissenden. Es sind jene, die als Lehrer in Erscheinung treten, diejenigen, die vortreten, um ihre Erfahrungen weiterzugeben. Und deshalb ist, wie gesagt, die Kindheit ein Aufeinandertreffen, ein Zusammenführen des Ichs.

Wenn es nun also wirklich so eine spirituelle Familie gibt, welchen Sinn hat dann aber eine gestörte irdische Familie – eine, in die du hineingeboren wirst? Sind darunter auch Mitglieder deiner spirituellen Familie? Ja, manchmal. Manchmal ist diese spirituelle Familie gut getarnt. Manchmal auch nicht. Manchmal sind es andere, die dir etwas schulden. Und es könnte dir so vorkommen, als ob die Schwierigkeiten, die sie dir bereiten, ihr Schuldenkonto erhöht. Aber so ist es nicht. Es sind Schulden, die sie an dich zurückzahlen. Es ist ein Akt des Ausgleichs, denn sie ermöglichen dir von Anfang an, von vornherein, dich als jemand zu begreifen, der mündig, das heißt, selbstbestimmt wird.

Und daraus entsteht ein Verständnis, und man sagt zu sich: »Ich bin. Ich überlebe. Ich bin. Ich habe die Wahl. Ich bin. Ich weiß nicht was, aber ich bin.« Und das wird halten. Es wird so halten wie der Stoff, der das Universum zusammenhält. Das ICH BIN ist der Stoff, der aussagt: »Ich kann es überleben. Ich kann alles überleben.« Lebendig oder nicht lebendig, bewusst oder unbewusst – es spielt keine Rolle. Es kommt nur darauf an, dass du in diesem Augenblick gegenwärtig warst. Und weil du in diesem Augenblick und in diesem Leben in Erscheinung getreten bist, winken dir viele Belohnungen. Diejenigen, die ihr Leben in einer gestörten Familie beginnen, werden garantiert etwas in ihrem Leben zur Vollendung bringen können.

Was bedeutet Vollendung? In diesem Fall würden wir sagen, dass mit Vollendung das Erlangen spiritueller Reife gemeint ist. Ist das Erleuchtung? Das könnte es sein, muss es aber nicht. Es ist jedoch ein Erwachsenwerden, ein spirituelles Erwachsenwerden. Die Belohnungen dafür sind oft reichlich, aber ohne Verletzungen wird man nicht davonkommen. Diejenigen, die ihr Leben unter erschwerten Umständen begonnen haben, haben sich dabei Wunden zugezogen, sie tragen die Narben, und sie tragen sie schon seit langer Zeit, nicht nur in diesem Leben, sondern auch schon in anderen Leben.

Wenn du von derartigen Kampfnarben gezeichnet bist, wisse, dass du auch bei anderen welche hinterlassen hast – in diesem Leben, in anderen Leben, in anderen Welten. Denn alle, die ihrer Natur nach zur spirituellen Familie gehören und anderen vermitteln sollen, was eine funktionierende Familie eigentlich ausmacht, müssen zunächst einmal das Gegenteil davon erfahren. Das trifft auf alle zu. Ich sage euch, diejenigen, die das Bedürfnis erfahren, zu lehren, das Verlangen, zu lehren, haben auch aus dem Nichtfunktionieren gelernt. Was bedeutet »nicht funktionieren«? Was ist »nicht gut«? Was ist »nicht liebevoll«? Was ist Dysfunktionalität? Es ist das, was nicht liebevoll ist. Jede Erfahrung, die nicht liebevoll ist, die weniger ist als liebevoll, stellt ein Nichtfunktionieren dar. Es bedeutet, dass die Liebe nicht vollkommen »funktioniert«.

Wenn du den Wasserhahn aufdrehst, und es fließt kein Wasser heraus, so funktioniert der Hahn nicht, er ist nutzlos. Und wenn du dein Herz öffnest, aber die Liebe fließt nicht, funktioniert etwas nicht. Es bedeutet, dass dein Herz oder das Herz eines anderen nicht funktioniert. Jene, die hier sind, um zu lehren, sind hier, um das Fließen der Liebe zu lehren. Deshalb müssen sie – hier und dort und überall – herausfinden, wo die Liebe zu fließen aufgehört hat.

Was bewirkt, dass die Liebe zu fließen aufhört? Liebe ist nicht die Fürsorge einer Mutter gegenüber ihrem Sohn oder ihrer Tochter. Liebe ist der Fluss des Verstehens. Es ist die Mitschöpfung allen Seins. Wenn du nicht in deiner vollen Schöpferkraft bist, bist du auch nicht in deiner vollen Liebe. Du bist nicht in deinem vollen Herzen. Wenn du nicht erschaffen kannst, kannst du nicht lieben. Und wenn du nicht lieben kannst, kannst du nicht erschaffen. Diejenigen, die aus ihrem Schmerz heraus erschaffen, erschaffen Nicht-Liebe. Sie erschaffen Zeichen. Sie erschaffen Ebenbilder. Sie erschaffen Spiegel, aber sie erschaffen nicht die Kunst, die in Liebe geboren wird.

Die Dysfunktionalität bei einem Menschen erschafft dessen Charakter. Das Nichtfunktionieren der Liebe erschafft die Funktionalität der Charaktere im Sein. Ein Nichtfunktionieren erzeugt in jedem Wesen eine ganz bestimmte Frequenz, die – wie bei einem Leuchtfeuer – automatisch eine Suche auslöst: nach einem Funktionieren, nach Liebe im Leben. Alle diejenigen, die nicht funktionieren, suchen nach Liebe. Aber sie suchen nach wahrer Liebe, und in ihrer Suche nach der wahren Liebe finden sie alles Mögliche, was keine Liebe ist, was nur ungefähr in die Richtung von Liebe geht, was Liebe vorwegnimmt, was Liebe fördert. Und ganze Leben, die auf diese Art hervorgebracht wurden, unterstützen dann den einen wahren Geist, die eine wahre Familie.

Also diejenigen, die in die Dysfunktionalität hineingeboren wurden, erschaffen das Bedürfnis, ja kommen mit der Sehnsucht auf die Welt, nach einer spirituellen Familie zu suchen. Die Suche nach einer spirituellen Familie auf physischer und nichtphysischer Ebene ist derzeit bei denen im Gange, die hier versammelt sind, und jenen, die meine Worte über diesen Augenblick hinaus hören werden.

Auf der Suche nach deiner spirituellen Familie

Wer nach der spirituellen Familie sucht, wird sie finden. Aber sie ist so weit verstreut wie die Sterne. Spirituelle Familien sind überall um dich herum und vor dir verstreut. Sie tauchen nicht der Reihe nach auf wie Nummern – sie tauchen verstreut auf wie die Sterne am Nachthimmel. Aber warum? Warum sollte es so sein? Warum müsst ihr nach all den Fehlschlägen in eurem Leben auch noch nach einer spirituellen Familie suchen und euch ständig fragen, wo sie sein oder auftauchen könnte? Wen werdet ihr dann antreffen?

Und der Zweck vom Ganzen ist, dass sie sich auch auf die Suche machen. Eine spirituelle Familie ist wie ein Punkt im Universum, und sie hat eine ganz bestimmte Frequenz – eine, die mit eurer eigenen übereinstimmt. Und sie verfügt über ein Leuchtfeuer und ein gewisses Verständnis, und ihr werdet magnetisch davon angezogen werden. Aber es ist nicht immer so, dass es euch nur hinzieht, um Mitglieder dieser Familie zusammenzuführen. Das ist eine falsche Vorstellung. Und so müssen wir dies von vornherein ansprechen.

Die falsche Vorstellung lautet: Wenn man seine spirituelle Familie fände, solle man auch mit ihr zusammen sein. Das ist nicht der Fall, auch nicht bei denen, die ihr Zwillingsseelen, Zwillingsflammen, kosmische Doppelgänger und dergleichen nennt. Ihr müsst euch gegenseitig aufspüren, ihr müsst euch zurückholen, was ihr braucht. Ihr werdet die Seinsfrequenz integrieren, die euch ganz macht. Denn es ist nicht die andere Person, es ist nicht das Familienmitglied, das euch ganz macht. Ihr seid es, es ist eure Seinsessenz, euer Bestreben, ganz zu werden. Dennoch gibt es da welche, die eure Fähigkeit, euch selbst zu verstehen, zur Erfüllung bringen: Jedes Wesen, aus denen eure Familie besteht, fungiert als Spiegel, und wenn ihr in diesen Spiegel schaut, versteht ihr einen weiteren Aspekt von euch selbst. Ihr versteht einen weiteren Aspekt der Quelle.

Manche dieser Familienmitglieder werden länger in eurem Leben bleiben als andere. Manche werden kommen, und manche werden gehen. Manche werden euch einen Augenblick lang begleiten und andere eine Ewigkeit. Manche werdet ihr augenblicklich von einem zukünftigen oder früheren Leben her erkennen. Einige werdet ihr gar nicht erkennen. Und diese sind vielleicht die größten Lehrer. Viele, die ihr überhaupt nicht erkennt, sind großartige Lehrmeister in Verkleidung, selbst solche, die nur um euretwillen vorübergehend einen menschlichen Körper angenommen haben. Und das kommt öfter vor, als ihr vielleicht glaubt.

Bei einigen besteht die Familie aus vielen und bei anderen nur aus wenigen Personen. Es kommt vor, dass jemand drei Familienmitglieder hat, die gleichzeitig verkörpert sind. Bei anderen geht die Zahl der Familienmitglieder in die Hunderte. Und wieder sage ich euch, dass die spirituelle Familie ein Akt der Einheit ist, geschaffen von der Quelle. Es gibt keine Nummerierung und keine Ordnung – sie versteht sich als Geometrie. Sie versteht sich als Vorwärtsbewegung. Sie drückt aus, wo du dich selbst befindest. Und was du an Unterstützung brauchst, das wird dir begegnen, und was du nicht brauchst, das wirst du nicht manifestieren.

Wenn du also suchst und suchst und dich wunderst: »Alle anderen entdecken hier jemanden aus ihrer Familie und dieser und der, und schau nur die Ähnlichkeiten und die spirituellen Gemeinschaften an, die sich da bilden!«. Und wenn du selbst nichts dergleichen für dein eigenes Dasein findest, so liegt es nicht etwa daran, dass du dich nicht genug bemüht hättest. Es ist einfach so, dass du ohnehin schon bestens gerüstet bist. Du wirst von Spirit unterstützt, indem er dich trägt, und vielleicht hast du mehr integriert, als du dir heute vorstellen kannst.

Wenn du allerdings mehr integriert hast, als du dir selbst zutraust, was dann? Wenn der Sinn des Ganzen darin liegen soll, ganz zu werden, und du bist dabei, ganz zu werden, es aber nicht würdigst und die Suche fortsetzt, so tut sich irgendwie weniger, als du erwartest. Deshalb richte deinen Blick nach innen und frage dich: »Bin ich vollständig? Bin ich fast vollständig? Was brauche ich, um vollständig zu sein, mich vollständig zu fühlen oder als vollständig wahrzunehmen? Brauche ich dazu Begleiter oder eine Familie? Ist es für mich erforderlich, hier oder dort hinzugehören – kulturell oder gesellschaftlich? Werden mich meine Ursprünge vollständig machen? Mein spiritueller Ursprung? Oder mein irdischer familiärer Ursprung? Ist er dort, wo ich mich heute befinde, oder dort, wo ich morgen sein will?

Sie alle sind entscheidend für deine Ganzheit. Lasst euch wieder gesagt sein, dass alle, die gekommen sind, um sich hier zu begegnen, zu funktionieren und nicht zu funktionieren, hier sind, um ganz zu werden und andere zu lehren, die die Ganzheit noch nicht erfahren haben. Einer der schnellsten, rasantesten Wege zum spirituellen Seinszustand vor der Erleuchtung, sagen wir, der spirituellen Erkenntnis, besteht darin, in ein nicht funktionierendes Umfeld hineingeboren zu werden. Jemand versteht am raschesten, was es heißt, erfolgreich zu sein, wenn er zum Beispiel aus ärmlichen Verhältnissen stammt. Das ist ein vereinfachter Ablauf der Ereignisse. Es ist eine Verallgemeinerung. Und trotz alledem trifft es zu. Wer suchet, der findet. Auch dies ist eine Verallgemeinerung. Für alle, bei denen nichts funktioniert, wartet ein Leben, das funktioniert, gleich hinter der nächsten Ecke. Eure Spiritualität ist das Gegenteil von eurem körperlichen Ausdruck, denn Himmel und Erde sind wie eine Einheit, nur manchmal umgekehrt, getreu dem Grundsatz »Wie oben, so unten«.

Wenn du glaubst, dass du geringer seist, so sage ich dir, dass du größer bist. Wenn du glaubst, du seist hundertprozentig ganz, so sage ich dir, dass noch ein langer Weg vor dir liegt. Wenn du sagst, du seist erst auf halbem Weg, so sage ich, dass du mehr zurückgelegt hast als das, denn die Hälfte ist nur eine Sichtweise von Ausgewogenheit. In der Hälfte steckt kein Wachstum. Wenn ein Glas halb voll ist, ist es auch halb leer. Wird ein Leben nur halb gelebt, wird es auch halb nicht gelebt. Es ist kein Zeichen des Erfolgs. Wenn du die eine Hälfte deiner spirituellen Familie gefunden hast, ist die andere Hälfte in dir und nicht außerhalb.

Und so sage ich allen, die auf der Suche nach der Familie an sich sind: Was für eine Familie sucht ihr? Die spirituelle Familie, um es noch einmal zu sagen, ist rund. Sie ist eine Spirale, ein sternenübersäter Nachthimmel, eine Frequenz, die ihr zu euch hin rufen und an eure Seinsessenz anpassen werdet – eine, die ihr ins Leben ruft.

Auf dem eigenen Weg in Kontakt bleiben

Viele Menschen wie ich sind ziemlich oft auf Reisen, da wir woanders gebraucht werden. Viele von uns sind auf der Suche nach unserer spirituellen Familie und auch nach einem Umfeld, das uns Rückhalt gibt und unterstützt. Was rätst du jemandem, der hierbei ein Gleichgewicht herstellen möchte: nach seiner Familie zu suchen, aber auch weiter von Ort zu Ort zu ziehen?

Immer wenn ihr, um euch zu zitieren, auf eine neue Erinnerung an diese Familie stoßt, auf ein neues Mitglied, das zur Familie hinzukommt, gewinnt ihr damit auch ihre Lehrer, ihre Geistführer und ihre Essenz hinzu. Und alles, was sie gelernt haben, wird auch zu eurem Wissen. Immer wenn ihr ein echtes Mitglied eurer Familie trefft, werden all seine Begabungen auch zu euren. Und genau das ist auch ein Grund, warum ihr nicht euer ganzes Leben mit ihm verbringen müsst. Ihr braucht nicht körperlich mit ihnen zusammen zu sein, um das zu haben, was er hat, oder das zu erfahren, was er erfährt. Wenn ihr erst einmal ins reine Sein, die Zusammengehörigkeit oder das Miteinanderteilen gelangt, seid ihr eins mit all diesen Wesen, denn das ist die Natur einer echten spirituellen Familie.

Es ist der völlige Gegensatz zu einer irdischen Familie, bei der es die Angehörigen für eine längere Zeit kaum miteinander aushalten. Eine echte spirituelle Familie ist jedoch aus anderem Holz geschnitzt. Dort würdet ihr so lange verweilen, wie ihr nur könnt. Aber das braucht ihr nicht und dient auch keinem Zweck. Von jedem verkörperten spirituellen Familienmitglied, dem ihr begegnet, nehmt ihr wenigstens ein dreifaches geometrisches Muster mit, das eine bestimmte Geometrie in eurem Leben erzeugt, als Erweiterung von Ich und Seele. Und genau das verleiht euch die klare Richtung und die Charakterstärke, woanders hinzuziehen, in eine andere Stadt umzuziehen oder euch einem anderen Aspekt eurer Reise zuzuwenden, einer anderen Abzweigung oder was es auch immer sein wird.

Wenn ihr auf diesem Gebiet um Rat und Führung gebeten habt, werde ich euch sagen: Vollendet den Ausdruck eurer selbst, wenn ihr mit diesen Wesen in Kontakt kommt. Vollendet eure Sehnsucht nach der Gemeinschaft mit ihnen und beachtet, dass jede Erfahrung schon mit der ersten Begrüßung vollendet ist. Schon in diesem Augenblick hat sie sich selbst vollendet. Was sonst noch hinzuzufügen ist, das könnt ihr sozusagen extra darüberstreuen, wenn ihr wollt, nötig ist es aber nicht. Je mehr ihr euch also zugesteht, ein Wesen, ein Herz oder einen Geist zu berühren, die offen sind, und je mehr ihr deren Potenzial erkennt, desto mehr nehmt ihr es in euch auf. Alles, was ihr erlangt, strahlt ihr an andere aus, und zugleich erfüllt ihr damit eure Lebensaufgabe – alles im Werden, alles in einem Augenblick, alles durch die eine Entscheidung.

Ich fühle mich meiner Familie immer dann besonders nahe, wenn ich mich in die Einsamkeit zurückziehe und in die Tiefe meiner eigenen Gegenwart eintauche. Ich frage mich, ob das an meinem gestörten Verhältnis zum Physischen liegt oder ob das grundsätzlich auf meine eigene Wesensart zutrifft?

Keines davon und doch beides. Von deiner spirituellen Familie sind fast alle, die dazugehören, derzeit nicht verkörpert. Bist du deshalb allein? Nein, bist du nicht. Fühlst du dich allein? Ja, manchmal schon. Die menschliche Seite von dir mag sich allein fühlen. Die wahre Seinsessenz, die dich ausmacht, ist nicht allein. Also, warum glaubst du, dass du ziemlich schlecht gerüstet auf die Erde gekommen wärest? Könnte es sein, dass genau dieses Greifen nach den anderen Dimensionen dir dabei hilft, eine Verbindung herzustellen und so dein eigenes Gewahrsein und das der Erde weiterzuentwickeln?

Eine Erklärung des Begriffs Dysfunktionalität

Oh, was für schöne Worte hast du da gesprochen! Ich habe gar nicht das Wort »Sturheit« vernommen. Du gehörst wirklich zu denen, meine Liebe, die die Reise allein unternehmen, um sich selbst, dem spirituellen Selbst, zu beweisen: »Ja, ich kann es, weil ich bin. Ich kann es, weil ich bin, denn ich trage alles in mir: das Wissen, die Wahrheit, das reine Sein, die Erfahrung, die Reise, den Weg, die Entdeckung, die Lehre, die Meisterschaft, die Lehrmeister ... das bin ich. Ich trage es. Und in diesem Sinne werde ich es ihnen zeigen, weil ich mir selbst bewiesen habe, dass ich hierbei stur und eigensinnig bin, jedenfalls, wenn ich es kann und will.« So sei es, meine Liebe, du zeigst es ihnen. Es ist recht und gut. Es gibt in deiner Familie keine Dysfunktionalität, sondern es mangelt an Funktion. Lass uns auch dies sorgfältig definieren: Dein Familienleben funktioniert nicht richtig, aber nach welchem Maßstab eigentlich? Siehst du, davon haben wir noch gar nicht gesprochen.

Weißt du, an welchen Maßstäben du dich selbst oder andere messen willst? Was ist für eine Familie von Wert? Was ist ohne Wert für sie? Was wäre überhaupt von Wert für eine Familie? In wie vielen Familien wird Liebe und Liebe zu zeigen wertgeschätzt? In wie vielen Familien bekommt man zu hören: »Nun zieh aus, mein Liebling, und erfahre dein Leben. Koste es voll aus. Triff jede Entscheidung, die du verantworten kannst und für wertvoll und liebevoll hältst, und du kannst immer auf unseren Beistand zählen.« Hast du diese Worte gehört? Sind es Worte, die allgemein gebraucht werden? Wäre das nicht ein guter Wert, auf den eine Familie bauen könnte?

Aber wenn du diese Worte nicht zu hören bekommst, wenn sie kein Teil deines Erlebens sind, heißt es dann, dass du ein dysfunktionales Wesen bist? Nein, nicht unbedingt. Es bedeutet einfach, dass deine Familie nach anderen Wertmaßstäben funktioniert, keine Werte hat, mit Werten noch keine Bekanntschaft gemacht oder dir keine zu bieten hatte. Wenn es sich also um eine herrschaftliche und wohlsituierte Familie handelt, aber eines ihrer

Mitglieder zum schwarzen Schaf wird, ist es dann eine dysfunktionale Familie? Du merkst wieder einmal, dass wir deshalb bei unserer Begriffserklärung sorgfältig vorgehen müssen. Dysfunktionale Familien sind solche, in denen man sich gegenseitig nach Vergleichsgrößen und gespiegelten Normen alle oder die meisten Qualitäten reflektiert, die dem Einzelnen wenig dienen oder sogar das komplette Gegenteil davon sind. Wenn alles, was du in deinem Leben oder über dein Leben aufnimmst, dir nicht dienlich ist und es dir absichtlich eingetrichtert wird, dann handelt es sich um eine zerrüttete Familie. In den meisten dieser Fälle verhält es sich so, dass alle oder fast alle Familienmitglieder weder kulturell noch gesellschaftlich, am Arbeitsplatz oder im Familienkreis, so recht funktionieren.

Und solche Familien sind gar nicht so leicht zu erkennen, wie man annehmen könnte. Genau wie Menschen, die unbekannte Charaktermerkmale haben, die sie äußerlich nicht zu erkennen geben wollen, zeigen Familien, die am meisten gestört sind, diese Wesensmerkmale auch nicht in der Öffentlichkeit. Es sind rein private Momente. Deine Lehrer sind Privatlehrer. Deine Erfahrungen sind private Erfahrungen, bis du sie hervorholst und zu deinen Lehrern machst. Wenn du deine Reise antrittst und sagst: »Jetzt lasse ich den Worten Taten folgen; jetzt gehe ich auf diese Reise«, dann werden sie zu deinen äußeren Lehrern. Und dann wird sich deine spirituelle Familie mit dir verbinden. Bevor du nicht deine Entscheidung bestätigst, diese Entdeckungsreise zu unternehmen, wird dir kein Mitglied deiner spirituellen Familie begegnen – nicht eines. Das ergibt sich nicht sofort. Es ist eine Folgeerscheinung daraus, wenn man nach einer individuellen Essenz oder Kraft verlangt.

Eine Familie, die Quelle heißt

Stimmt es, dass wir einer Kerneinheit von tausend Seelen entstammen und diesen tausend Seelen begegnen, wenn für uns ein Leben beginnt, und

es daran liegt, dass wir mit manchen Menschen sofort warm werden und
sie uns einnehmen, während es bei anderen nicht so ist?

Ihr kommt von einer Familie mit dem Namen Quelle. Es gibt eine
einzige Seele, die Quelle heißt. Und aus dieser einen Seelenessenz
namens Quelle gingen die Welten hervor. Jeder einzelne Mensch
erschafft einen Weg, und kein einziger Weg ist dem von tausend
Seelen oder tausend Gedanken gleich. Die hier vorgebrachten
Worte sind Poesie, seht ihr, aber sie nützen weniger. Sie sind
ihrem Wesen nach poetisch ... ihr würdet diese Gruppierungen
und Familien durchlaufen. Aber das ist nicht unbedingt der Fall.
Denn im Einssein mit der Quelle und ihrem Ausdruck braucht
es die Tausend nicht. Es braucht nur Eines. Könnt ihr tausend
Menschen gleichzeitig an der Hand halten? Oder seid ihr schon
überaus zufrieden, einen einzigen lieben Menschen an der Hand
zu halten? Das ist eure Entscheidung. Es ist eine Entscheidung
des Einen und der Vielen. Aber die Zahl der Vielen muss sich
nicht auf tausend belaufen. Und die Tausend brauchen nicht
Einem zu entsprechen.

Einige spirituelle Familien sind wie Sterne; sie sind keine
Wesen. Sie sind nicht einfach Menschen, mit denen ihr irgendwelche Leben verbracht habt. Sie sind keine Engel oder spirituellen Lehrer. Sie sind keine Meister. Sie sind buchstäblich wie
die Sternenkonstellationen am Nachthimmel. Auch das sind
eure spirituellen Familien, und wenn ihr zum Nachthimmel auf-
blickt und sprecht: »Ich sehne mich nach zu Hause«, heißt das
nicht unbedingt, dass ihr über die körperlichen Beschränkungen
hinausgehen wollt. Es bedeutet einfach, dass ihr diese Sternensys-
teme, Gruppierungen, Planeten und Sternenkonstellationen als
euer Zuhause wiedererkennt.

Sternenkonstellationen beeinflussen, genau wie Planeten, euer
Sein. Sie sind Systeme, die euch Rückhalt geben. Und diejenigen,
die auf der Erde nicht mit vielen physischen Wesen oder physischen Erfahrungen in Verbindung kommen, richten sich auf
die Sterne aus. Jene, die sich von den Sternen leiten lassen, sind

nicht zwangsläufig auch weniger physisch. Für sie ist das Körperliche einfach ein nicht so wichtiges Zubehör. Diejenigen, die zum Nachthimmel emporblicken und ihn als Freund ansehen, fühlen sich in einem Körper und außerhalb genauso wohl wie in oder außerhalb einer Kultur.

Auch hier gilt wieder, dass diejenigen, die den Blick zum nächtlichen Himmel richten, nicht auf ein Leben oder einen Weg, ein bestimmtes Geschlecht oder eine bestimmte Rasse angewiesen sind. Ihre Leitperspektive ist universal, und die Tatsache, dass sie sich vom Nachthimmel leiten lassen, bedarf eigentlich keiner weiteren Erklärung. Außerdem wird ihnen diese Führung eher im Traumzustand als im Wachzustand zuteil. Es ist eher die innere Sphäre als die äußere, die sie anleitet. Ihre spirituelle Familie ist vielleicht ein- und dieselbe wie eure, nur eben nicht verkörpert und in einem physischen Seinszustand. Es ist weder eine Tante noch ein Onkel oder irgendetwas in dieser Art.

Eine spirituelle Familie ist eine wahre Quelle der Unterstützung, niemals endend und niemals beginnend. Sie ist die Tiefe, die Wahrheit und die Erkenntnis, dass alles, was du brauchst, vorhanden ist. Sie ist ein Bezugspunkt. Sie ist ein Verstehen. Sie ist ein Anfang und ein Ende. Sie ist eine Selbstentdeckungsreise, bei der man jedoch sein inneres Selbst findet. In diesem Fall sind der Eine und die Vielen im Innern. Die einen reisen womöglich rund um die Welt, um ihre spirituelle Familie zu finden, und die anderen reisen in ihr eigenes Herz und werden fündig. Und dann sind da jene, die sich aus dem Körper heraus in die nächtlichen Träume begeben, und auch sie werden ihre spirituelle Familie finden. In diesem Fall braucht keine Dysfunktionalität vorzuliegen, nur ein Mangel – aber manche von euch sehen selbst einen Mangel als ein Nichtfunktionieren an.

Wenn ihr einen Mangel an Liebe erfahrt, so ist das für einige eine Dysfunktionalität, denn ohne genug Liebe kann ein Kind nicht gut gedeihen. Das trifft auf viele zu, die man auch als »Indigos« bezeichnet. Selbst wenn sie Liebe empfangen, ist es nicht die Art von Liebe, die sie gewöhnlich brauchen und bekommen. Und hier empfangen diese grandiosen Wesen – in Ermangelung eines anderen Wortes »Indigos« genannt, denn auch sie werden missverstanden – Liebe von vielerlei Seiten. Aber wieder bekommen sie nicht das, was sie brauchen – noch nicht. Und doch besteht der Zweck ihres Daseins darin, für sich herauszufinden, was sie eigentlich brauchen, was sie benötigen und wie sie es bekommen. Sie erkennen schon jetzt, von vornherein, dass das, was sie brauchen, nicht verfügbar ist – nicht in ihrem Leben, nicht in ihrer Familie, vielleicht noch nicht einmal auf der Erde. Und diese Wesen müssen mehr als alle anderen, die heute auf dem Planeten sind, sich gegenseitig finden, und sie werden sich gegenseitig finden.

Alle Wesen wirken an der Evolution der Erde mit

Ist die spirituelle Familie, aus der ich hervorgehe, daran beteiligt, die derzeitige Entwicklung der Erde voranzutreiben? Oder ist es die Energie selbst, die heute andere Bewusstseinssphären unterstützt?

Sie unterstützt tatsächlich die Evolution der Erde, aber auch hier muss ich wieder betonen, dass alle Wesen, die heute auf der Erde sind, ebenfalls zu ihrer Evolution beitragen. Alle diese Wesen fördern die Evolution der Erde – sowohl diese, bei denen alles zu funktionieren scheint, als auch jene, bei denen es nicht so wirken mag. Euer göttlicher Präsident [in den USA] wurde übrigens von göttlicher Seite gewählt! Ihr seid in der Tat bei der Evolution behilflich. Denn wenn eine Entscheidung nicht fällt, so wird sie für euch getroffen. Aber wenn sie für euch erfolgt, so fällt die Entscheidung, dass ihr die Zügel wieder in die eigene Hand nehmen sollt, versteht ihr das? Und so werden Beispiele vorgebracht, wo ihr die Zügel nicht in die Hand nehmt. Wie wird die Evolution aussehen?

Alle Wesen werden bei der Evolution der Welt und auch ihrer eigenen Evolution in Erscheinung treten. Es ist ein Rahmen, eine architektonische Anlage, die sich da zeigt, doch innerhalb dieser Anlage sind einige, die weiter unten auf dem Gerüst oder dem

Fundament stehen, und dann sind da andere, die die Zuständigkeit für Regionen haben, die höher oder ätherischer sind. Es gibt gröbere Formen der Evolution und feinere Formen der Evolution, aber alle, die sich derzeit auf der physischen und nichtphysischen Erde einfinden, tragen zu ihrer Evolution bei. Hierzu gehören Wesen aus der dritten Dimension, der vierten Dimension, der fünften Dimension und noch höher.

Alle, denen etwas an der Erde liegt, stehen der Erde gegenwärtig bei. Alle, die die Erde auf irgendeine Weise beobachten, bringen ebenfalls ihren Einfluss ein – selbst diejenigen, die sonst sagen würden: »Ich bin keine gute Hilfe für die Erde.« Es ist eine entgegengesetzte Wesensart, die sich manifestiert hat. Denn die Welt krempelt sich gerade buchstäblich um. Alle Staubflusen in den Jackentaschen müssen zutage gefördert werden. Alle Ängste, alles, wonach es euch verlangt, alle nicht näher erforschten Emotionen, all die unausgesprochenen Worte, all die ungelebten Vergangenheiten, die ganze nicht eingetretene Zukunft ... alles kommt zum Vorschein. Es tritt hervor. Und jedes Wesen hat für die Erde eine Funktion inne.

Tiere können zur spirituellen Familie dazugehören

Kann es sein, dass die spirituelle Familie teilweise aus anderen Lebewesen besteht, die zum Beispiel dem Tierreich angehören?

Nicht unbedingt, aber es wäre möglich. Es kommt auf den jeweiligen Einzelfall an. Die anderen Daseinsreiche offenbaren sich euch nicht spirituell, aber sie zeigen sich euch durchaus gezielt, verstehst du? Es handelt sich wieder um einen Aspekt des Lichts, der euch beisteht, für euch erschafft, etwas für euch verbessert, aber nicht unbedingt so wie eine Familie. Wenn du der Ansicht bist, dass das Tierreich zu deinem Lehrer wird, dann ergibt es sich so, aber das ist in der Regel nicht der Fall.

Würdest du denn sagen, dass ein Großteil meiner spirituellen Familie
nicht in der irdischen Dimension ist?

Die meisten, aber nicht alle. Es gibt Gruppierungen in dir, deren
Hilfe du in Anspruch nehmen wirst. Da sind Geschwister und äu-
ßerliche Bindungen und Beziehungen, auf die ihr gestoßen seid
und die für eure reine Seinsessenz gewiss natürlich sind. Siehst
du, eine spirituelle Familie ist eine natürliche Erweiterung von
dem, was ihr seid. Ihr erkennt euer Selbst wieder, das euch in ihr
zurückgespiegelt wird. Wenn ihr nicht im Körper seid, bekommt
euer Körper dies gespiegelt. Wenn ihr nicht im Geist seid, spiegelt sie euch eine achtsame oder achtlose Handlung. Wenn ihr
nicht im Herzen seid, spiegelt sie euch einen innigen oder liebevollen Moment. Das ist ein spiritueller Moment. Und deshalb
ist es gut möglich, dass viele Lehrer nicht im Irdischen sind. Ein
Moment, der innerhalb der spirituellen Familie auftritt, muss
kein physisches Familienmitglied betreffen. Hier verwenden wir
den Begriff »Familie« weit gefasst. Es ist ein Zusammenkommen ...
vielleicht ist dies das bessere Wort. Es ist ein Zusammenkommen
geistiger Wirklichkeiten.

Gehört mein Lehrer eigentlich zu meiner spirituellen Familie?

Er gehört zur Essenz, die dich in diesem Leben unterstützt. Er ist
ein Mitglied der Familie. Um dir eine Freude zu machen, wollen
wir das einmal bejahen. Mit der Antwort tun wir dir aber einen
Gefallen. Mit anderen Worten: Er ist ein Mitglied deiner Familie,
meine Liebe, und du hast ihn mit allen Geistesgaben ausgestattet,
die du gern für dich beanspruchen würdest. So kannst du sehen,
wie sie dir täglich gespiegelt werden.

Und da, wo du ihm große Aufmerksamkeit entgegenbringst, ist
es die gleiche Aufmerksamkeit, mit der du dich fortan selbst über-
häufen solltest. Aber du hast einen Gefährten gefunden, dem du
dich zur Verfügung stellen kannst, und dieser tut dir den Gefallen. Dieser übernimmt die Rolle, die du ihn zu spielen gebeten

hast, und er tut es mit Liebe. Und wenn du also sagst, er sei ein Mitglied deiner spirituellen Familie, dann soll es so sein. Ich werde dir zustimmen, um dir wie gesagt einen Gefallen zu tun.

Nun, wenn du mir, dem Empfindungskörper Gaia, einen Gefallen tun wolltest, so würde ich sagen: »Übernimm einige dieser Eigenschaften in dein eigenes Wesen. Und dann sieh einmal, wie viel mehr Glanz du dann auch selbst ausstrahlen wirst.«

So etwas wie Liebe oder Hass gibt es auf der Erde nicht

Kannst du etwas über Beziehungen sagen, die von Hass und Liebe geprägt sind?

Die Liebe, die jemand einem anderen entgegenbringt, ist nicht unbedingt Liebe. Ebenso wie der Hass, den jemand gegenüber einem anderen empfindet, nicht unbedingt Hass ist. Hierzu werde ich etwas sagen, was dich sicher überrascht: Auf der Erde gibt es nämlich so etwas wie Liebe und Hass nicht. Es besteht zwar jeder Aspekt in Abstufungen zwischen diesen Polaritäten, aber diese beiden Polaritäten selbst, diese Extreme, sind der Erde fremd. Hier werde ich wieder zu dir sagen, dass es so scheinen mag, dass Hass auf der Erde sehr wohl bekannt ist, aber das ist er nicht. Missverständnisse? Ja. Abneigung? Ja. Keine Übereinstimmung? Ja. Aber Hass? Nein.

Das kommt daher, weil sich die Menschheit nicht selbst hassen kann, aber genauso wenig hat sie den Zugang gefunden, sich zu lieben. Und so erkundet sie auf jede erdenkliche Weise sämtliche Gebiete, um dieses Thema zu verstehen. Der Mensch ist ein Aspekt der Liebe, aber er ist eben nur ein Aspekt von ihr. Um die Liebe zum Ausdruck zu bringen, muss er sie ständig gespiegelt bekommen, sonst kann er diese hohe Schwingung nicht halten. Die Menschheit ist derzeit nicht imstande, die Schwingung »Liebe« zu halten, und nähert sich ihr nur an. Ebenso wenig kann sie derzeit die niedrige Schwingung »Hass« halten, also nähert sie sich ihr an. Von daher suchen alle Schwingungen, die Liebe oder Hass nachahmen, die Ganzheit zu verstehen; sie suchen immer das zu verstehen, was ganz ist.

Wenn ihr die Liebe versteht, werdet ihr auch den Hass verstehen. Und wenn ihr den Hass versteht, werdet ihr die Liebe verstehen. Sie sind nicht das Gegenteil, und sie sind nicht das Gleiche. Dennoch hängen sie so eng zusammen, dass man sie nicht voneinander trennen kann. Und dennoch ist hier auf der Erde Trennung und Individualität genau das, was geschieht. Deshalb könnt ihr beides nicht wirklich verstehen. Diese Beziehungen tragen selten Früchte, entwickeln sich selten zu einem vollen Verständnis, da das volle Verständnis dieses Themas noch nicht verfügbar ist.

Jetzt sind die Wahlmöglichkeiten klar: Wenn Liebe und Hass das Gleiche oder fast das Gleiche sind, so kann man zur Ganzheit über den Weg der Liebe gelangen oder über einen Weg, der sich der Liebe annähert. Und das ist es, worüber die Menschheit derzeit entscheidet. Welchen Weg davon wird sie einschlagen, um sich selbst zu verstehen oder um die Ganzheit zu verstehen? Diese Wege markieren die Dualität. Aber jeder Weg der Dualität ist auch eine Reise zur Ganzheit, und dies ist ein Problem, das der Menschheit derzeit zu schaffen macht, wie ihr tagtäglich um euch herum beobachten könnt.

Das kollektive Bewusstsein

Gibt es ein Bewusstsein, das das Kollektiv der Menschheit darstellt und dazu dient, die Evolution aller Menschen sowie die Evolution des individuellen Bewusstseins zu fördern? Es scheint so, dass alle von uns, die sich hier im Raum und auf dem Weg zur Erleuchtung oder Ganzwerdung befinden, gekommen sind, um sich in das Menschheitskollektiv einzubringen und das Bewusstsein somit auf eine höhere Ebene anzuheben. Ist das wahr?

Das ist wahr. Es gibt ein kollektives Bewusstsein. Es gibt eine kollektive Wirklichkeit. Und es gibt viele individuelle Bewusstseine und individuelle Wirklichkeiten und individuelle Formen des Selbstausdrucks. All das zusammen webt einen Bildteppich aus Licht. Und dieser Teppich, wie er sich erschafft, lädt zur Evolution der Menschheit ein. Wenn das Menschenreich die Einladung entgegennimmt oder annimmt, ziehen andere Daseinsreiche womöglich nach. Die anderen Daseinsreiche, die dem Menschenreich entsprechen, sind noch untergeordneter Natur, was ihre Entscheidungsmacht anbelangt. Sie werden zustimmend nicken und gemeinsam mit der Menschheit den Weg fortsetzen, oder aber sie tun es nicht. Vielleicht werden sie die Idee schlichtweg ablehnen und sich aus dem Prozess ausklinken. Oder aber sie erklären ihre Stimme für nichtig und ziehen sich dann aus dem Prozess zurück. Ihr seht, dass es viele Spezies gibt, die dies heutzutage tun.

Deshalb entwickelt sich auf der kollektiven Ebene ein kollektives Bewusstsein von der Wirklichkeit. Das Menschheitsbewusstsein befindet sich in einem Raum und einer Zeit der Evolution. Alles steckt mittendrin in der Evolution, und alle erhalten Hilfe und Führung von den intrinsischen Lichtreichen. Deshalb trägt alles, was ihr seid, physisch und nichtphysisch, zur Evolution der Menschheit und zur »De-Evolution«, das heißt, rückwärtigen Evolution des Menschenreichs bei. Das Menschenreich befindet sich insgesamt in einer De-Evolution, aber das Bewusstsein der Menschheit durchläuft insgesamt eine Evolution.

Nun, was bedeutet das? Es bedeutet, dass es in der kommenden Zeit, einer Zeit, die sich jetzt gerade entwickelt, bewusstere Wesen auf dem Planeten geben wird und zugleich weniger Menschen auf der Welt. Und alle, die hier sind, unterstützen diesen Prozess. Auch alle, die sich entscheiden, nicht auf die Erde zurückzukehren, tragen zu diesem Prozess bei und helfen der Erde. Kein einziges Wesen, keine einzige Gedankenform wird als etwas betrachtet, das nicht auf die Evolution der Erde hinwirkt. Diejenigen, die der Menschheit beim Prozess der De-Evolution helfen, helfen gleichzeitig auch denen mit einem höheren Bewusstsein, auf dem Planeten zu bleiben. Wirklich ein großer Dienst, den sie da leisten!

Himmel und Hölle

Es war interessant, als du davon sprachst, dass es auf der Erde keine reine Liebe und auch keinen reinen Hass gäbe. Und ich frage mich nun, ob du mir von den Welten erzählen könntest, wo reine Liebe und reiner Hass vorkommen. Entsprechen diese Welten der gängigen Vorstellung von Himmel und Hölle?

Einige davon, ja – es gibt Himmel und Höllen auf physischer Ebene. Es gibt solche Welten, auf denen die Wesen so in ihrer Liebe sind, dass sie nichts anderes tun als zu lieben. Aber auf der anderen Seite, nun ja, wozu nützt das? Auch hier müssen wir wieder sorgfältig bei unserer Definition sein, verstehst du? Wollen denn diejenigen, die nach Liebe suchen, tatsächlich die Liebe ganz und gar erfahren oder nicht? Stelle dir vor, dass du ständig in einem liebenden Seinszustand bist. Den ganzen Tag lang, die ganze Nacht bist du so sehr in der Liebe. Kannst du dir wirklich vorstellen, wie das ist?

Was würdest du dann machen? Stelle dir einmal die sogenannten himmlischen Sphären vor. Warum zupft man wohl dort auf allen Bildern immer die Harfe? Was gäbe es denn auch sonst zu tun? Ich möchte behaupten, dass es diesen Wesen schon einmal in den Fingern juckt, ab und zu einen kleinen Streit vom Zaun zu brechen, einfach um zu wissen, wie das auf dieser Seite des Schleiers so ist. Von daher ist ein solches Dasein nach einem völlig liebevollen Muster nicht unbedingt jedermanns Sache. Man strebt danach, die Liebe zu erfahren – immerhin länger als nur für eine Weile, aber auch nicht für immer und ewig – eben die Art von Liebe, die einem die eigene Seele zu spiegeln vermag.

In jenen Welten, in denen auch reiner Hass besteht, hat man es einfach mit einem anderen Aspekt der Liebe zu tun, der noch nicht als solcher entdeckt wurde. Reiner Hass ist unentdeckte Liebe. Er ist eine Leidenschaft. Er ist die Leidenschaft dafür, dasjenige zu sehen, was nicht Liebe ist. Jeder Aspekt, der nicht Liebe ist, wird also zu Hass. Er ist quasi die Abwesenheit von Liebe. Und auch das kann langweilig sein.

Und dann sind da noch all die Aspekte dazwischen. Diese Welt ist einer davon. Aber nicht alle Welten auf physischer und nichtphysischer Ebene weisen auch Liebe und Hass auf, musst du wissen. Es gibt viele verschiedene Emotionen oder Erfahrungen, die sich gegenseitig wecken. Das Gespann Liebe und Hass ist nur *ein* solches Beispiel, aber das offensichtlichste. Es gibt aber auch Welten, in denen man einfach erfahren will, wie es ist, einen Körper zu haben. Und dann gibt es andere Welten, in denen sich die Bewohner schon seit Äonen von Jahren im Inneren des Planeten aufhalten und jetzt gerade entdecken, wie sie an der Oberfläche überleben können, und umgekehrt. Es gibt einige Welten, bei denen Lebensformen, Populationen oder Arten einfach ausgelöscht werden, sei es durch Krankheit oder durch Misstrauen, um dann anderswo einen Platz zu finden. Und das ist ein Experiment, das gerade läuft. Es ist ein gewaltiges Universum.

Alles, was sich hier auf der Erde als Evolution darstellt, ist nur eine von vielen Reisen, die es zu unternehmen gilt. Auf jeden von euch warten viele davon.

Eine einfache Antwort auf eine einfache Frage

Welchen Zweck hat diese ganze Reihe von Welten?

Damit ihr das Alles seid, kennt und versteht. Damit ihr jedes Alles, das es gibt, seid, kennt, lebt und erfahrt. Denn die Quelle, das Allsein von Allem, kann noch immer nicht das Allsein von allem und jeder Seinsessenz gleichzeitig erfahren. Und so erschafft die Quelle einen linearen und dimensionalen Ausdruck ihrer selbst. Die Quelle erschafft Zeitlinien und Lebewesen. Die

Quelle erschafft Schöpfer, und Schöpfer erschaffen Schöpfergötter, und Schöpfergötter erschaffen Arten, und Arten laden zu Erfahrungen und Reisen ein, die alle zum Ziel haben, eins mit der Quelle zu sein. Und so geht die Reihe wieder von vorne los – die Seinsessenz kehrt zurück zum Schöpfer, und der Schöpfer zur Familie, und die Familie zu den Schöpfergöttern, und die Schüler zu den Lehrern, und so weiter und so fort durch alle unzähligen Formen des Ausdrucks.

Der Zweck des Alles besteht also darin, das Alles zu kennen. Der Zweck ist es, das Alles zu sein, indem man das Alles kennt, indem man das Alles erfüllt, indem man zum Alles reist, indem man das Alles entdeckt, indem man es als Alles überrascht. Und wenn man alle dieser Alles-Zustände verstanden hat, so heißt es, besonders tief durchzuatmen und dann von vorn zu beginnen, aber auf andere Art. Eine einfache Antwort auf eine einfache Frage ...

Ja, jeder von uns stellt Abbilder des Alles dar ... dann ist es nicht so, als müssten wir diese unendliche Reihe der Welten erfahren, sondern das Alles ist immer und jederzeit für uns im Moment zugänglich – ist das richtig?

Ja. Das Alles ist zugänglich für euch. Und dennoch verbirgt es sich hin und wieder vor euch, oder ihr euch vor ihm. Denn selbst wenn ihr, wie man doch meinen sollte, wirklich und wahrhaftig vollständig werden und sagen wollt: »Ich bin das Alles«, ihr tut es einfach nicht. Und wie würde das Alles sich vervollständigen? Ich sage euch gern, dass ihr dazu nur aussprechen und glauben müsstet (und das ist nicht bloß eine semantische Spitzfindigkeit): »Ich bin das Alles, voll und ganz, in diesem Augenblick und in allen Augenblicken. Ich habe alles hier erschaffen, und nun löse ich alles auf.« Das ist die kurze Antwort auf deine Frage. Aber sage selbst: Kannst du es jetzt, in diesem Augenblick, vollbringen?

Nein.

Warum nicht?

Weil ich dann in meiner gespielten Rolle stecken bleibe.

Weil du eigentlich gar nicht willst, dass das Spiel aufhört, verstehst du nicht? Wenn es dich wirklich langweilen würde, so wäre es in null Komma nichts vorbei. Wirklich. Jedes Lebewesen, das hier anwesend ist, hat die gleiche Fähigkeit. Und jeder x-beliebige Mensch, der da draußen oder an diesem Abend in der Stadt herumläuft, hat die gleiche Fähigkeit, sich dafür zu entscheiden. Einige tun es nicht, weil sie nicht glauben, dass sie diese Fähigkeit hätten. Einige tun es nicht, weil sie sich für etwas anderes entscheiden. Einige glauben, die Fähigkeit sei nur anderen gegeben. Und einige warten auf die Rückkehr von Jesus Christus (die zweite, dritte oder vierte). Auf welche Rückkehr wartest du denn, meine Liebe? [lacht]

Darauf antworte ich nicht! Obwohl ich antworten sollte, denn ich gehöre selbst zu den Menschen, die auf seine Rückkehr warten.

Und was bedeutet dir diese erneute Rückkehr?

Die Fehler vom ersten Mal werden bereinigt.

Und was hat dir das erste Mal bedeutet?

Es war schon ein guter Ansatz in Richtung Liebe und Verbundenheit und die Erkenntnis des Einsseins, das gefühlsmäßige Erleben des Einsseins. Und dennoch bin ich mir des Widerspruchs bewusst, dass man nämlich auf das Einssein hinarbeiten und danach streben kann, ohne wirklich ein vollkommenes Einssein zu wollen; und dann gerät das Ganze zur Selbsttäuschung. Das erkenne ich durchaus.

Ja, aber es ist nicht unbedingt eine Täuschung, weil du es ja nicht vor dir selbst verbirgst. Und dennoch sollte man hin und wieder für sich bekennen: »Ich bin bereit, dieses Mal soundso viel zu haben und zu bekommen. Ich will es nicht ganz. Ich dachte nur, dass ich es wollte. Ich glaubte, mir hierüber sicher zu sein, als ich diese Worte sprach oder als ich mit meiner Reise begann. Heute, an dieser Weggabelung, würde ich mich anders entscheiden.« Und insofern ist es wichtig, das anzuerkennen, was du wählen, was du sagen, was du haben und was du erschaffen wirst.

Die dritte Dimension als Spiel im Spiel

Mir kommt es so vor, als würde ein Teil des Spiels darin bestehen, auf das Spielen zu verzichten. Mit anderen Worten, das Spiel in einem gewissen Umfang aufzugeben und sich auf eine andere Ebene zu begeben, so dass man das Spiel weiterspielen kann und trotzdem das Gefühl hat, dabei Fortschritte zu machen.

Ja, und wenn sich das Spiel zu sehr verselbständigt, wird es natürlich ein Spiel, das du nicht mehr mitspielen willst. Denn wenn sich das Spiel ohnehin nicht gewinnen lässt, wenn feststeht, dass du als Verlierer daraus hervorgehst, warum sich dann noch die Mühe machen und überhaupt mitspielen? Und was ist, wenn du Zweiter wirst? Nun, du bist dir dessen nicht sicher. Und so musst du eben, wie du sagst, das Spiel im Spiel mitspielen, und genau darum geht es in der dritten Dimension.

Die dritte Dimension ist das Spiel im Spiel. Sie ist es, die dir ermöglicht, ein geistiges Wesen mit einem physischen Körper zu sein. Sie lässt dich sagen: »Ich mache mich auf die Suche. Ich begebe mich auf die Reise. Ich habe einen Weg vor mir, aber dieser Weg hat einen spirituellen Zweck. Ich komme nicht einfach so hierher, um dann in den nächstbesten Körper zu schlüpfen, der sich mir bietet. Es hat einen Zweck, dass ich hier bin. Es findet eine spirituelle Reise statt, eine spirituelle Wiederbelebung im Innersten meines Seins, eine Reise, die ich für mich selbst und für andere unternehme, für die Evolution der Welt.«

Denn das, was du für dich wählst, ist in einen höheren Zweck eingebettet. Und daher werden wir sagen: Ja, es ist ein Spiel, aber es ist kein Kinderspiel. Die Erde, die dritte Dimension, ist kein Kinderspiel. Sie ist etwas für Suchende. Sie ist für den Menschen da, der die Wahrheit des Seins wissen will, gerade zum jetzigen Zeitpunkt in der Geschichte einer sich linear entwickelnden Welt.

Biete deine Gegenwart an

Sehr oft befinden wir uns auf der Suche nach Angehörigen unserer spirituellen Familie, und dann sind es wieder unsere Angehörigen, die auf der Suche nach uns sind. Auf welche Weise können wir den Leuten, das heißt den Mitgliedern unserer spirituellen Familie, die plötzlich auftauchen und auf uns zukommen, helfen und sie und uns dabei ehren? Dazu gehören auch Menschen wie der Obdachlose auf der Straße.

Komm hierher, stelle dich vor mich hin, dann zeige ich es dir. Es ist ganz einfach. Hier, nimm meine Hände. Schau in diese Augen. Was siehst du?

Ich sehe mich.

Genau. Und welchen Aspekt siehst du?

Ich weiß es nicht. Vielleicht Seiten von mir, die ich nicht sehen will.

Mach weiter. Schau noch einmal hin. Sieh nicht weg. Sieh hin, sieh hin.

Seiten von mir, von denen ich mir wünschen würde, dass sie sich entwickeln.

Schau weiter hin und sieh dir an, was ich dir zeige.

Einfach da zu sein. Die bloße Gegenwart.

Eure Gegenwart. Ja, meine Liebe. Was könntet ihr einem anderen schon geben, wenn nicht eure Gegenwart? Ihr habt gar nichts anderes zu bieten. Selbst euer Herz. Ihr könnt euer Herz nicht verschenken. Ihr könnt euer Herz nicht verschenken, ihr könnt euer Herz nicht dem Mann in den Schoß legen, den ihr auf der Straße trefft. Du wirst ihm nicht dein Herz schenken, aber du wirst ihm für diesen Moment deine Gegenwart anbieten – einen Moment des Zugegenseins. Es kommt nicht darauf an, ob dieser Mann zu deiner Familie gehört. Und es kommt nicht darauf an, ob er dein Feind ist. Du wirst bei deinem Feind gegenwärtig sein, genauso wie du bei deiner Liebe gegenwärtig bist. Denjenigen, die von sich sagen: »Ich liebe die Erde, und ich liebe die Menschen«, sage ich, dass sie im Irrtum sind. Was du zu bieten hast, ist nicht Liebe – es ist deine *Gegenwart*.

Sieh also nicht weg, denn um wirklich gegenwärtig zu sein, musst du dich hingeben. Sieh nicht weg, wenn du diese Menschen auf der Straße siehst, wie du sagst. Schenke ihnen deine volle Aufmerksamkeit. Schenke ihnen wenigstens für einen Moment deine Gegenwart, ganz ohne Mitleid. Betrachte sie, wie man so sagt, als den »Gott der Seele«. Sie könnten gut und gern zu deiner Familie gehören. Aber wenn du nicht wirklich hinschaust, wirst du es nicht sehen. Wenn du ein neues Haus kaufst, schaust du dann nicht auch in jeden Winkel und in jede Ecke, innen und außen? Willst du jemanden, der ein Mitglied deiner Familie sein könnte, nicht mit der gleichen Sorgfalt und Aufmerksamkeit »besichtigen«? Dann tue es, meine Liebe, tue es. Danke. Für diesen Moment deiner Gegenwart danke ich dir.

Eine spirituelle Familie ist etwas, das du in dir trägst und im Äußeren siehst. Du trägst sie nicht in deinem Herzen. Du trägst sie im Innern. Was bedeutet eigentlich »im Innern«? Es ist kein Körperteil. Es ist nicht in deinem Solarplexus. Es ist nicht in deinem Herzen. Es ist noch nicht einmal in deiner Seele. Es ist im Innern. Du trägst es in dir. Du drückst es im Äußeren aus. Du ziehst es im Äußeren an. Du ziehst es an wie ein Magnet. Du spiegelst es anderen. Sind alle Wesen deine spirituelle Familie?

Nun, gewissermaßen ja, aber es ist keine Familie, die du immer erkennen würdest.

Ist deine irdische Familie deine spirituelle Familie? Ja, aber du würdest sie derzeit nicht als solche erkennen. Es gibt auch welche, die du erkennst, und solche, die dich erkennen. Da ihre Schwingung und Frequenz mit deiner übereinstimmt, zieht ihr euch gegenseitig an, und sei es nur für einen Augenblick. Aber wenn man die gleiche Schwingung angezogen hat – so, als hätte man aus einem Kartenspiel ein zusammengehörendes Kartenpaar gezogen –, ist es nicht notwendig, sie länger als einen Moment lang zu halten. Nicht dass ihr es nicht könntet, es ist schlichtweg nicht notwendig. Mit »notwendig« meinen wir: notwendig wie dein Weg, notwendig wie deine Reise – erklärtermaßen das, was sich auf die Suche begibt und ganz wird.

In diesem Leben wirst du sowohl nach Ganzheit streben als auch ganz werden, zielstrebig und bewusst. Du wirst es nicht merken, dass du es getan hast, bevor du nicht vielen anderen dabei geholfen hast; und dann wirst du erkennen, dass auch du es getan hast und genauso gewesen bist. Wahrhaftig. Wollen wir nun zum Schlusssatz kommen? *Ich werde mich allen als Mitglied ihrer spirituellen Familie anbieten, die mich dafür halten.* Guten Abend.

Die Indigo-Generation: Frühe Reife

Ich bin siebzehn Jahre alt und ziemlich oft deprimiert oder auf irgendetwas sauer. Manchmal glaube ich, ich wüsste warum, aber meistens weiß ich es nicht. Die meisten Leute finden, dass ich mich nicht so fühlen sollte, und sagen dann so etwas wie: »Warte erst mal ab, bis du so alt bist wie ich, dann hast du wenigstens Grund zum Klagen.« Neulich hat mir jemand gesagt, dass bei mir etwas anders und meine Generation etwas Besonderes wäre. Stimmt das? Und wenn ja, wieso?

Jede Generation und jeder Mensch, der zu ihr gehört, hat etwas Einzigartiges. Von höherer Warte aus betrachtet ist es unmöglich, dass die eine Generation mehr und die andere weniger besonders ist. Tatsache ist, dass es ein universales Gesetz gibt, das besagt: *Wenn alles gleich ist, ist alles gleich.* Universale Gesetze sind ein höherer Ausdruck der Wahrheit, und sie gelten ausnahmslos für alles und jeden, unabhängig von Ort, Herkunft und so weiter. Universale Gesetze stehen nicht in Widerspruch zueinander, wie man das von menschengemachten Gesetzen kennt, es sei denn, dass eine falsche Wahrnehmung oder falsche Auslegung seitens der Menschen diesen Anschein erweckt. Dasselbe Gesetz besagt auch, dass zwar alles *gleich* ist, aber eben nicht *dasselbe.* Und das erklärt auch, warum jedes Atom und jedes Teilchen im gesamten Universum einzigartig ist, und zwar ausnahmslos.

Eine Generation kann man nach verschiedenen Rahmenbedingungen definieren, etwa nach dem Zeitabstand zwischen der Geburt der Eltern und der darauf folgenden Geburt ihrer Kinder. Wenn wir bei dieser Definition bleiben, würde eine Generation um die dreißig Jahre umfassen. Eine Generation kann aber auch einen neuen Menschentyp kennzeichnen, eine neue Phase in einem Lebenszyklus, fortlaufende Verbesserungsstadien innerhalb eines Zyklus und vieles mehr. Soziologisch betrachtet gelten Mitglieder einer Kultur oder Gesellschaft, die in etwa zur gleichen Zeit geboren wurden, als Angehörige derselben Generation, aber das wäre eine Definition, die wohl für dich nicht gilt, oder?

Als du geboren wurdest

Du bist ganz anders, auch verglichen mit anderen Geschlechtsgenossen deiner Altersgruppe. Die Sozialwissenschaftler haben sich neuerdings mit solchen Menschen wie dir beschäftigt, um einen Erklärungsversuch für bestimmte Verhaltensmuster zu finden, die euch kennzeichnen. Aber solange nicht mehr Veränderungen zutage treten, wird ein Erfolg ausbleiben. Natürlich wird es bis dahin geradezu offensichtlich sein, und viele werden sich dann in den Mittelpunkt stellen und mit den Evolutionsschritten schmücken wollen, die ihr gewissenhaft durchlauft. So ist es fast immer, und ich eröffne es euch jetzt, damit ihr später darüber schmunzeln und mit gespielter Überraschung huldvoll winken könnt, statt vor unbewältigter Wut die Fäuste zu ballen.

Nach dem Maßstab von linearer Logik und Vernunft seid ihr in dieser Zeit genau das und so wie ihr seid, weil ihr in einer Zeit geboren wurdet, in der lineare Logik und Vernunft Mangelware sind, müsst ihr wissen. *Jedes Material (kosmischer oder irdischer Art) und jeder Gedanke, der zum Zeitpunkt eurer Geburt entweder überreichlich vorhanden ist oder an dem es mangelt, wird sich irgendwie in den Mustern und Zielen eures Lebens spiegeln.* Auf einer einfacheren Skala könnten wir festhalten, dass junge Erwachsene (in deinem Alter), die während der Zeit des Vietnamkriegs geboren wurden, dazu neigen, ihre Antikriegshaltung nachdrücklicher zum Ausdruck zu bringen als diejenigen, die eine Generation vorher auf die Welt gekommen sind.

Da sich schwer festlegen lässt, wo eine Generation genau endet und die nächste beginnt, richten die Sozialwissenschaftler ihr Augenmerk hauptsächlich auf bestimmte Sitten und Ereignisse sowie auf die Einstellung, die bei der vorigen Generation vorherrschte. Weitere Faktoren können etwa klimatische Veränderungen, geopolitische Ereignisse nebst Wahlen sein, Entwicklungstrends zu konservativem oder liberalem Denken, wirtschaftliche Einflüsse und vieles mehr. Da eine Studie nicht sämtliche Verhaltensmuster erklären kann, die eine bestimmte Generation einzigartig machen, konzentriert man sich schließlich auf die auffallenderen Kriterien wie beispielsweise Unterschiede bei der inneren Haltung und den Glaubenssätzen, die zwischen den Generationen oft für Missverständnisse und Feindseligkeiten sorgen. Natürlich erklärt das immer noch nicht, wer oder was ihr seid, wenn man das Gesamtbild betrachtet. Oder warum ihr euch so fühlt, wie ihr es tut.

Über die Skala der linearen Logik und Vernunft hinaus gibt es ein breiteres und flexibleres Energieband, mit dem man recht exakt eine Qualität innerhalb des verfügbaren Lichtspektrums messen kann, das am besten *spirituelles Erwachen* heißen sollte. Einfach gesagt, gibt es bestimmte Aspekte innerhalb des sichtbaren und unsichtbaren Lichtspektrums, die lebendiger sind als andere. Und wenn man diese auch noch verstärkt, öffnet sich eine Tür von hier nach dort und von dort nach hier. Mit anderen Worten, diejenigen, die sich auf dieser Seite des Lichtspektrums befinden, kommen problemlos auf die andere Seite. Und diejenigen auf der anderen Seite des Spektrums können dasselbe tun.

Generationen und Zeitalter des spirituellen Erwachens

In Zeiten geboren zu werden und zu sterben, in denen ein großes spirituelles Erwachen vor sich geht, ist schon für sich genommen etwas Einzigartiges. Und wenn dies auch noch mit den größeren

Zyklen zusammenfällt, die die Evolution des Wortes beschleunigen, oder sich in diesem Rahmen abspielt, ist es nicht weniger als wundersam. Dennoch soll »wundersam« nicht »leicht« heißen. So kann es sein, dass jemand auf wundersame Weise vom Tod errettet wird, aber den Rest seines Lebens schwerstbehindert ist. Ein Wunder ist vielmehr etwas, das die höhere Reichweite der Kräfte überwindet, die sich auf die Naturgesetze und die Gesetze der Menschheit zurückführen lassen. Diese Definition lässt viel Entdeckungsspielraum!

Mit den Zeitaltern spirituellen Erwachens verhält es sich wie mit den Generationen: Sie wiederholen sich von Zeit zu Zeit auf einzigartige und besondere Weise. Jeder Zyklus umfasst neue und interessante Aspekte des Erwachens, aber nichts davon ist so bemerkenswert wie jene, die sich in präzisen Abständen immer dann ereignen, wenn gleichzeitig die eine große Ära verblasst und die Geburt der nächsten schon im Gange ist. Dies beschreibt ziemlich genau die Epoche, in der ihr zu dem Abenteuer aufbrecht, in dem ihr euch gerade wiederfindet, selbst wenn es euch bisher noch nicht sonderlich wie ein Abenteuer erscheinen mag. Die Übergangszeit zwischen großen Zyklen bringt eine gewisse Umwälzung mit sich, denn die Evolution und der Wandel stellen sich nicht immer so ohne Weiteres ein, vor allem, wenn jede Facette des Lebens einer bestehenden Welt dazu aufgefordert ist, sich irgendwie weiterzuentwickeln, oder vor dem möglichen Untergang steht. Wie ihr euch vorstellen könnt, kann dies sehr belastend sein, und sei es auch nur auf unbewusster Ebene.

Übergangszeiten bieten Chancen zum Erwachen und für große Bewusstseinssprünge auf der persönlichen wie auch der planetaren Ebene, und genau in solchen Zeiten tauchen viele mutige Seelen aus den Tiefen der Zeit auf, um ihren Teil dazu beizutragen, der Welt, der sie sich verpflichtet haben, beizustehen. Es gibt viele Parallelwelten, die gleichzeitig ihren Schauplatz auf der Erde haben. Die Erde ist ein Planet, ein Himmelskörper, und der Begriff *Erde* darf nicht immer synonym mit dem Wort *Welt* gebraucht werden, einem Raum von Handlungen und Lebensbedingungen, der mit einer bestimmten Domäne oder Dimension von Erfahrungen zusammenhängt. Die Erde, die euch heute vertraut ist, ist die bekannte »Heimat« von Menschen, die der dritten Dimension angehören, und die Heimat allen Lebens, das damit zusammenhängt.

Übergangszeiten dauern im Durchschnitt etwa einhundert Jahre an, und währenddessen findet ein Großteil der Veränderungen statt. Weitergehend und von einer höheren Warte aus betrachtet, könnte sich dieser Zyklus ohne Weiteres über 250 Jahre oder mehr erstrecken. Ein Zyklus aus jüngeren Zeiten erreichte seinen Höhepunkt in den Jahren nach 1740, als die Erweckungsbewegung in der geistigen Landschaft aufkam. Der Eifer, mit dem ihre Anhänger ein spirituelles Leben führen wollten, wirkte zunächst anregend und erfrischend, und im Allgemeinen waren sie willkommen. Es währte jedoch nicht lange, und ihre inbrünstige Hingabe an die verschiedenen Anliegen, die sie unterstützten, brachte ihnen Kritik und sogar Ablehnung ein, vor allem von denen, die eine Ordnung vertraten, die gesetzter und althergebrachter war, und sie sahen die Anhänger der Erweckungsbewegung als Handlanger spiritueller Vernichtung an sowie als Bedrohung für ihre eigene Lebensart. Und prompt hatten sich die emotionalen Fronten hoffnungslos verhärtet.

Wie du siehst, haben Zeiten, in denen ein enormes Erwachen stattfindet, die unterschiedlichsten Auswirkungen, und einige davon widersprechen sich schon ihrem Wesen nach ziemlich. In einem Gemeinwesen nach dem anderen störte die gerade beschriebene Bewegung den religiösen und spirituellen Frieden und bewirkte, dass er von Zwietracht und Spannungen abgelöst wurde. Trotzdem bewirkte der frische Wind der Veränderung, dass die Unterstützer sich zusammentaten, und es entstand schließlich ein transzendierendes Wir-Gefühl, das auch über politische und konfessionelle Grenzen hinwegschwappte.

Rund ein Jahrhundert später gab die theosophische Bewegung dann Menschen, die noch unbewusst in ihrem Denken waren, Impulse, durch die sie aufwachten, und schaffte es nebenbei, den damaligen Status quo durcheinanderzubringen. Nicht einmal hundert Jahre darauf sollte es zur Wiedergeburt des New Age kommen, des Neuen Zeitalters, das noch heute eine Menge (r)evolutionären Staub aufwirbelt. Dies ist nur ein kleiner Ausschnitt eurer Herkunft und eures Erbes.

Eure Zukunft – euer Erbe

Den Menschen deiner Generation ist ein starkes Verlangen in die Gene eingeschrieben, wenn nicht sogar einprogrammiert, sich die nächste Welt zu erschließen und zugleich mit der jetzigen Welt abzuschließen. Wie bereits erwähnt, läuft das nicht immer oder nur selten glatt, und es braucht dazu Freiwillige, die auf ihrem Weg aus dem nächsten Zeitkorridor hinaus oder durch ihn hindurch als Erste das neue Licht anzünden und als Letzte das alte Licht löschen. Es ist ein ganz spezieller Weg, und nicht alle sind den Verantwortungen gewachsen, die damit zusammenhängen. Eure Generation ist eine kulturelle Generation, also das Ergebnis einer Jugend, die von bestimmten Ereignissen und Trends geprägt ist, wozu auch gehört, in eine Zeit des spirituellen Erwachens hineingeboren zu sein. Kulturelle Generationen umfassen einen kürzeren Zeitraum als familiäre Generationen, und innerhalb eines einzigen Jahrzehnts können viele verschiedene Facetten und Besonderheiten auftreten. Wie vielen Versionen von dir bist du allein in den letzten beiden Jahren schon begegnet? Kein Wunder, dass du verwirrt und zerstreut bist!

Eure Generation ist eine reagierende Generation. Sie ist vorschnell in ihrem Denken und neigt zu Kurzschlussreaktionen, die störend und respektlos auf frühere Generationen wirken können. Das ist keine Kritik, sondern nur eine Beobachtung von einer Seite, die das kennt und versteht, vielleicht mehr als die meisten. Eure Reaktionen werden durch chemische Vorgänge ausgelöst, weshalb eine bestimmte Kombination von Reizen oder Ereignissen beinahe garantiert bestimmte Prozesse und Entscheidungen anregt, bei denen das Ergebnis fast hundertprozentig feststeht.

Ihr habt eine unwillkürliche Abneigung gegen alles Institutionelle, ebenso wie ihr von Geburt an wisst, wo etwas in sich widersprüchlich ist. Mit anderen Worten, ihr ertragt nicht so leicht Dummköpfe oder Wichtigtuer, die sich als Autoritätspersonen ausgeben, ohne diese Autorität auch auszustrahlen. Mein junger Freund, daher kommt also deine Wut. Es ist zwar noch zu früh, sie zu bändigen, aber es lohnt sich immerhin, sie zu verstehen, damit du sie zu deinem Vorteil gebrauchst.

Du und deinesgleichen, ihr werdet im weiteren Sinne wohl eine Generation von Nomaden bleiben – immer unterwegs, Wanderer und fahrendes Volk. Ihr werdet dabei aufblühen, euch spontan in neuen Umgebungen und anderen selbst geschaffenen Jobs zurechtzufinden. Die meisten von eurer Generation sind ihrem Wesen nach *peripatetisch* (umherwandelnd), sozusagen Schüler und Anhänger der Schule des Aristoteles, von der einige diesen Begriff herleiten. Eure beste Arbeit findet draußen statt, ebenso wie damals vor langer Zeit im parkähnlichen Lyzeum vor den Stadtmauern Athens. Unter dem *Peripatos*, dem überdachten Wandelgang, wo Aristoteles selbst auf und ab schritt und lehrte, entwickelten seine Anhänger ihre eigenen Ideen zur Natur und zum Studium der Ethik.

Auch dies ist etwas, das du mitgebracht hast: nämlich, dass der Wert der Ethik und das ethische Handeln Themen sind, die dich enorm aufregen und dazu veranlassen können, gegen Leute vorzugehen, die ethisch verantwortungslos reden und handeln. Und hier eine kleine Warnung, weil du in dieser Hinsicht gut aufpassen musst: Bedenke, dass der Schlag, zu dem du in eigener Sache ausholst oder für andere, die es allein nicht können oder wollen, heftig sein kann und dass du die Folgen tragen musst. Dein Ehrenabzeichen ist dein Schutzschild in diesem Leben, und du solltest nach Möglichkeit genau so makellos bleiben wie dein Ruf. Andere werden deinem Beispiel folgen, wenn nicht jetzt, dann später. Aber du musst dein Leuchtfeuer und den Hoffnungsstrahl, der von dir ausgeht, weiter aufrechterhalten, selbst wenn dir die Arme erlahmen und man dir den Weg erschwert.

Eure besonderen Sinnesorgane und Wahrnehmungen

Abgesehen von den allgemeinen Merkmalen, die man eurer Generation zuschreibt, solltet ihr unbedingt wissen, dass ihr *synästhetisch* veranlagt seid – womit die automatische Fähigkeit gemeint ist, einen sensorischen oder kognitiven Sinneskanal unwillkürlich oder unbewusst an einen anderen gekoppelt zu erleben und ihn so zu verstärken. Im Grunde bedeutet das, dass ihr – verglichen mit anderen Menschen – Dinge und Begriffe anders wahrnehmt und deshalb auch anders und manchmal auf originelle Weise einordnet.

Diese Eigenart kann euch dazu veranlassen, bei den Ereignissen in eurem Leben die Prioritäten so zu setzen, wie es euch gefällt und wichtig erscheint. Aber für andere ist dies mitunter schwer zu akzeptieren oder nicht nachvollziehbar. Die Auswirkungen dieses Phänomens, das neurologische Ursachen hat, sind größtenteils harmlos, führen jedoch zu erheblichen Unterschieden bei räumlichen Abfolgen, was sich manchmal auch darauf auswirkt, wie Stunden und Tage angeordnet zu sein scheinen. Unter diesen Gegebenheiten kann es so wirken, als würde die Zeit gegen den Uhrzeigersinn laufen, so dass ein Tag beziehungsweise eine Nacht länger wird.

Auch Farben, Buchstaben oder Zahlen können entgegen herkömmlicher Begriffe eine willkürliche Reihenfolge aufweisen, die den Eindruck erweckt, ohne Ordnung zu sein. Rechnet damit, dass ihr deshalb wahrscheinlich ausgesondert und vielleicht sogar von denen streng verurteilt werdet, die dies als einen Mangel von euch ansehen statt als eine Verfeinerung der normalen Sinneswahrnehmungen, die derzeit noch bekannter sind. Tragt euer Ehrenabzeichen mit einem Strahlen, wenn ihr könnt. Geht hoch erhobenen Hauptes voran, aber nicht in Zorn oder Hochmut, sondern so, dass ihr weiter bis zum nächsten Horizont und noch darüber hinaus schaut und einen größeren Überblick habt als die meisten Menschen.

Während sich euer körperliches Sehvermögen kaum von dem eines Durchschnittsmenschen unterscheidet, verhält es sich mit eurem Gehör ganz anders. Es vernimmt bereits die sogenannten Tritonus-Wellen, die das beschleunigte Tempo der Zeit besser ausgleichen. Ihr könnt energetisch wahrnehmen, ob jemand oder etwas näher oder weiter weg ist, selbst dann, wenn kein körperlicher Kontakt besteht. Diese Fähigkeit, sozusagen ein »Aufflimmern« von energetischer Resonanz wahrzunehmen, ist den miteinander verknüpften Sinneskanälen zuzuschreiben – ein besonderes Merkmal, das beim Menschen in naher Zukunft weit verbreitet sein wird.

Die synästhetische Wahrnehmung schwankt innerhalb eurer Generation, und einige sind sich vielleicht noch nicht einmal bewusst, dass sie solche Fähigkeiten besitzen. Der betäubende Einfluss von Alkohol und Drogen steigert die Synästhesie-Effekte merklich und macht sie augenfälliger und greifbarer. Viele, die keine Ahnung von diesem Phänomen haben, sind von der starken Wirkung chemischer Stoffe, die man heute einnehmen kann, äußerst angetan oder danach süchtig. Ihr tragt ein uraltes Arzneiwissen in euch, aber euer empfindlicher Organismus verträgt chemisch veränderte Rauschmittel weniger gut. Euer jugendliches Alter wird euch wahrscheinlich dazu verführen, auf diesem Gebiet zu experimentieren. Sucht euch deshalb, wann immer möglich, die natürlichsten Stoffe aus und benutzt eure sensorischen Fähigkeiten dazu, all diejenigen zu scannen, die euch weismachen wollen, das Gegenteil sei angebracht.

Das Leben und seine Gefahren

Etwas, das wir unbedingt näher behandeln müssen, ist die hohe Selbstmordrate bei deinen Altersgenossen – ein Thema, das dich schon lange beschäftigt und mit einem ständigen Fragezeichen versehen ist. Die Reise derer, die zwischen den Welten eine Brücke schlagen, ist niemals leicht. Die einzige Vorbereitung auf ein solches Leben ist das Leben selbst. Und im weiteren Sinn ist der einzige Zweck eines solchen Lebens, es neu zu definieren, indem man mehr Möglichkeiten für künftige Generationen schafft. Dies lohnt sich in vielerlei Hinsicht, aber es genügt zu sagen, dass das meiste davon mit dem physischen Auge nicht sichtbar sein wird oder jedenfalls erst viel später.

Viele, die an anderen Scheidewegen, wo Zeit und Raum aufeinandertreffen, eine Menge erreicht haben, betrachten die Vergnügungen und Ablenkungen sowie Verdichtungen in diesem Leben hier als selbstverständlich. Sie tun dies auf eigene Gefahr, denn in einem Durchschnittsleben ist man taub und blind für die Herausforderungen derer, die nicht eher rasten, bis sie wahre Eigenständigkeit für sich und ihre Weggefährten erreicht haben – und man lässt es stumm geschehen.

Hier zwischendurch noch eine kleine Warnung. Mögen die Klugen sie beherzigen und die Halbklugen außer Acht lassen, die in der Hoffnung weiterlesen, nur Schmeicheleien und noch mehr Lob zu hören. Abgesehen von der Courage und Großspurigkeit, mit denen deine Persönlichkeit ausgestattet ist, bist du aus zarterem Stoff gemacht als die meisten. Im Laufe der Zeit wirst du imstande sein, deine Erfolge an feinen und derzeit noch unterbewerteten Kleinigkeiten zu messen. Aber heute beurteilst du dich noch nach dem, was offensichtlich ist, und wenn etwas wenig oder gar nichts bringt, tust du deine Verfeinerungen einfach ab. Du vergleichst dich mit Sackleinen, während du doch aus Seide gewebt bist. Dein Schicksal hängt davon ab, ob du die Prüfung bestehst oder durchfällst, und wenn dein Fehlurteil »Tod« statt »Leben« lautet, trotzt du dem Leben, indem du dir das deine nimmst.

Das Leben ist eine Reise, die voller Gefahren steckt, und so soll es auch sein, zumindest an dieser Kreuzung. Mache dich unempfindlich für die Wunden, die das Leben dir zufügt, indem du dir selbst ein guter Lehrer und Freund bist. Suche dir einen Mentor, jemanden, der an etwas glaubt, einen Anhänger oder Führer. Die Straße, die vor dir liegt, bleibt tückisch und ist von unsichtbaren Dämonen aus vielen alten Leben belagert – wenn nicht deine eigenen, so diejenigen deiner Wegbegleiter. Berücksichtige dies und nimm sie nicht als gegeben hin, wenn kleinere Momente sich schwieriger als gedacht erweisen.

Strecke in schwierigen Augenblicken deine Wurzeln tiefer aus, bis sie zum Mittelpunkt der Erde reichen und sich fest um den Erdkern schlingen, denn dieser wird dir starken Halt geben. Wirf auch ein Halteseil bis hinauf in die weit entfernten Himmelswelten, woher du kommst, auf dass du nicht die ehrenvolle Reise vergisst, die dich ins Hier und Jetzt geführt hat. Sicher wird dich eines Tages der Kummer überwältigen und überraschen. Er kehrt dein Innerstes nach außen und droht, dich in den Abgrund des Vergessens zu reißen. In solchen Zeiten klammere dich mit Händen und Füßen fest und ziehe dich wieder hinauf, selbst wenn dies irgendwo und nirgendwo ist. Sei gewiss, dass sich dir immer eine Hand entgegenstreckt, vielleicht sogar meine eigene. Ergreife sie und beginne von vorn, und sei es mit deinem ersten und einzigen Atemzug.

Sei bereit, dasselbe für die anderen deiner Generation zu tun, denn die Außenstehenden können deine feinere Wesensart nicht immer klar erkennen. Manchmal erkennt man wirklich nur das, was man selbst kennt.

Du wirst merken, dass deine Mitmenschen die Intelligenz oder Genialität eurer Generation zumeist nicht bejubeln werden. Sie werden kein Loblied auf euch singen oder ausrufen, wie heldenhaft ihr seid. Dafür ist die Zeit noch nicht ganz reif, und du musst ihnen ihre Unwissenheit nachsehen. Während du schon für den kommenden Moment lebst, stecken viele noch im jetzigen fest. Sie haben Angst vor morgen und davor, was das Morgen bringen wird. Viele sind Mitläufer, und ohne Führer sind sie blind für die jungen Pfadfinder, die im Begriff sind, ihnen voranzugehen. So wisst, dass euch die Welt im Großen und Ganzen noch als eigensinnig, selbstzerstörerisch, voller Anspruchsdenken, widerspenstig gegenüber Respektspersonen und vor allem als verantwortungsscheu ansieht. Dann sei es so. Lasst die Worte von sich aus stehen oder fallen. Ihr werdet merken, dass sich die Erdachse immer zur Wahrheit neigt und sich die verdienten und vorenthaltenen Meriten ohne euer Zutun die Waage halten.

Die Charakterzüge, die mit eurem aufsässigeren Wesen einhergehen, sind durchaus wertvoll. Zu ihnen gehören Selbstbestimmung, Klarheit und Willensstärke, Unabhängigkeit und eine hohe Intelligenz. Andere Merkmale, die sich derzeit noch entfalten, sind unter anderem paranormale Fähigkeiten wie Telepathie, Vorhersagen, Psychokinese und ein außergewöhnliches Einfühlungsvermögen. Wenn ihr diese noch unterentwickelten Eigenschaften zu sehr hervorkehrt und übertrieben einsetzt, schwächt ihr damit euer Immunsystem und bringt euren Emotionalkörper aus dem Gleichgewicht – die Reaktion, die dann von ihm ausgeht, wird nicht mehr natürlich sein.

Gönnt ihr eurem Geist und Körper nicht genug Ruhe, die sie nötig haben, wird dies euer Immunsystem noch weiter angreifen und es anfällig machen für Erkältungen, Viren, Kopfschmerzen und andere unbekannte körperliche und geistige Beschwerden. Kurzum: Seid meinetwegen so unkonventionell wie ihr wollt, aber denkt daran, eure Eigenverantwortung in diesen Fragen zu sehen.

Macht dich das zum Indigo?

Die Wissenschaft hat noch keinen Beweis dafür erbracht, dass es Indigos gibt. Stelle dir das mal vor! Da hat man sich – zumindest bis zu einem gewissen Grad – mit dem Thema Synästhesie befasst und eine Vielzahl von Kandidaten befragt. Obwohl bei einigen der Untersuchten tatsächlich gewisse anormale Hirntätigkeiten feststellbar waren und sie recht ungewöhnliche Antworten auf Allerweltsfragen lieferten, gab man die Studien wegen fehlender substantieller Beweise wieder auf.

Erst in jüngerer Zeit hat die psychologische Forschung anerkannt, dass synästhetische Erfahrungen ausreichend messbare, wenn auch abstrakte soziale Folgen haben könnten, die durch die aufgetretenen Unterschiede in den Hirnaktivierungsmustern belegt würden. Interessanterweise stellte eine häufige Erwiderung unter den Studienteilnehmern eine systematische Ablehnung von Szenarien dar, die etwas mit Autorität oder Macht zu tun hatten. Darüber hinaus gaben sie keine Antwort bei Szenarien, bei denen Schuld, Angst oder Manipulation ganz offensichtlich oder kaum verdeckt eine Rolle spielten.

Macht dich das zum Indigo? Nur wenn du einer sein willst. Je nach Auslegung des Wortes kannst du es für dich vereinnahmen und als Krone oder als Dornenkrone tragen. Ist es ein Etikett? Ein Titel? Eine umfassendere Schau der Dinge? Eine Ausrede für schlechte Manieren im sozialen Miteinander oder ihrer völligen Verneinung? Wenn es dir hilft, dich mit anderen Gleichaltrigen in einer gemeinsamen Kategorie wiederzufinden, dann tu dies unbedingt. Wenn du es aber ablehnst, von anderen in eine Schublade gesteckt zu werden, so kannst du auch dies ruhig ablehnen. Das Indigo-Licht ist ein Ausdruck der blauvioletten Tiefe, aus der du kommst, eine Reminiszenz an den Mitternachtshimmel in einer mondlosen Nacht und eine Einladung, zum Himmel aufzublicken, wenn du in diesem oder jenem auf der Erde keinen Sinn siehst.

Deine Zukunft sieht überwiegend rosig aus, aber am meisten wird sich diese Aussage bewahrheiten, wenn du deine eigene Wahrheit lebst. Lebst du die Wahrheit eines anderen, wirst du darunter leiden, und das vielleicht mehr als sonst jemand.

Mache dich auf eine Zukunft gefasst, die anders ist, als man sich heute ausmalt. Wenn du musst, beschreite einen Weg, der abseits vom Weg der anderen verläuft, selbst wenn es der Weg von denen ist, die du am meisten liebst. Du brauchst nicht an der Spitze gehen, aber gib auch Acht, wem du folgst. Vertraue auf eine Weisheit, die noch nicht dein ist, aber dann greifbar und dir zugänglich ist, wenn du sie am meisten brauchst. Dringe über das hinaus, was andere für möglich halten, und dringe noch etwas weiter vor als diejenigen, die an das Unmögliche glauben. Wähle eine Verkleidung, wenn du dich so sicherer fühlst, aber gib dich gleich zu erkennen, wenn der Zeitpunkt oder die Aufgabe es verlangt. Sei grenzenlos bei deinen Unternehmungen, doch trete ab und zu in die Fußstapfen von anderen, und wenn es auch nur einem Freund zuliebe ist oder um dir zu beweisen, dass du wirklich einzigartig bist.

Zu guter Letzt: Selbst wenn du dich in deine Kriegerpose wirfst, denke daran, dass auf eurem Wappenschild *Friede auf Erden* steht.

Teil drei

Die andere Seite

Jenseits der Schleier:
Ende und Anfang

Vor ein paar Jahren wurde bei mir eine unheilbare Krankheit festgestellt. Ich nahm die Diagnose zwar ernst, glaubte aber, dass ich über meine spirituellen Übungen, das strikte Festhalten an den Gesetzen der Anziehung und meine Aufgeschlossenheit für alternative Heilungswege die Schädigung wieder rückgängig machen könnte. Eine Zeit lang schien mir das auch zu gelingen, aber vor Kurzem erfuhr ich dann, dass ich noch nicht einmal ein Jahr zu leben hätte, und wusste sofort, dass es stimmte. Paradoxerweise hatte ich mit meinen Freunden gerade an diesem Tag noch darüber gesprochen, dass wir bereit wären, eine neue Vision für die Erde und die Menschheit einzuleiten und wo wir wohl die Wintersonnenwende 2012 feiern würden. Jetzt ist meine Neugier und mein Forschungsdrang auf anderes ausgerichtet, und ich hoffe, dass meine Fragen und deine Antworten anderen und auch mir selbst eine Hilfe sein werden.

Warum war ich trotz aller ernsthaften Bemühungen nicht imstande, mich von dieser Krankheit zu heilen? Warum haben es die qualifizierten Heilpraktiker und Fachärzte, in deren Hände ich mich begeben habe, ebenfalls nicht geschafft?

So seltsam es klingen mag: Du *hast* dich sogar geheilt, indem du die Entscheidung hierzu eben getroffen hast, aber sie kommt dir nicht wie ein Heilmittel vor, oder? Ein Heilmittel ist eine Lösung für ein Problem. Deine Seele kam zu dem Schluss, dass dieser Ausgang eine gut erwogene und angemessene Lösung wäre. Am besten ließe es sich so ausdrücken, dass deine Anwesenheit woanders einen wichtigeren Ausdruck finden kann und dass sie mehr unterstützt wird, wenn du dort und nicht hier bist.

Etwas, das den jetzigen Augenblick übersteigt, hat dich vor diese Herausforderung gestellt, und deine Entscheidung war deine Antwort darauf. Es ist nicht so, dass du einen Kampf verloren hättest, und dein Körper führt auch keinen Krieg gegen sich selbst oder gegen dich. Die Heilpraktiker und Fachärzte, die du betraut hattest, sind zu zeitweiligen Gefährten auf deiner Reise geworden. Es war eine wichtige Erfahrung für sie und ebenso für dich. Dein Gewahrsein und dein Körper (der elementare Aspekt) haben ebenfalls hinzugelernt; sie haben sich an eine neue Umgebung angepasst und sich entsprechend entfaltet. Die eigene Entfaltung ist immer ein lohnendes Unterfangen.

Sofern du dieses Thema in einem anderen Leben näher erkundest, wird es höchstwahrscheinlich anders ausgehen. Das liegt dann daran, was du in dem jetzigen Leben gelernt hast. In der Zukunft wird der menschliche Körper sich besser auf die Selbstdiagnose und Selbstheilung verstehen. Heute misst man Gesundheit und Wohlbefinden noch an einer äußeren Wirklichkeit und an Symptomen. Es gibt bessere Möglichkeiten zur Selbstregulierung des Körpers, und die Menschheit wird sie entdecken und anwenden, wenn sie herangeführt wird. Zunächst einmal muss sie wieder Zutrauen in ihre eigene intuitive und instinktive Beziehung zu sich selbst und den inneren Qualitäten des Lebens entwickeln. Diese mehrdimensionale Sichtweise wird für eine gesteigerte Lebensqualität sorgen. Du hast die Zukunft deines Intuitivkörpers immens unterstützt, indem du diese ganze Erfahrung gemeinsam mit ihm durchgemacht hast.

Hat das Leben überhaupt noch einen Sinn, wenn man so eine Diagnose wie ich bekommen und innerlich akzeptiert hat? Gibt es noch etwas Wichtiges zu sagen und zu tun, oder läuft von nun an einfach nur der Countdown?

Eine Diagnose ändert nichts daran, wie sinnvoll oder interessant ein Leben ist, aber sie kann deine Wahrnehmung von ihm verändern. Das Einzige, was sich von nun an wirklich verändert hat, ist dein Ausgangspunkt. Du könntest jetzt dein Leben aus dem Blickwinkel betrachten, noch ein paar Monate übrig zu haben (übrigens mehr als von deinem Arzt vorausgesagt) statt etlicher Jahre. Vielleicht wirst du es nicht ungerecht von mir finden, wenn ich behaupte, dass viele Monate und sogar Jahre in einem Menschenleben durchaus leer sein können, wenn sie nicht mit bedeutsamen Erfahrungen angefüllt sind – mit wie viel Leben jemand sein eigenes Leben erfüllt, ist also ziemlich relativ.

Viele glauben, dass sie nach einer Diagnose wie der deinen unverzüglich all das tun würden, was sie meinen, bisher versäumt zu haben: die ungelebten Abenteuer, Heldentaten, Reisen in ferne Länder und so weiter. Aber dazu kommt es nur selten. Häufiger ist es so, dass man mit einem Mal über die kleineren Momente nachdenkt und dass sie einen auf ganz eigentümliche Weise nicht mehr loslassen: uneingelöste Versprechen, Wortwechsel und Missverständnisse.

Statt deine Tage als deine letzten anzusehen, würde ich sie an deiner Stelle als die ersten ansehen, die in einem neuen Zusammenhang stehen. Der Mensch ist schon außerordentlich begabt darin, schöpferisches Denken mit göttlich inspiriertem Handeln zu kombinieren. Solange du lebst und atmest, ist es nicht zu spät dazu. Natürlich hat das alles einen eigenen Sinn, sonst würdest du es ja nicht tun. Es wäre ein Jammer, einfach nur die schwindenden Tage zu zählen, obwohl sich dir doch so viele andere Möglichkeiten bieten.

Der Übergang auf die andere Seite

Kannst du mir beschreiben, wie der Tod ist oder wie es ist, hinüber auf die andere Seite zu gehen? Wohin genau kommen wir dabei?

Aus menschlicher Sicht wird es sich etwa so anfühlen, wie in ein Wasserbecken hineinzugleiten oder in ein warmes Bad. Es gibt einen Augenblick, in dem du eine Umgebung für eine andere hinter dir lässt. Wenn du beispielsweise in ein heißes Bad steigst, bist du zunächst einmal trocken und nicht im Wasser, und dann bist du nass und im Wasser. Während du dich in der neuen Umgebung zunehmend wohler fühlst als in der alten, liegt es dennoch ganz bei dir, dich dort hineinzubegeben oder an der Schwelle zu verweilen. Du wirst wie aus einem Schlaf erwachen, und damit hat es keine Eile.

Du *gehst* eigentlich auch nirgendwo *hin* – du bist nur nicht mehr *hier*. Vielmehr erlebst du es so, dass du dich in einer erweiterten Ausgabe vom »Hier« wiederfindest, als du vorher erfahren konntest. Du wirst mit ein wenig Belustigung (und vielleicht Enttäuschung) feststellen, dass sie schon die ganze Zeit über da war, nur dass du sie eben nicht wahrgenommen hattest. Du wirst noch immer eine Verbundenheit zu deinem Leben und zu allem Altvertrautem fühlen, aber irgendwie ist jede Dringlichkeit gewichen. Andere Aspekte von hier/dort werden dein Interesse wecken, und du wirst sie näher erkunden wollen.

Als du noch sehr jung warst, hing dein Leben von dem deiner Familie ab. Später trug dann dein Freundeskreis oder dein Werdegang dazu bei, dem, was du näher erkunden würdest, eine bestimmte Form und Richtung zu geben. Die Kurskorrekturen, die von dir dabei vorgenommen wurden, kamen ganz von allein und zu gegebener Zeit. Und hierbei wird es nicht anders sein.

Wie wird es auf der anderen Seite sein?

Anfangs wird es dir dort seltsam vertraut vorkommen – wie irgendein Ort, bei dem du dich erinnerst, vor langer Zeit schon einmal dort gewesen zu sein. Er wird dir weder physisch noch nichtphysisch erscheinen, nur ein bisschen leichter von der Dichte her, als ob du dich in einem Schwimmbecken befinden und vom Wasser getragen würdest. Was um dich herum ist, wird von deinem Gewahrsein beim Eintreten in deine neue Wirklichkeit abhängen. Je gelassener du bist, desto mehr Facetten wird sie aufweisen. Du wirst nicht so ein Temperaturempfinden haben wie jetzt, denn das ist hauptsächlich eine Reaktion deines Körpers, aber nicht deine eigene. Du wirst dich mehr wie du selbst fühlen, obwohl das aus deiner jetzigen Perspektive vielleicht schwer nachzuvollziehen ist. Du wirst Dinge anders »sehen«, weil dir dein neues Gewahrsein einen Rundumblick im 360-Grad-Winkel ermöglicht, so dass du nicht nur das wahrnimmst, was vor dir ist. Vielleicht ist dir zunächst etwas schwindelig, während du dich gerade erst an deine neue Umgebung gewöhnst. Das geht vorüber. Es wird so wirken, als sei unter dir ein Boden und über dir eine Decke. Das trifft zwar zu, aber sie bestehen aus einer feineren Substanz als der, die es auf der drittdimensionalen Erde gibt. Am Anfang wirst du alles als so künstlich erleben, wie es auch auf der Erde der Fall war, nur wird es dir sehr real vorkommen.

Dein Ankunftspunkt ist nur ein vorübergehender Aufenthaltsort, ganz ähnlich wie der Mutterleib es ist. Wenn er seinen Zweck erfüllt hat, wird er sich nach und nach auflösen, und ein anderer Aufenthaltsort, der sich besser eignet, erscheint. Da du dir ja schon darüber bewusst bist, was dann folgt, wird es dich nicht so überraschen wie andere, die vielleicht einen richtigen Schock erleben, wenn sie plötzlich merken, dass sie sich außerhalb ihres Körpers befinden und nicht wieder in ihn zurückkehren können.

Eine verfeinerte Ausgabe von dir

Was werde ich auf der anderen Seite sein, tun oder fühlen?

Du wirst das Gefühl haben, mehr du selbst zu sein als jetzt. Du wirst dich immer noch ziemlich wie dein individuelles Ich fühlen, aber gleichzeitig wirst du dich auch angenehm verbunden mit anderen fühlen. Du wirst dich eher als Teil des Lebensgeflechts empfinden als heute. Du wirst dich nicht so abgetrennt oder allein fühlen wie jetzt manchmal.

Nach und nach wirst du dich an immer mehr Dinge über dich erinnern – an deine Erlebnisse und Vorleben, die hinter dir liegen.

Das wird nicht über Nacht geschehen, aber da du die Zeit nach anderen Maßstäben messen wirst als heute, wirst du es beim Wiedererlangen dieser Erinnerungen nicht eilig und noch nicht einmal das Gefühl haben, dass irgendetwas fehlt. Du wirst auf Erinnerungen zugreifen können, und diese werden so detailliert sein, wie du es möchtest. Es wird dir möglich sein, bestimmte Erinnerungen fast noch einmal genauso zu durchleben, wenn du das willst. Obwohl du diese Fähigkeit zunächst einmal aufregend finden magst, wirst du feststellen, dass dich das Jetzt mehr interessiert und du weniger an der Vergangenheit haftest, etwa so, wie es dir heute mit deiner Kindheit ergeht.

Du wirst immer noch du selbst *sein*, aber sozusagen in einer weiterentwickelten Form. Du wirst einen Körper haben, aber er wird nicht unbedingt wie ein menschlicher Körper aussehen. Er wird durchscheinender sein, und es wird dir so vorkommen, als wärest du in Licht gekleidet oder in eine lichtartige Substanz. Es lässt sich schwer beschreiben, wie es ist, man selbst zu sein und gleichzeitig etwas völlig anderes – Worte können dies nicht richtig oder hinreichend ausdrücken. Du wirst nicht enttäuscht sein und deinen Körper nicht vermissen. Du wirst dich lebhafter und freier fühlen als jetzt.

Du wirst vielerlei Aktivitäten zur Auswahl haben, aber sie werden nicht auf die gleiche Weise als »Tun« angelegt sein wie heute. Deine Tätigkeiten und Bestrebungen werden sinnvoll sein und dir Erfüllung geben. Du wirst die so verbrachte Zeit nicht danach bemessen, wie viel du geschafft oder ob du irgendein Ziel erreicht hast. Sobald du bestimmte Themen näher untersuchen willst, werden sie sich dir leichter erschließen. Du wirst problemlos das anziehen, was dich am meisten interessiert, ebenso wie Gleichgesinnte und selbst Lehrer auf diesem Gebiet, wenn das hilfreich für dich ist. Solltest du dich dafür interessieren, auf der Erde in irgendeiner Weise zu dienen, so wirst du auch dieser Beschäftigung weiter nachgehen können.

Wenn du dir deines neuen Umfelds und deiner neuen Fähigkeiten stärker bewusst wirst, wirst du noch mehr Möglichkeiten zur Auswahl und Zugang zu anderen Dimensionen und Welten erhalten. Das mag dir jetzt ziemlich weit hergeholt erscheinen, aber wenn der richtige Zeitpunkt gekommen ist, wird es dir ganz selbstverständlich und normal vorkommen. Es werden dir andere helfend zur Seite stehen, damit du dir deine neue Umgebung in Erinnerung rufen und dich einleben kannst.

Wer oder was werde ich sein und was werde ich tun, wenn alle Übergänge und Angleichungen abgeschlossen sind? Werde ich noch den Unterschied zwischen Tag und Nacht erkennen oder gute und schlechte Laune haben?

Du wirst immer noch du selbst sein, denn das hat sich nicht geändert. Am besten stellst du dir das Ganze als einen Wechsel vor, *wie* du lebst anstatt *ob* du lebst. In eurer Kultur sagt man, dass das einzig Sichere im Leben der Tod und die Steuern wären. Auf der drittdimensionalen Erde mag das zwar gegenwärtig stimmen, aber in Sphären jenseits davon ist diese Aussage witzigerweise falsch. So schwer du dir das heute vielleicht vorstellen kannst, aber du wirst am Ende lebendiger sein und dich lebendiger fühlen als heute. Du wirst (relativ betrachtet) liebevoll und etwas wehmütig an dein Erdenleben zurückdenken. Du wirst dich voller Staunen fragen, wie du imstande warst, so viel Licht und Wesensgehalt in einen derart kleinen und dichten Körper hineinzuzwängen. Du wirst wieder strahlend und prachtvoll werden, und dein Wohlbefinden wird so hoch sein, wie man es auf der Erde nur selten erfährt, außer bei denjenigen, die sich ihre *sequenziellen Fähigkeiten* bewahrt haben [erweiterte, immerwährende Eigenschaften].

In deinem gegenwärtigen Leben hast du dich gefragt, ob deine Gedanken ihren Sinn hätten und deine Taten nützlich wären, und du hast es gehofft, aber Gewissheit hattest du darüber nicht, weil dein Blickfeld nicht so weit reichte, wie es dir lieb gewesen wäre. Die Erfahrungen, die dich nun erwarten, werden nicht so eingeschränkt sein, und du wirst beinahe augenblicklich wissen, dass du mit deinem ganzen Wesen etwas bewirken kannst. Deine Interessen verlagern sich womöglich gar nicht so sehr, wie du es dir vorstellst. So könnte sich beispielsweise dein heutiges Interesse an visueller Kommunikation ausweiten und auch andere Bereiche und Ausdrucksmöglichkeiten abdecken. Dein heutiges Interesse für Channeling lässt sich ja auch von der anderen Seite aus verfolgen; und ich könnte mit einem Augenzwinkern hinzufügen, dass du alle Hände voll zu tun haben wirst, wenn du die Menschen diesseits des Schleiers davon überzeugen willst, dass du völlig real bist! Auch die Wale kannst du weiterhin beobachten, und das sogar aus noch größerer Nähe und als noch innigeres Erlebnis, abgesehen davon, dass sich dir noch mehr kultureller Austausch auf vielerlei Art (und mit vielen Welten) bieten wird.

Du wirst den Ablauf der Zeit vielleicht nicht genauso wahrnehmen wie heute, aber du wirst es durchaus so erleben, dass du von einer Tätigkeit zur nächsten übergehst. Die Tageszeit wird dich noch beschäftigen, bis du feststellst, dass sie für deine Wahlmöglichkeiten oder Entscheidungen nicht mehr von Belang ist. Du wirst allein mit deiner Willenskraft deine Bewegungen steuern und dich von einem Ort zum anderen begeben können. Du wirst nicht gehen oder fahren, obwohl du auch diese Erfahrung machen kannst, wenn du willst. Du wirst Teil einer geschmeidigen Bewegung und eines herrlichen Austauschs von Frequenzen sein. Du wirst dich sehr lebendig fühlen!

Abschied von Wertungen

Ist es wirklich so, dass man von der anderen Seite aus sein ganzes Leben noch einmal Revue passieren lässt und es beurteilt? Ich weiß, dass Gott uns nicht bewertet oder verurteilt, aber was passiert, wenn wir uns selbst bewerten oder verurteilen?

Das Beurteilen und Werten ist eine menschliche Gedankenform. Auf anderen Daseinsebenen kommt es nicht wirklich vor, aber man versteht es. Werturteile bedienen sich der Skala von Polarität und Dualität. Für dich aus deinem jetzigen Blickwinkel ist es vielleicht schwer zu verstehen, aber du wirst dann gar nicht mehr *in der Lage sein*, dich selbst zu bewerten und dich zu verurteilen, sogar wenn du es wolltest.

Und das liegt daran: Sobald dir ein Gedanke kommt wie *Ich hätte mehr vergeben sollen*, wirst du sofort merken, wie du mehr vergibst; und du erfährst genau denselben Gedanken noch einmal aus dieser Perspektive, wodurch sich das Ach-hätte-ich-doch in ein *Ich habe es getan, Ich kann* oder *Ich bin* verwandelt. Dein erweitertes Ich wird dir erlauben, das Thema Werturteile vom Grundgedanken her zu untersuchen, aber es wird *nicht* zulassen, dass du dich länger damit aufhältst, verstehst du? Das Gleiche gilt für alle Gedanken, in denen du dich bewertest oder herabwürdigst. Du kannst alle möglichen Lebenserfahrungen erkunden, so lange du möchtest und so lange es dazu dient, sie besser zu verstehen und dann abzustreifen. Du wirst jenseits des Schleiers bemerken, dass du an einen Ort gelangt bist, der knapp hinter der Dichte der Dualität angesiedelt ist.

Später wirst du feststellen, dass du dich noch weiter von der Dualität entfernen kannst, indem du deine Gedanken auf etwas anderes lenkst. Dieses Gesetz gilt übrigens auch für die irdische Ebene, aber die Menschheit kann noch nicht so recht daran glauben: »Du bist, was du denkst« ist eine wohlbekannte und wertvolle Wahrheit. Solltest du jemals einen Glaubenssatz brauchen, nimm diesen!

Stimmt es, dass ich ehemalige Freunde und Verwandte wiedersehen werde? Werden sie da sein, um mich zu begrüßen? Werde ich sie auch erkennen? Und was ist mit Haustieren, die damals zur Familie gehörten und an denen ich sehr hing?

Manchmal stimmt es, dass du sie wiedersehen wirst, aber nicht immer. Das ist so ein menschliches Klischee, das sich anscheinend hartnäckig hält, ganz gleich, was an neuen Erkenntnissen hinzukommt. Dieser Glaube hält sich wohl durch Gedanken wie den, dass man sich in ungewohnter Umgebung fremd fühlt, verloren oder allein. Solange ein erheblicher Teil der Menschheit dieser festen Überzeugung ist, wird das für viele eine Möglichkeit bleiben.

Du wirst Zugang zu Geistführern und Führung haben. Du wirst nicht allein sein, und ebenso wenig wirst du Angst haben. Wenn du Familienangehörige und Freunde sehen möchtest, dann wirst du es. Sie werden sich dir so zeigen, wie du sie in Erinnerung hast, auch wenn sie inzwischen etwas anders aussehen. Du wirst sie erkennen und sie erkennen dich, weil du sie schon immer gekannt hast und sie dich schon immer gekannt haben. Es gibt eine universelle Sprache, die *weiß*, was du in diesem Moment brauchst und dafür sorgen kann, dass du es bekommst.

Wenn du deine Haustiere besuchen möchtest, so kannst du auch das tun, aber die Erfahrung wird auf holografischer Ebene stattfinden. Du wirst deine tierischen Freunde anfassen, fühlen und sogar mit ihnen spielen können. Vom Erleben her wird es ganz real sein, aber es ist nicht in derselben Realität verankert, verstehst du? Das Tierreich ist aus einem eigenen einzigartigen Stoff gemacht und besitzt eine eigene Erfahrungsschwingung. Wenn du dich erst einmal an deine neue Umgebung gewöhnt hast, wirst du gern erweiterte Erlebnisse mit dem Reich der Tiere haben, sei es mit Haustieren oder anderen. Es gibt viele verschiedene Möglichkeiten, das Leben zu erfahren, und das ist eine davon.

Erfahrungen sind das Wichtigste, was ihr haben und auch behalten könnt. Sie machen das Leben erst lebenswert und werden weiterhin so real sein, wie ihr es zulasst.

Werde ich alle meine Erinnerungen aus diesem Leben behalten können? Werden sie für mich so kostbar sein, wie sie es jetzt sind?

Du wirst alles behalten können, was du behalten willst. Niemand wird dir etwas wegnehmen. Es wäre auch ganz unmöglich. Anfangs mag es so wirken, als hättest du vieles mitgebracht. Es mag so wirken, als würdest du Geld für diese und jene Ausgaben und einen Platz zum Schlafen benötigen. Du verspürst vielleicht sehr menschliche Anzeichen wie Hunger und Müdigkeit. Wenn du müde bist, wird man dir dabei helfen, herauszufinden, wie du dich ausruhen kannst, und wenn du hungrig wirst, wirst du so lange das Gefühl haben, zu essen, bis du satt bist. Diese Bedürfnisse und Gelüste werden abnehmen, und nach einer Weile wirst du sie überflüssig finden.

Die meisten Erinnerungen bleiben dir erhalten, bis auf solche, die unwahr waren. Da die Wahrheit eine hellere Frequenz besitzt als die Unwahrheit, werden diese Erinnerungen dir greifbarer bleiben. Du wirst dich von missklingenden Gedanken und Erinnerungen fernhalten wie von den Geräuschen verstimmter Musikinstrumente. Glaubenssätze bestehen aus einer anderen Substanz, und wenn du übermäßig an ihnen hängst, bleiben sie dir so lange erhalten, bis endlich der Zeitpunkt (oder das Leben) gekommen ist, in dem du sie bereitwillig ablegst. Schuldgefühle, Werturteile, Wut und Ärger und andere menschliche Unvollkommenheiten bestehen so lange weiter, wie du es möchtest. Du wirst die Chance haben, sie als das zu erkennen, was sie eigentlich sind.

Die feineren Momente deines Lebens werden unberührt bleiben und aus ihnen wird *Vollkommenheit* werden, ein makelloses Verständnis, aus dem ganze Philosophien hervorgehen. Schließlich werden diese in deiner eigenen Bibliothek untergebracht werden, die aus *Akash* besteht, einer Substanz, die Bilder und Erinnerungen von Bedeutsamkeit aufzeichnet. All deine vorhandenen Erinnerungen an frühere Leben finden sich dort, und es ist mehr als wahrscheinlich, dass du dich von einer veränderten und erweiterten Perspektive aus neu ausrichten willst.

Ist es noch zu früh zu sagen, ob oder wann ich zur Erde zurückkehren werde? Werden mich die Ereignisse auf der Erde noch etwas kümmern?

Du wirst gar nicht so weit von der Erde entfernt sein, wenigstens zu Anfang nicht. Du wirst dich zwar für die Erde und die Entwicklung der Menschheit auf der Erde interessieren, aber du hast keine Anhaftung mehr an die Menschheit oder an die Erde. Selbst wenn du deinen derzeitigen Wunsch weiterverfolgst, Botschafter für die Erde zu werden, wird es nicht so sein, wie du es dir heute vorstellst.

Du wirst in deiner Rolle aufgehen, wenn sich deine Perspektive erweitert. Auch wenn es nur die eine Erde gibt, so gibt es doch viele verschiedene Versionen von ihr, die sich erfahren lassen. Einige Versionen bestehen parallel nebeneinander, andere überlagern sich oder sind diametral entgegengesetzt. Vergiss nicht, dass Zeitlinien und Möglichkeiten sich in Bögen, Brücken und Sektoren durch Dimensionen und Dichten ziehen. Du wirst dich mit ihnen wieder vertraut machen müssen.

Sicherlich wirst du an einem gewissen Punkt auf die Erde zurückkehren wollen, aber wann dies eintritt, liegt hauptsächlich bei dir. Die meisten Menschen, die glauben, dies sei ihre letzte Inkarnation auf der Erde gewesen, irren sich gründlich, obwohl es vielleicht das letzte Mal ist, dass sie sich in ihrer jetzigen Dichte ausdrücken. Wenn die Zeit dafür gekommen ist, wirst du erleben, wie dich etwas am Ärmel zupft und zu einer sinnerfüllten Inkarnation hinzieht. Es wird sich dann ganz natürlich und bedeutsam für dich anfühlen. Die Erde wird sich bis dahin sehr verändert haben, und die Neugier wird über deine Angst siegen. Eine sinnerfüllte Inkarnation unterliegt nicht den Belohnungen und Strafen, die das Rad von Geburt und Wiedergeburt austeilt.

Die Verkörperung von Spirit

Warum altern einige Menschen mehr in Würde oder sind rüstiger als andere? Wie schaffen es manche, über hundert Jahre alt zu werden, und das ohne großartig gepflegt zu werden?

Ein menschlicher Körper ist in erster Linie eine Art Gefährt für die Verkörperung von Spirit. Der Geist wird von jenem Gefährt angezogen, das sich nach Nutzen, Plan und Zweck für ihn am besten eignet. Einigen ist vielleicht ein flotter Sportwagen oder eine Luxuslimousine lieber, aber ein Jeep eignet sich von der Bauweise her einfach besser, wenn man eine Wüste durchqueren will. Die meiste Würde haben diejenigen, die tagsüber leben und nachts träumen und nach jedem Aufwachen stets dasselbe tun. Ihr Vorankommen wird durch die bloße Übung statt durch die Wiederholung gewährleistet, und sie sind friedvoll in diesem Wissen, auch wenn sie kaum etwas anderes kennen. Diejenigen, die in Würde altern, werden durchaus älter, aber in einem deutlich anderen Tempo, denn ihr Herzschlag hat eine etwas andere Eigenheit und einen etwas anderen Rhythmus als bei den meisten.

Natürlich muss man auch die erbliche Veranlagung berücksichtigen. Was über die menschlichen Gene vererbt wird, ist im Grunde genommen eine bunte Mischung, aber einige Gene bleiben in einer Bandbreite erhalten, die nahe an der ursprünglichen Codierung liegt. Vor sehr langer Zeit stellten die Codierungsmechanismen noch eine deutlich längere Lebensdauer als heutzutage sicher. Ein Großteil der Gene mit dieser Codierung ist im Laufe der Zeit verkümmert und mittlerweile rezessiv. Über das Bewusstsein kann man sie dazu bringen, wieder in Erscheinung zu treten, aber das ist eine Fähigkeit, die erst wieder erlernt werden muss. Die meisten Menschen können sich nicht entscheiden, ob sie hier oder anderswo sein möchten, weil sie nicht wissen, was das *Hier* im Vergleich zum *Dort* ist. Von daher wünschen sie sich ein langes und gesundes Leben, und gleichzeitig beharren sie darauf, dass sie sich wenig um das eigene Leben scheren und dass sie *nach Hause* wollen. Zu Hause ist dort, wo dein Gewahrsein und deine Erfahrung am meisten deine Wahrheit spiegeln.

Was soll mit dem Körper geschehen, den ich zurücklasse? Was wäre dir am liebsten?

Wenn du keine weitere Verwendung für ihn hast und deine Religion es dir nicht verbietet, kannst du ihn einäschern lassen. Es ist nicht nötig, deine sterblichen Überreste aufzubewahren, und du wirst feststellen, dass nur wenige deiner Hinterbliebenen auf längere Sicht deine Asche behalten wollen – vielleicht gerade einmal eine Generation, aber nicht darüber hinaus. Eine Seebestattung muss nicht sein, obwohl auch sie hin und wieder romantisch verklärt wurde. Friedhöfe werden in relativ kurzer Zeit der Vergangenheit angehören – das dauert höchstens noch ein paar Generationen.

Obwohl dein Körper schon recht bald eine leere Hülle und ein Überrest aus der Vergangenheit sein wird, interessiert es mich eher, was du morgen mit ihm anfängst. Bislang ist er noch ein guter Freund, der bis zuletzt mit dir zusammenbleiben kann und will. Er hat gar nicht so viele Mängel, wie du meinst, und wenn du damit aufhörst, über seine Unzulänglichkeiten zu fluchen, wirst du merken, dass er recht nützlich ist, und sei es auch nur für kurze Zeit. Das Beispiel, das ich dir hierzu geben möchte, ist zwar ziemlich absurd: Aber wie viele Leute wollen sich nicht von ihrem alten Sofa trennen, nur weil es ihnen so lange gute Dienste geleistet hat?

Warum ist es mir nicht vergönnt, im Jahr 2012 dabei zu sein, wo ich mich doch schon seit vielen Jahren auf dieses Ereignis freue? Und wenn ich also nicht hier bin, kannst du mir sagen, wo ich stattdessen zur Wintersonnenwende 2012 sein werde?

Die einfachste Antwort darauf lautet: Deine Gegenwart ist eben, in einem größeren Ganzen, anderswo wichtiger und wertvoller, ganz gleich, wie es dir aus deiner jetzigen Perspektive vorkommen mag. Dieses Leben ist zwar schöpferisch und erfüllt seine Bestimmung, aber es ist nur eine von vielen deiner Ausdrucksformen.

Du bist mehr als nur ein Mensch – du bist ein Lebensstrom, ein Fluss bewussten Gewahrseins, der immer unterwegs, immer in Bewegung ist. Aus unzähligen Wassertropfen entsteht ein Fluss, aber das, was eigentlich fließt, ist der Fluss, und die einzelnen Tropfen müssen sich der Reise des mächtigen Flusses fügen – dass deine Gegenwart anderswo verlangt wird, sagt nichts über den Wert dieses Lebens aus.

Es gibt bei allem ein Jetzt und ein noch größeres JETZT. Das Gewahrsein, das dich ausmacht, wird dich immer dorthin lenken, wo sich das größte Potenzial bietet. Dieses Tun entspricht dem Wesen der Weisheit. Du magst zwar das Gefühl haben, auf dem Weg zum Aufstieg zu sein, aber das Universum kennt einen schnelleren und besseren Weg, über den du dorthin gelangst. Du hast dabei übrigens auch ein Wörtchen mitzureden, und in einem stillen und ruhigen Moment fällt dir vielleicht wieder ein, dass du an dieser Entscheidung beteiligt warst.

Du wirst daran denken müssen, dir für die Wintersonnenwende 2012 eine Uhr nach Menschenmanier zu stellen, da die Unterschiede in Zeit und Raum deine Wahrnehmung von diesem Tag (und anderen Tagen) verändern wird. Obwohl es sich um ein einzigartiges Ereignis von immenser Tragweite handelt, wird seine Wirkung und die damit verbundene Erfahrung eher langfristig in der Geschichte spürbar sein und in dem kurz und heftig aufflammenden Interesse, das es währenddessen auf der Erde genießt.

Auf welche Weise du auch immer den Tag oder das Ereignis erfahren willst – deine Entscheidung wird anerkannt. Versprich es dir jetzt, und du wirst sehen, dass ein Versprechen grundsätzlich eingehalten wird. Lege noch weitere Versprechen ab, wenn du möchtest. Tue dies mit Leichtigkeit und ohne Einschränkungen, aber mit Ehrbewusstsein und der festen Überzeugung, dein Wort zu halten.

Die Dimensionen zwischen Tod und Wiedergeburt

Ich weiß, die Frage mag etwas merkwürdig klingen, aber ich muss sie dennoch stellen: Jetzt, wo Saddam Hussein nicht mehr inkarniert und im Jenseits ist, empfindet er da Trauer oder Reue über sein vergangenes Leben und über sein Ende? Gibt es noch etwas, was du uns zu ihm sagen könntest, und wo ist er jetzt? Wird er bald wieder auf die Erde zurückkehren, und wenn ja, in was für ein Leben wird er wohl hineingeboren werden?

An deiner Frage ist nichts auszusetzen, und sie ist auch folgerichtig, wenn man die Umstände in Verbindung mit diesem komplexen und seltsamen Wesen betrachtet. Aber fairerweise – sowohl dir als auch seiner Seele gegenüber – müssen wir hier zunächst einmal ein paar zugehörige Grundgedanken unter die Lupe nehmen, die dir helfen können, beide Seiten des Schleiers besser zu verstehen.

Deutlich gesagt ist der Unterschied zwischen dem Leben und Tod an sich sehr gering: Das eine ist ein Leben mit Körper, das andere ein Leben ohne Körper. Es geht nie wirklich um Leben oder Tod. Beide sind unterschiedliche Grade von Leben, wobei sie sich darin unterscheiden, in welchem Grad das Licht im Einzelnen aufsteigt. Der Tod stellt lediglich als besonderer Zeitpunkt eine Erfahrung des Übergangs dar. Auch die Geburt beschreibt einen solchen Zeitpunkt, wenn eine Seele ihren ersten Atemzug innerhalb eines konkreten Lebensstroms, eines konkreten Bewusstseins oder einer konkreten Dimension tut. Die Toten erfahren, in Ermangelung eines treffenderen Wortes, eine Form von Lebendigkeit, die jene, die in einem Körper stecken, vorübergehend vergessen haben. Wer sich in einem physischen Körper befindet, erfährt Zeit, Raum und Dimension – ebenso wie Ursache und Wirkung – von einem linearen Blickwinkel. Die Dimension, als ein Aspekt des aufsteigenden Lichts, bestimmt am allermeisten die Erfahrung, die jemand im Leben und im Tod macht.

Im gegenseitigen Einvernehmen sind derzeit nahezu alle Erdenbewohner in der dritten Dimension anzutreffen, in der (christlichen) Zeitrechnung, die nach der linearen Zeiteinteilung gemessen wird. Es gibt auch Ausnahmen, und diese Regel ist nicht in Stein gemeißelt, aber zum Zweck dieser Erörterung werden wir es einmal als Tatsache anerkennen. Selbst wer in andere Dimensionen außerhalb seines physischen Körpers weitergezogen ist, unterliegt nach wie vor dem Einfluss von Zeit und Dimension, und einige merken dann, wie ihr vielleicht schon wisst, dass sie in dieser Falle gefangen sind. So ist beispielsweise das, was ihr als Geist oder Gespenst anseht, in Wirklichkeit ein Wesen, das seinem Leben oder Sterben zu viel Bedeutung beigemessen hat. Unfähig, sich von seinen selbst auferlegten Fesseln zu befreien, halten sich diese Wesen dann gleichzeitig im Diesseits und im Jenseits auf und warten sehnsüchtig auf irgendeine Erlösung.

Um deine Neugier noch mehr zu befriedigen, könnte ich ergänzen, dass es zurzeit auf der Erde weniger körperlose Seelen gibt als je zuvor, und zwar einfach deshalb, weil die dritte Dimension und das Fischezeitalter sich dem Ende zuneigen. Anders gesagt: Es ist genug Zeit verstrichen, so dass selbst die schwierigsten Probleme inzwischen gelöst sein dürften. Alle Seelen, die nach wie vor im Widerstreit sind, werden irgendwann wie beim Kehren hochgewirbelt und finden sich in einer höheren Wirklichkeit wieder, aus der sie dann neu hervorgehen. Insofern und aufgrund der Tatsache, dass es keinen wirklichen oder ewigen Tod gibt, müssen wir anerkennen, dass es auch keine wirkliche oder ewige Hölle gibt.

Die Definition von Himmel und Hölle

Die Hölle, oder die Verdammnis, ist das extremste Getrenntsein und Verlusterlebnis, das eine Seele auf sich nehmen oder ertragen kann. Jede Hölle ist selbst auferlegt, und es gibt dabei keine Ausnahme. Niemand kann einen anderen verdammen, noch ist er in der Lage, dies ohne das Einverständnis des anderen zu tun. Alle Formen von Hölle sind nichts als Urteile von denen, die sich gar kein Urteil erlauben können.

Mit wenigen Ausnahmen sind nahezu alle, die derzeit auf der Erde weilen, schon Richter oder Angeklagter gewesen. Das heißt, dass fast alle wenigstens eine Form von Hölle erfahren haben, meistens sogar mehrere. Der Fehler liegt nicht beim Einzelnen, sondern an dem Missverständnis von Alles-was-ist, das ihm innewohnt und nicht urteilt. Das wahrhaft Göttliche ist gar nicht in der Lage, bei einem anderen Fehler oder Schuld zu suchen, weil das wahrhaft Göttliche zu gleichen Teilen aus Liebe, aus Weisheit und aus Vergebung besteht. Lange, vor noch viel längerer Zeit, als du dich heute erinnern kannst, war das die Regel. Aber dann kam das große Vergessen, der Sündenfall, wie ihr sagt, und die meisten leiden noch heute unter den Folgen dieses Schattens, der auf ihnen liegt.

Wenn wir uns schon mit dem Begriff Hölle beschäftigt haben, ist es durchaus angebracht, auch den Begriff Himmel zu untersuchen und in welchen Sphären er angesiedelt ist. Der Himmel liegt nicht [räumlich] über der Hölle, obwohl man zugeben muss, dass er alles in allem ein besserer Aufenthaltsort (oder -raum) ist. Die himmlischen Sphären sind nach Frequenzen und Oktaven des Erlebens aufgebaut (und nicht unterteilt). Anders als bei eurem vorherrschenden Schulsystem, wo man von einer Klasse in die nächsthöhere aufsteigt und entsprechende Zeugnisse erhält, die einem die nächste Anzahl von Türen öffnen, gibt es in den Himmelssphären keine Riegel oder Vorhängeschlösser, welcher Art auch immer. Allerdings ergänzt sich jede Oktave ihrem Wesen nach, und wer aus himmlischer Sicht eine Frequenz besitzt, die keine Ergänzung dazu darstellt und nicht harmoniert, hat dort keinen Zutritt. Mit anderen Worten: Wohin du dort gelangst und was du dort machst, hängt nicht unbedingt von guten Taten ab, die du vollbracht hast, als du noch verkörpert warst. Eure Frequenz und eure Energie sind so individuell wie eure Unterschrift. Sie gehen allem voraus, was ihr tut, und sind die wichtigste Bestimmungsgröße in Hinblick auf eure Seele.

Wie bei einer akustischen Bandbreite kann eine bestimmte Frequenz zunehmend klarer werden, je mehr man sich ihrer Quelle nähert, oder sie kann weit entfernt und verzerrt klingen, wenn man zu weit davon weggeht. Die meisten Seelen lassen sich von ihrem Willen lenken, aber nicht immer ist es der göttliche Wille – den gilt es erst noch zu entwickeln. Ansonsten bestimmen die weltlich-banalen und nicht die göttlichen Gesetze das Denken und Handeln der Menschen. Zuweilen spricht man hier vom freien Willen oder dem unmittelbaren Willen. Die Smaragdtafeln erwähnten dies bereits vor sehr langer Zeit, aber heutzutage existieren sie nicht mehr, und die Übersetzungen, die euch davon erhalten blieben, sind gelinde gesagt dürftig. Die Steintafeln in eurem Zellgedächtnis wurden durch das Anliegen von (mehr als) einem ersetzt, dessen Weg mit dem der Menschheit zusammenlief. Diese Gesetze waren nicht dafür vorgesehen, von allen befolgt zu werden, und über ihren Ursprung im Göttlichen ließe sich leicht streiten, wenn die Menschheit mehr über ihren genetischen Ursprung wüsste.

Von daher sind die Wahrheiten, an denen ihr euch festklammert, nur so wahr wie das Festklammern selbst. Je fester ihr an dies und anderes glaubt, desto dichter muss die Verstärkung sein, die diese Erfahrung untermauert. Ein verhärteter Sinn ist schwer zu ändern, und ein verhärtetes Herz noch schwerer.

Gaia liebt alle Menschen bedingungslos

Nachdem wir also dieses Grundsätzliche im Vorfeld geklärt haben, können wir nun auf deine Ausgangsfrage zurückkommen und eine Einschätzung zu dem Wesen [Saddam Hussein] abgeben. Jedoch auch hier eine Warnung! Der Empfindungskörper von Gaia ist unvoreingenommen, was die Menschheit anbelangt, und vermag Dinge wertfrei zu beurteilen, unabhängig von Umstand oder Tat. Gaia vernimmt und spürt die Leiden aller in gleichem Maße. Diejenigen, die anderen Leid zufügen, und die, die es erdulden, haben beide zu der einzigartigen Erfahrung beigetragen, die sie miteinander verbindet, und nur sie können sich dazu äußern, was sie zusammengeführt hat. Mörder und Diebe sind Gaia genauso lieb wie die Unschuldigen und Heldenhaften, denn gälten sie nicht so viel, so könnte es auch bei dir so sein – das musst du dir ganz deutlich machen.

Es gibt bei der bedingungslosen Liebe keine Ausnahme, die die Regel bestätigt. Sie ist ein universales Gesetz und eines, das alle empfindungsfähigen Planeten, die im Aufstieg begriffen sind, befolgen müssen. Viele auf der Erde behaupten, dieses Gesetz hochzuhalten und sich voll und ganz danach zu richten, aber eigentlich tun es nur wenige. An die bedingungslose Liebe zu glauben ist eine Sache, sie aktiv zu leben und allen Mitmenschen entgegenzubringen eine völlig andere.

In seinem Leben klammerte sich dieses Wesen [Saddam Hussein] an Glaubenssätze, die sehr stark von lückenhaften Wahrheiten und unvollendeten Momenten bestimmt waren. Es ist schwer zu sagen, an welchem Punkt der erste Stein falsch gesetzt wurde, aber ein schiefes Fundament lässt sich nicht so leicht begradigen und bestimmt oft die Stabilität des gesamten Bauwerks. Mensch wie Berg brechen irgendwann unter der drückenden Last zusammen. Die Geschichte wird hier wie immer zurückbleiben, um die Zukunft zu ermahnen, dass alle dasselbe Schicksal erwartet, die nicht auf den Flusslauf achten, den nichts und niemand aufhalten kann.

Die Überlegenheit von Königen und Tyrannen währt nur kurz

Die Sichtweise dieses Lebensstroms [Saddam Hussein] während seiner Zeit in einem Körper war überaus einseitig. Auf seine ureigene

Weise unterschied sie sich gar nicht so sehr von der Sichtweise anderer Herrscher, die in der Vergangenheit und heute auf der Erde regieren. Er glaubte an die Souveränität seines Landes, nicht jedoch an die seines Volkes. Er verfiel dem Glauben, ihm sei ein göttliches Recht verliehen worden, weshalb es ihm zustünde, gottgleich oder in aller Überlegenheit zu herrschen. In seinem bruchhaften und verzerrten Denken sah er für sich einen Platz in der Geschichte, der in etwa einem Thron ähnelte. Also begann er sich nach diesem Vorbild zu formen. Göttlichkeit lässt sich nicht eins zu eins auf eine andere Dimension übertragen. Das, was in den höheren Sphären als göttlich betrachtet würde, kann in der dritten Dimension bestenfalls als überlegen erfahren werden. Überlegenheit ist eine Befugnis, die einen anderen Ursprung hat als das Göttliche. Göttlichkeit ist natürlich und ewig, Überlegenheit oder Oberhoheit hingegen nicht, und deshalb währt sie auch nicht lange. Das höchste Wesen ist zwar ein Gott, aber er ist nicht GOTT, verstehst du?

Diese Wesenheit sah sich selbst als höchstes Wesen an, als den Vater seines Mutterlandes, als seinen Gemahl. Als oberste Instanz des Landes und seines Volkes wurde es zudem sein höchstrangiger Militäroffizier, dessen Kommando alles unterstand. Ein militärischer Befehlshaber gehört auf einen Kriegsschauplatz, also schuf es sich die entsprechende Kulisse, um sich dann an ebenbürtigen Gegnern zu messen und seinen verfolgten Kurs beizubehalten. Die Oberhoheit versteht sich, gelinde gesagt, als unumschränkt, und dieses Wesen konnte sich auf so viel Macht berufen, wie ein Staat nur gewähren kann. Aber während ein Monarch sich oft auf sein Erbrecht beruft, kann ein Staatsoberhaupt das meistens nicht. Von daher begann dieses Wesen, an die herausragende und außergewöhnliche Macht und Einflusskraft des Gottes seiner Religion zu glauben (und beanspruchte die gleichen Rechte und Befugnisse für sich). Soweit zum Hintergrund, denn diese Wesenheit ist nur eine von vielen auf der Erde, die sich – damals wie heute – einbilden, ihre Herrschaft (ob dazu ernannt oder gewählt) würde von etwas anderem als dem menschlichen Streben beeinflusst und gelenkt.

So verhalten sich die Macht und die Mächtigen – je größer die zur Schau gestellte Macht, desto größer muss jene Macht sein, die auf sie einströmt und sie lenkt, alles klar? Dabei muss man zum Führen imstande sein, zu leiten, zu lenken und zu fördern.

Jenseits eines angepassten und verständigen Denkens liegt das Tal der Verlorenen, wo dieses Wesen – ein Mann ohne jeglichen Kontakt zu seiner Seele und zu seinen Landsleuten – sich schließlich niedergelassen hat. Ein Tal ist eine lang gestreckte, tief liegende Landfläche, durch die meist ein Fluss oder Bach verläuft. Gewöhnlich ist es von einem höher liegenden Gelände umgeben, das nicht so leicht zugänglich ist, aber ein weites Panorama bietet. Das Tal der Verlorenen ist immer dort, wo das Ego herrscht, ohne von Spirit gehindert und begleitet zu werden. Aus physischer Sicht handelt es sich um die unterste Oktave in der dritten Dimension. Das Tal der Verlorenen ist eine Wüste, wo sich fast überall eine Fata Morgana oder Scheinwelt findet. Es gibt dort auch Oasen, aber nur Spirit kann sie wahrnehmen und von dem klaren Wasser schöpfen. Das Ego ist nicht imstande, sie zu sehen und wird an ihnen vorbeistolpern, selbst wenn es nach der spirituellen Wahrheit dürstet, die ihm sofort den Zugang verschaffen würde. Ist das etwa keine lebendige Version der Hölle?

Aus solchen Tälern kann man für immer verwandelt hervorkommen wie der [aufgestiegene] Meister Jesus, den die Menschheit deshalb und für noch mehr verehrt. Ebenso kann man für immer in den Wüsten des Geistes verweilen, denn dort ist die Zeit kein Maßstab und spielt kaum eine Rolle. Der, von dem du sprichst, hat sich dort aufgehalten, und ein Teil von ihm tut es noch immer, denn wohin soll sich ein Mann ohne Land wenden? Wohin geht ein Mann, der sich selbst als Gott wähnt? Wohin geht ein leeres Herz, wenn nicht in die Leere? Dieses Wesen/diese Seele, nach der du gefragt hast (und so viele andere auch) lebt gleichzeitig im Nebel der astralen Ebene, denn man kann sozusagen an vielen Stätten zugleich hausen. Auch diese gehört zur Quelle/Allem-was-ist, und das trifft für alle Dinge und Orte zu, und dieser hier ist keine Ausnahme.

Das natürliche Fortschreiten der Seele

Von der untersten Oktave der dritten Dimension aus kann man nur zur untersten Oktave der vierten Dimension zurückkehren. Dies währt nicht ewig und ist keine Strafe, es entspricht einfach dem natürlichen Fortschreiten der Seele. Die Töne einer Tonleiter haben ihr eigenes Fortschreiten, und Harmonie entsteht durch das Sehnen und die Ausdehnung eines Komponisten und seines Instruments. Es ist seiner Seele überlassen, eine Bitte zu stellen und sich auf den Aufstieg auszurichten, wenn ihr Weg von dem Abfall und Schutt befreit wurde, durch den er vorübergehend blockiert war. Das ist angesichts der Umstände seines Todes nicht ungewöhnlich.

Der Tod dieser Wesenheit kam nicht überraschend, und diejenigen, die auf den inneren Ebenen seine Geistführer waren, sahen ihn voraus. Er war so auf den Tod vorbereitet, wie es ein zum Tode Verurteilter sein kann. Seinem Dafürhalten nach hatte er ihn nicht verdient, und bis zu seinen allerletzten Augenblicken hielt er sogar noch an einem Hoffnungsschimmer fest, dass er zu Lebzeiten statt im Tode gerächt würde. Er staunte über die Gräueltaten, die ihm und seinen Nahestehenden widerfuhren, genauso wie damals die Menschen, die unter ihm gelitten hatten. Man kann das Leben nur aus der Perspektive betrachten, die man sich aussucht, und alle anderen Perspektiven müssen dann automatisch hinter dem eigenen Erleben zurücktreten.

Die Welt dürfte von einem Verurteilten erwarten, dass er auch Reue zeigt. Leider ist das nicht oft der Fall. Die Seele braucht viele Leben, um in einem Körper das zu lernen, woran sie sich am leichtesten außerhalb des Körpers erinnert. Das ist mit ein Grund dafür, dass sich unreife Seelen nach einer schnellen Rückkehr zur Erde sehnen, nur um dann die ursprüngliche Voraussetzung für ihre Rückkehr wieder zu vergessen. Allzu schnell zerrt die Dichte der Vergangenheit sie die Abstiegsspirale hinab statt hinauf in die höheren Dimensionsbereiche, die sie willkommen geheißen hat.

Eine Seele ist unablässig an ihrem Aufstieg durch die Himmels-
reiche interessiert, denn jede Seele ist wie ein Stern, der auf einer
fortwährenden Mission der Selbstentdeckung und Erleuchtung
seine Bahnen durch Alles-was-ist zieht. Das ist das, was die Wesenheit [Saddam Hussein] überhaupt auf die Erde brachte, und
sie wird von hier aus zu ihrem nächsten Ziel weiterreisen, wo es
auch immer sein mag.

Keineswegs ist dieses Wesen ein Gebrandmarkter, und seine
Seele ist mit keinem Makel behaftet, der nicht zu einem von ihm
selbst gewählten Zeitpunkt getilgt werden könnte. Historisch gesehen wird er eher früher als später in Vergessenheit geraten. Am
Ende dieses Zeitalters wird man seinen Beitrag im Vergleich zu
dem von jenen, die bald Berühmtheit in den Herrschaftsräumen
der Machthaber erlangen werden, als unerheblich betrachten.

Erinnerst du dich noch an *deine* Rolle als Tyrann? Erinnerst du
dich, bei wem du dafür gesorgt hattest, dass sein Leben verwirkt
war, oder wem du geschworen hattest, ihm in einem Fegefeuer
seiner Wahl zu begegnen? Erinnerst du dich an ausschweifende
Gelage, während andere an trockenen Brotkanten nagen mussten? Erinnerst du dich an einen letzten Atemzug oder an etwas,
das du bereut hättest, oder an einen ersten Atemzug der Erneuerung? Welcher Wassertropfen aus dem Meer fiel dir zuletzt auf
den Kopf – konntest du ihn von den restlichen unterscheiden?
Die meisten von euch können es nicht. Es liegt gar nicht so sehr
daran, dass eure Erinnerungen gelöscht wurden, als vielmehr
daran, dass ihr euch heute auf einer anderen Oktave befindet als
damals, versteht ihr? Eines Tages wird es auch bei diesem Lebensstrom nicht anders sein. Nicht etwa, dass sein Leben belanglos gewesen wäre oder dass er keinen Einfluss auf den Lauf so manchen
anderen Lebens gehabt hätte. Ganz im Gegenteil: Es ist gerade die
Tatsache, dass er welchen hatte, versteht ihr?

Jedes Leben stellt eine Chance dar, herauszufinden und zu entdecken, was in seinem Inneren wohnt. Auf der Erde erfüllt die dritte
Dimension dieses Versprechen durch die Auswärtsbewegung des
innewohnenden Spirits. Für menschliche Begriffe ist dies der Zweck

oder Grund ihres Daseins. Aber so etwas braucht ihr gar nicht. Euer Daseinszweck wurde schon in eurem Sein verwirklicht. Weil ihr denkt, dass es nichts zu beweisen und nichts zu suchen gäbe, glaubt ihr, dass es nichts zu tun gäbe, es sei denn, ihr erschafft euch einen Sinn. Mit anderen Worten, um das zu erfüllen, was ihr für Gottes Plan haltet, haltet ihr nach Bewährungsproben Ausschau, die es für euch zu bestehen gilt, damit sie euch angerechnet werden können. Das ist unnötig, da Gott euch nach seinem Ebenbild geschaffen hat. Er hat euch geschaffen, weil ihr in eurem Sosein schon euren Sinn erfüllt und lebendig seid, nicht damit ihr euch einen Sinn suchen müsstet, um euch erst lebendig zu fühlen.

Ganz gleich, wo und wie ihr auf der Erde lebt und liebt, werdet ihr weiter und woanders forschen wollen. Genau das tun die Götter. Genau das taten die Götter, die an der Erschaffung eures Körpers beteiligt waren, bevor sie ihrer Welle der Erfahrungen anderswohin folgten. Ihr werdet euer Leben erst rückblickend mit einem Staunen wahrnehmen. Ihr werdet über die Generationen staunen, die der euren folgen, und sie dazu auffordern, innezuhalten und sich an ihrem Sein zu erfreuen.

Die Worte der Engel hallen als Echo um euch herum wider – verzerrt, dumpf und fern. Warum, wenn sie doch unmittelbar neben euch sind? Es liegt daran, dass die dritte Dimension mit Schnüren versehen ist und nicht aus Akkorden besteht. Akkorde setzen sich aus zwei oder mehreren Tönen zusammen, die gleichzeitig erklingen und so in einer Melodie eine Harmonie bilden. Himmel und Erde wünschen nun von der Harmonie her, der Himmel auf Erden zu sein. Euer Rückenmark (engl.: *spinal cord*) wird sich zu einem Rücken-Akkord (engl.: *spinal chord*) entwickeln, und auch die Nabelschnur (engl.: *umbilical cord*), der Nabelkanal (engl.: *umbilical chord*) wird sich weiterentwickeln. Die unteren Oktaven der dritten Dimension können dies allein nicht bewerkstelligen, aber die höheren Oktaven der dritten zusammen mit denen der vierten und fünften können eine Menge ausrichten.

Gib jene, die in den untersten Winkeln ihres Geistes und Herzens hausen, nicht auf, denn sie können sich bislang noch nicht selbst helfen. Lass jene nicht im Stich, die mit verknöchertem Zeigefinger auf die Fehler der Vergangenheit deuten, dabei jedoch nicht die gleichen Fehler in sich selbst erkennen. Sie können nicht durch die Wolken sehen, wie du es kannst. Dies ist eine Zeit, in der du nach vorn schauen solltest – dorthin, wohin das Licht deinen Blick lenkt. Halte nicht inne, um dir die Zweifel oder Missetaten anderer anzusehen. Beschäftige dich nicht mit ihrer Strafe und damit, ob sie gerecht oder angebracht war, es sei denn, dass du sie an ihrer Stelle austeilen oder auf dich nehmen musst.

In einer eurer heiligen Schriften ist die Rede von einer Frau, die nicht anders konnte, als noch einmal innezuhalten, um zurückzublicken. Das war die symbolische Beschreibung einer Zeit, die sich gut mit der jetzigen vergleichen lässt. Irgendwann wird alles, was zur Erde gehört, auf das *Salz der Erde* reduziert oder wieder dazu werden. Seid in euren Gedanken nicht von der Erde, und ihr werdet in euren Taten nicht des Himmels sein müssen.

Teil vier

Ressourcen und
Verantwortung

Mit jeder Meditation
neue Heilung für die Welt

Vor ein paar Wochen nahm ich an einer weltweiten Medi-
tation teil, nachdem auch ich ein inspirierendes Rundschrei-
ben per E-Mail erhalten hatte. Kannst du mir sagen, ob
diese Meditation ihren Zweck erfüllt hat? Wenn ja, kannst
du beschreiben, wie? Waren das angegebene Datum und die
Uhrzeit wirklich so wichtig, wie es hieß? Außerdem – und
das ist nicht abfällig gemeint – kommt es mir so vor, als
gäbe es, sobald ich mich nur umdrehe, schon wieder etwas Neues
zu tun und ein anderes Datum, das sogar noch wesentlich wichtiger sein
soll als das davor. Ist unsere Welt wirklich so zerbrechlich? Würde sich
alles, woran wir glauben, einfach auflösen, wenn wir auf diese dringenden
Appelle nicht eingingen? Sind solche Ereignisse heutzutage erwähnenswer-
ter als die stillen Momente, in denen man sich im Gebet oder in der
Kontemplation versenkt und mit Spirit verbindet?

Deine Frage, so gut überlegt und formuliert sie auch ist, erinnert
an eine Sache, die zwar geschluckt wurde, sich aber nicht ganz
verdauen lässt. Deine großzügigen Taten und Wünsche für die
Menschheit und die Erde stellst du den Widersprüchen gegenüber, die du offensichtlich empfindest. Wisse, dass du nicht allein
mit diesen Bedenken bist, unendlich viele wohlmeinende Mitglieder einer wachsenden Bewusstseinsgemeinschaft denken und
fühlen genauso wie du.

Deine Mitwirkung an der weltweiten Meditation – und die von
anderen – wurde rund um den Erdball auf einer tiefen Schwin-
gungsebene wahrgenommen. Das heißt, während man an der
Absicht festhielt, war die Erde in direkter Resonanz mit einer ge-

meinsamen konzentrierten Schwingung, die das Herkömmliche und Bekannte transzendierte. Dieses Bekannte hat viele relative Grenzen und die meisten beruhen auf Überzeugungen, auf die man sich geeinigt hat. Natürlich gibt es jede Menge Glaubenssätze über die Beschränkungen der dritten Dimension, aber noch mehr von ihnen beziehen sich vollends auf die Begrenzungen des menschlichen Geistes. Diese Gedankengebäude sind so starr und veraltet wie die Beton- und Glaskästen, in denen eure Kreativität viel zu oft eingesperrt ist.

Die einschränkenden Glaubenssysteme, an denen die Menschheit über sich selbst festhält, sind genau die Ursache, warum sie sich jetzt der Aufgabe stellt und mit den herausfordernden und mitunter lebensbedrohlichen Situationen befasst, die sie für immer befreien können. Hierzu muss die Menschheit die alten, ehernen Halbwahrheiten durchbrechen, die lange als Ersatz für das ursprüngliche und kreative Denken herhalten mussten. Bei derart vielen Systemen, die heute kurz vor dem Zusammenbruch und Zerfall stehen, muss die Menschheit über die von ihr geschaffenen Probleme hinauswachsen – mit Lösungen, von denen sie morgen profitiert, statt solchen, die gestern schon unwirksam waren.

Glück im Unglück

Die weltweite Meditation, an der du mitgewirkt hast, war das Geistesprodukt eines Augenblicks, in dem Inspiration und Verzweiflung eins wurden. So seltsam es klingen mag: Diese beiden scheinbaren Gegensätze ergänzen sich sogar. Gegensätze ziehen sich gleichzeitig an und stoßen sich ab; je weiter das Band zwischen ihnen gedehnt wird, desto heftiger schnellt es zurück. Von daher kann man dramatische Augenblicke, so ungerecht und ungelegen sie zu jener Zeit, da sie geschehen, auch sein mögen, als Glück im Unglück betrachten. Augenblicke göttlicher Inspiration sind solche, in denen ein vereinzelter oder begrenzter Gedanke durch die Intensität des Grenzenlosen beschleunigt wird. Das wirkt nach Art eines Katalysators – und entfacht ein Feuer, das sich selbst verzehren muss. Und weil das Recht, dem das Unendliche unterliegt, höher als das vergänglichere Gesetz des Endlichen ist, tritt an die Stelle des anhaltenden Dilemmas eine Lösungsmöglichkeit. Die Lösung entsteht als reine Möglichkeit, sie ist eine makellose Vorstellung, verstehst du? Sie ist deshalb nur eine eventuelle Lösung, weil sie sich in einem Moment von Ignoranz, Zweifel oder Angst allzu leicht verflüchtigen kann. Nur sehr wenige ursprüngliche Gedanken werden auch in die Tat umgesetzt, zumindest nicht in der dritten Dimension.

Dieser ursprüngliche Gedanke wurde zum obersten Gebot für jeden, dem er in den Sinn kam. Der göttliche Wille, gepaart mit dem menschlichen Willen, ist ein Bund, der im Himmel geschlossen und auf der Erde schöpferisch wird. Er ist sowohl das schaffende Prinzip als auch das, was das Prinzip erschaffen hat, verstehst du? Bitte höre genau zu, was jetzt kommt: Erlaube dir nicht den Luxus, träge zu werden oder diese Worte zu beschönigen! Du wirst die Vorzüge dieses Gesetzes in fast jedem Lebensbereich als nützlich erkennen, wenn du es sorgsam anwendest und überall gleichmäßig gewichtest. Die Naturgesetze sind wie das universale Gesetz vielfältig und spezifisch, und sie unterstützen immer das, was größer ist als sie selbst, und sie untergraben nie etwas, wie es menschengemachte Gesetze oft tun.

Ein ursprünglicher Gedanke führt fast immer zum Erfolg, und sei es nur aus dem Grund, weil hier wirklich Kreativität an erster Stelle steht. Aber echte Kreativität muss wie ein kleines Kind so lange behütet und gehegt werden, bis sie sich selbst erhalten kann. Vor allem Ignoranz wird sie unterdrücken und sogar zum Erlöschen bringen, bevor ihr auch nur der leiseste Lebensatem eingehaucht wurde. Genau so ergeht es vielen grandiosen und schöpferischen Ideen, die scheinbar – als wäre die Erde wirklich eine Scheibe – über den Rand des Trugbildes fallen, das Horizont genannt wird.

Die Person, die die Idee von einer weltweiten Meditation so lange aufrechterhielt, bis aus ihr eine selbständige Kraft wurde, richtete ihren Blick über den Punkt hinaus, an dem es kein Zurück mehr gibt. Dass dieses Prinzip hinter jedem Erschaffen steckt, ist von größerer Wichtigkeit als das Ereignis an sich, die Teilnehmer und seine Wirkung überhaupt.

Man kann diese weltweite Meditation, dieses Ereignis, als Erfolg betrachten, aber es ist nur eines von vielen in einer ganzen Reihe von Ereignissen. Wenn sich Herz und Verstand beim Menschen vereinigen, sind bei dem, was sich erreichen lässt, keine Grenzen gesetzt. Was das besagte Ereignis bewirkt hat, ist, dass daraus eine lebendige Meditation wurde, eine, deren zielgerichtete Energie ihre Macht von denen erhielt, die sich dabei als machtvoll empfanden. Die ganze Erde konnte aus dieser Kraft schöpfen und sie gezielt für das Wohlergehen von allem und dem Alles nutzen.

Es stimmt aber nicht, dass bei einer weltweiten Meditation, die sich auf Frieden konzentriert, die Erde die gebündelten Energien auch nur zu diesem Zweck nutzen müsste. Die Energie nimmt – je nach Notwendigkeit und Kreativität – den Weg des geringsten Widerstands. Euer Bankkonto verhält sich beispielsweise genauso. Warum scheint die Energie schneller zu euren Schulden hinzufließen als zu euren kreativen Gedanken? Weil bei euren Schuldnern kein Widerstand besteht, die Rückzahlung dieser Schulden zuzulassen. Der Akt des Empfangens ist etwas Kreatives und gleichzeitig Natürliches, versteht ihr? Wenn euer schöpferischer Glaube euch zur ersten Natur wird statt zur zweiten, habt ihr mehr Guthaben auf dem Konto, mit dem sich eure kreativen Möglichkeiten verwirklichen lassen.

Du möchtest etwas über den tatsächlichen Erfolg dieses Ereignisses wissen. Er ist schwer in Worte zu fassen. Kannst du genau beschreiben, woran es liegt, dass du an einem Tag wach wirst und einen tieferen Sinn spürst als an einem anderen? Oder was dich fühlen lässt, dass du zu einem Volk galaktischer Wesen gehörst, deren Evolution über ein untrennbares Bewusstseinsnetz miteinander verknüpft ist? Kannst du erklären, weshalb du im einen Moment Zugang zu diesem einzigartigen Bewusstsein hast und im nächsten nicht? Es ist weniger so, dass es auf diese Fragen keine Antworten gäbe, sondern dass sich die Antworten auf der Erfahrungsebene finden lassen. Solche Erfahrungen sind die Ursache, warum ihr als individuelle Seelen und Einheiten des menschlichen Potenzials immer wieder alles aufs Spiel setzt. Es gibt einfach nichts, was vergleichbar im Universum wäre. Sich in den Dienst der Ganzheit zu stellen heißt, ganz zu sein. Ganz zu sein heißt, alles zu sein. Momente wie diese kommen der Erfahrung nahe, dieses Alles zu sein statt eins mit dem Alles.

Das feste Datum und die feste Zeit waren hier [in Bezug auf die weltweite Meditation] für die globalen Interessen, die man als die von Gaia oder der Menschen betrachten könnte, weniger von Belang. Vielmehr war es die Tatsache, dass das Ereignis als Katalysator fungierte, der, wie man sich einig ist, Herz und Verstand berührte. Die Tiefen des Kummers und die Höhen ungläubigen Staunens, in die der menschliche Geist fallen oder zu denen er sich aufschwingen kann, kennen in der Galaxie nichts Vergleichbares, was die dritte Dimension betrifft. Oberstes Gebot der dritten Dimension ist ein Wachstum aus Erfahrung (und keine Flucht) durch die und über die Schleier des vermeintlichen Leidens.

Deine Mitwirkung an derartigen Ereignissen, die du in deiner Frage angesprochen hast, verweisen auf dein tiefes Bedürfnis, Teil von etwas zu sein, das größer als deine persönlichen Gedanken ist. Es spielt übrigens keine Rolle, ob deine Motive selbstlos oder selbstsüchtig sind – der Effekt ist der gleiche, weil dein Ausgangspunkt identisch ist. Energie ist Energie – die Steckdose kümmert es nicht, ob du einen Kühlschrank oder Fernseher daran anschließt. Verwechsle nicht Absicht und Motiv, denn das eine bezieht sich auf fokussiertes Denken und das andere auf Anlass und Antrieb zum Handeln.

Lasse dich nicht von übertrieben dramatischen und dringenden Appellen einfangen

Das Datum ist so etwas wie der Schuss geworden, den man rund um die Welt gehört hat, aber das ist die Natur dieser Zeit. Die Menschheit stöbert in allen Ritzen und unter jedem Stein nach irgendwelchen Zeichen und Symbolen. Sie ist äußerst besorgt, dass sie das eine und einzige Verbindungsglied zwischen ihrer Vergangenheit und ihrer Zukunft übersehen könnte. Darf ich euch versprechen, dass dies nicht der Fall sein wird? Darf ich in dieser Hinsicht ein Plädoyer in eigener Sache abgeben? Ihr seid aus dem Atem und der Substanz des All-Einen gemacht. Ihr könnt in euem Denken keine Fehler machen, und es gibt keinen Moment der Umnachtung, durch den ihr in die Irre laufen oder zurückbleiben könntet. Selbst der Staub unter euren Füßen weiß das. Bitte gebt nicht dem Drängen nach, das ihr in den hungrigen Augen derer seht, die immer noch am Tisch eines Gastgebers sitzen, der niemand anderes als der Hersteller der neuesten Weltvernichtungsmaschine ist.

Sind alle weltweiten Meditationstage somit bedeutungslos? Nein, aber zum Großteil handelt es sich dabei um Koordinaten. Sie weisen auf die menschliche Fähigkeit hin, sich als Gemeinschaft für eine gemeinsame Sache zusammenzutun. Das innere Wissen, das dich dazu führt, dich in Gedanken mit anderen zu verbinden, um die Veränderung zu *bewirken*, wird dich eines Tages dazu hinführen, in Gedanken die Veränderung zu *verursachen*. Ereignisse wie diese fördern das Wachstum bestimmter Gehirnzellen, die in der Lage sind, die »Menschheitsfamilie« zu erkennen. Mit anderen Worten, sie erkennen den unverwechselbaren Ruf des göttlichen Willens der Menschen. Heißt das, dass diejenigen, die bei diesen Ereignissen nicht mitmachen wollen, diese Zellstruktur nicht entwickeln? Nein, das ist nur einer der vielen Auslöser, die dich über deine Zweifel hinwegbringen und dir ein wahrhaft instinktives Wissen ermöglichen werden.

Die Welt, in der du lebst, ist nicht zerbrechlich oder brüchig. Das Leben auf der Erde ist nicht zerbrechlich. Es steht auf festen Säulen, ist sicher und stabil. Derzeit befindet es sich in einem Stadium der Anpassung – es durchläuft den Veränderungsprozess, durch den es sich an neue Umstände und Bedingungen anpasst. Alles Leben auf der Erde wird derzeit umgebildet und auf einen höheren Sinn ausgerichtet, ohne Ausnahme. Alles Lebendige ist dabei, physische und verhaltensmäßige Merkmale auszuprägen, damit es sich unter neuen und andersartigen Bedingungen entfalten kann. Diese Bedingungen werden fortbestehen, und einige werden noch an Intensität gewinnen. Allerdings werden einige eurer heftigeren Reaktionen abnehmen, sobald eure Sinnesreaktionen die neuen Schwingungen und andere Impulse besser verkraften können.

Bitte gehe nicht auf die Bitten derer ein, die steif und fest behaupten, dass deine Mitwirkung bei diesen Anlässen unbedingt nötig sei, um die Welt oder dich selbst zu retten. Unter denen, die diese Botschaften in die Welt setzen und weiterverbreiten, besteht eine Neigung, sich allzu wichtig zu machen, wodurch sie zum Gespött der Ungerechten und der Unbewussten werden. Lasse jede Einladung einfach so stehen, wie sie ist. Ob du eine Einladung annimmst oder ablehnst, liegt ganz bei dir. Sowohl der Himmel als auch die Erde blicken ohnedies mit Wohlwollen auf dich. Höre auf, an irgendeinen Mangel zu glauben, und erkenne stattdessen die Fülle an Ressourcen an, die dir zur Verfügung stehen.

Die persönlichen Momente, in denen du dich der Kontemplation widmest, sind von einer Innigkeit, deren Geheimnis im Göttlichen liegt. Man kann sie mit den weltweiten Ereignissen, von denen du schreibst, keineswegs vergleichen. Das eine ersetzt nicht das andere. Beide sind ganz eigene heilige Handlungen. Viele glauben, dass ihr Unvermögen zu meditieren sie davon abhalten würde, sich mit Himmel und Erde zu verbinden. So ist es nicht. Das bloße Verlangen danach, deine tiefste Seinsessenz, die in oder nahe deinem Herzen angesiedelt ist, zu verströmen und zu erweitern, ist stark genug, um den bleiernen Widerstand zum Schmelzen zu bringen und in der geistigen Welt Fuß zu fassen! Das ist durch nichts zu ersetzen, und ihr braucht dabei nicht zu schweigen. Ihr könnt eure Gedanken und Gebete laut singen, wenn ihr möchtet, und unterschätzt nicht die Fähigkeit der geistigen Welt, alle Sprachen zu verstehen. Messt euch nicht an den Belohnungen oder Lektionen anderer. Seid eins als bewusste Gemeinschaft und einzigartig als schöpferisches Individuum.

Feiert ruhig die Sonnenwenden und Tagundnachgleichen im Jahresverlauf. Es wird ohnehin nicht lange dauern, bis sich diese Daten verschieben. Verdammt auch nicht das Abschmelzen der Polkappen! Es wird sich noch Gutes daraus ergeben, wenn das auftaut, was lange gefroren war. Auch eure Überzeugungen sind mit der Zeit erstarrt und haben euch davon abgehalten, tiefer und über die Einschränkungen dieses Lebens hinauszublicken. Ehrt, wann immer möglich, Neumond und Vollmond. Seid dankbar dafür, dass Sonne und Mond jeden Tag und jede Nacht wiederkehren. Womit ihr euch heute noch abplagt, darauf werdet ihr bald mit einem Hauch von Nostalgie zurückblicken.

Bewusste Landerschließung

Ich besitze ein paar Stück Land, die für mich etwas ganz Einzigartiges und Besonderes sind. Seitdem ich diese Grundstücke habe, sind mir dort schon alle möglichen Tiere begegnet, häufige und auch eher seltene Arten, ebenso wie Elementarwesen und andere Energien. Ich bin mir sicher, dass sich alle diese Wesen freuen, auf diesem Boden zu sein, und es zu schätzen wissen, und das macht mich überglücklich. Eigenartigerweise habe ich aber auch das Gefühl, dass nun der richtige Zeitpunkt wäre, diese Areale entweder zu verkaufen oder zu erschließen, und derzeit setze ich mich gerade ernsthaft mit diesen Möglichkeiten auseinander. Bei jeder Entscheidung, die ich treffe, müsste aber gewährleistet und berücksichtigt werden, dass man diesem Land wohlwollend gegenübertritt und es auch guten Willens ist. Woran kann ich zuverlässig erkennen, dass ich dabei richtig vorgehe?

Am besten fängst du damit an, dich dem Stück Land noch einmal vorzustellen, selbst wenn ihr schon wohl vertraut miteinander seid. Wahrscheinlich hat sich einer von beiden mittlerweile schon ziemlich verändert – entweder du oder das Stück Land –, insofern habt ihr beide etwas davon, wenn ihr eure Bekanntschaft erneuert.

Ein Grundstück weist ganz bestimmte Eigenschaften auf. Wie bei einer Person kann der Boden an den Rändern hart und in der Mitte weich sein, oder er ist widerspenstig und mit Dornen überwuchert oder viel zu nachgiebig – wie Treibsand. Interessanterweise können auch einige andere Kriterien einen Einfluss haben, nämlich, ob die Eigentümer selbst dort leben oder woanders und wie die Besitzverhältnisse aussehen und wer der Eigentümer ist. Land, das nur einem Menschen allein gehört, weist andere Eigenschaften auf als eines, das beispielsweise dem Staat oder einem Unternehmen gehört.

Land besitzen oder in seine Obhut nehmen

Einige sind bestimmt schnell dabei, diese Worte schon zu berichtigen, bevor sie auch nur ausgesprochen wurden, indem sie mich ermahnen (als ob ich das nicht wüsste!), dass niemand die Erde wirklich besitzen kann – und das zu Recht! Und nachdem dieses Hindernis nun ausgeräumt ist, können wir zu einer Antwort übergehen, die euch nützt.

Wenn wir diesen Eigentümerstatus verneinen würden, könnten wir die Frage auch ganz streichen, und dazu ist sie für dich und andere viel zu wertvoll. Um die Wahrheit zu sagen: Es gibt nichts, was du besitzen könntest. Du besitzt nicht einmal deinen Körper – bestenfalls ist er dir für die Dauer deines Lebens überlassen und wird danach an die Erde zurückgegeben, da seine Elemente dem Lehm angehören, aus dem er geformt wurde. Das Einzige, was ihr besitzen könnt, sind eure Erfahrungen, die von eurer Seele als mitfühlende Beobachterin der Wunder unendlich lange und liebevoll bewahrt werden.

Die Erde lässt sich nicht besitzen, obwohl die Bestrebungen, sie in Besitz zu nehmen, ihr Antlitz verunstaltet und eure Geschichte sowie die Verfügbarkeit bestimmter Ressourcen immens beeinträchtigt haben. Im Laufe der Zeit wird die Erde viele Male umgestaltet und zu den unterschiedlichsten Zwecken genutzt werden. Überlege dir nur einen Moment lang, wie viele verschiedene Ressourcen dir dein Grundstück derzeit bietet – nicht nur solche, die nachgewiesen und urkundlich verzeichnet wurden, wie es eure geltenden Vorschriften verlangen, sondern auch jene, die darüber hinausgehen können. Wie viele Male mögen wohl die Grenzen um dieses Grundstück immer wieder neu gezogen worden sein?

Es ist viel älter als deine Erinnerungen, aber du bist wiederum viel älter als das Land – eine Paradoxie, die wir uns am besten für ein anderes Mal aufheben, einverstanden?

Als derzeitige Eigentümerin dieses Grund und Bodens kannst du viel tun, aber als seine Hüterin oder Bewahrerin sogar noch mehr. Ein Landverwalter hat sich dazu verpflichtet, etwas zu schützen und zu erhalten, was als wertvoll und kostbar gilt. Irgendwie besteht ein unsichtbares Band zwischen ihm und dem, was er zu bewahren hat. Diejenigen, die diese Beziehung als heilig erachten, wissen auch, dass sie eine moralische Vereinbarung mit sich bringt, eine, die über die sozialen oder rechtlichen Ansprüche hinausgeht, die in einer Urkunde festgehalten werden. Wenn du nicht sicher bist, ob du die Hüterin deines Landes bist, so frage es danach. Ja, so einfach ist das! Mache es dir auf dem Erdboden bequem und bitte ihn, mit einer Stimme zu dir zu sprechen (statt durch die Anordnung der dortigen Elemente), damit es zu weniger Verwirrung führt.

Solltest du erfahren, dass du nicht die richtige Hüterin bist, so kannst du abwägen, welche Möglichkeiten sich stattdessen bieten: das Land verkaufen oder es in die Hände eines Menschen geben, der besser dazu geeignet ist. Falls du entdeckst, dass du selbst seine Bewahrerin bist, so wird sich dir die Tür zu einer neuen inneren Weisheit auftun, die dich zum Wohlergehen des Landes verpflichtet. Das bedeutet nicht, dass du das Land nicht erschließen oder verkaufen dürftest – es stellt lediglich sicher, dass deine Entscheidungen dem höchsten Wohl aller Beteiligten dienen.

Sich in die klangliche Resonanz einschwingen

Da die Flächen knapper zu werden scheinen, entsteht auch der Eindruck, dass man die noch verbliebenen besser nicht erschließen sollte, aber das trifft nicht unbedingt zu. Alles Lebendige ist dazu bestimmt, einen Nutzen und Zweck zu erfüllen. In eurer Zeit deutet man das so, dass man auf dem Boden etwas errichten sollte, was von wirtschaftlichem Nutzen für die Menschheit ist, und das hat, wie ihr ja schon wisst, zu einem gewissen Ungleichgewicht geführt. Also ist die Natur außerhalb von dir, die dein ist, und die Natur in dir, die du bist, dazu aufgefordert, gemeinsam eine bewusste Reaktion auf die aufkommenden Fragen hervorzubringen.

Eine Reaktion ist nicht dasselbe wie eine Antwort. Eine Antwort ist das Ergebnis eurer vernünftigen Erwägungen und eures logischen Denkens, sie gründet auf den Schwingungen der linearen Zeit. Eine Reaktion ist ein natürliches Wissen, das als Resonanz aus der harmonischen Schwingung des Lebens selbst aufsteigt. Erinnerst du dich daran, irgendwo gehört oder gelesen zu haben, dass die gewaltigen Steinblöcke der Pyramiden mit Hilfe des Klangwissens an ihren Platz gesetzt wurden? Auf genau dieser Wissenschaft beruht auch eine resonante harmonische Reaktion, und sie ist allen zugänglich, die die Natur der Daseinsreiche würdigen und sich darauf einschwingen. Es braucht ein wenig Übung, verwirf die Idee also nicht sofort, wenn die Natur sich dir nicht gleich offenbart!

Du und das Stück Land, ihr gehört beide zu den Ressourcen der Erde, und du unterscheidest dich von ihm gar nicht so sehr, wie du vielleicht meinst, zumindest nicht während dein Wesen mit deiner Reise hier verbunden ist. Dein Körper besteht aus einer Mischung derselben Mineralstoffe, wie sie die Erde braucht. Wenn sie in deiner Nahrung enthalten sind, bist du besser imstande, von einem Ort aus zu reagieren, der diese natürliche Resonanz aufweist. Doch wenn deinem Körper diese wichtigen Elemente fehlen, wird es dir schwerer fallen, in dein natürliches Wissen zu gelangen. Deshalb ist es wichtig, sorgsam auf dein eigenes Wohlergehen zu achten, wenn du über die Zukunft dieses Stücks Erde entscheidest.

Imaginative Resonanz visualisieren

Sobald du mit dem Üben der klanglichen Resonanz schon etwas mehr Erfahrung hast, kannst du dich auch mit der imaginativen Resonanz befassen, bei der du selbst die Zukunft visualisierst, die du gern mit anderen erleben möchtest. Wenn du dir die best-mögliche aller Welten vorstellst, wirst du in der bestmöglichen aller Welten leben. Die imaginative Resonanz ist eine Wirkung, die durch das Energiezentrum des Dritten Auges begünstigt (und geschützt) wird. Dieses Zentrum steuert dein Wohlbefinden und deine Verbindung mit jeder Umgebung, in der du dich befindest, sowie allem, woran du auf irdischer Ebene beteiligt bist. Es wird nicht von deiner Persönlichkeit eingeschränkt, obwohl sie durch-aus einen Einfluss darauf haben kann. Das Dritte Auge ist immer im Jetzt, was auch ein Grund dafür ist, warum es vielen von euch schwerfällt, sich mit ihm zu verbinden. Die meisten von euch sind mit ihren Gedanken bisher sonstwo, nur nicht hier!

Male dir den gegenwärtigen Moment aus, indem du dir das höchste Potenzial vorstellst, das er und du erreichen können. Vielleicht spürst du mit einem Mal eine Verformung deines elek-tromagnetischen Feldes, so ähnlich wie das Gefühl, das sich beim Schielen einstellt. Dieses Gefühl hängt mit der Verschmelzung zweier halber Realitäten (weicher Potenziale) zu einer einzigen zu-sammen. Bleibe so lange im Augenblick, bis die Verformung abge-schlossen ist. Als weitere Nebenwirkungen dieser Übung können Schwindel und leichte Kopfschmerzen auftreten, obwohl es nicht un-bedingt sein muss. (Widerstehe der Versuchung, solche Symptome eigens zu manifestieren, um sicherzugehen oder eine Bestätigung zu haben, dass du die Übung auch richtig gemacht hast.)

Zu guter Letzt: Sei ehrlich zu dir selbst, denn jede Mogelei wird in einem Zustand enden, der nicht gerade erstrebenswert ist. Wenn du das Grundstück erschließen und damit Profit machen willst, so sage es und tue es. Sorge dafür, dass deine Gedanken mit deinen Worten übereinstimmen und deine Worte mit deinen Taten. Wenn du Wildtiere in der Natur schützen möchtest, so nimm es als Eingebung, weitere Gebiete in deine Imaginationen einzubeziehen. Und wenn du über deinen schönen Besitz noch etwas länger beraten willst, bevor du über dein weiteres Vorgehen entscheidest, so rücke einen Stein heran oder auch zwei und lade einen Baum, ein Eichhörnchen und einen Bären ein, als Freunde mit dir zu speisen. Der Sternenhimmel im Mondlicht wird die passende Stimmung zaubern, und der Gott in allem wird der Worte genug sein.

Knappe Ressourcen in einer Welt des Überflusses

Die Erdoberfläche weist gewisse Narben auf, die von Geschehnissen aus einer größeren historischen Perspektive zeugen. Zauberhafte Bergschluchten, Flüsse und Seen löschen die Spuren massiver und unerwarteter Zerstörung aus oder verbergen sie zumindest. Ebenso erstrecken sich die Wüsten nackt, kahl und bloß und außerstande, das Verderben zu verdecken, das saftige Grünreservoirs in trockenen Sand verwandelte. Auch die Geschichte hat Narben hinterlassen, wo Kriege den Lauf der Dinge veränderten und nun Grabmäler stehen anstelle von Menschen. Katastrophenereignisse gehören zur natürlichen Evolution des Planeten dazu und haben den Gang der Geschichte mitgeprägt. Auch viele unnatürliche Begebenheiten hatten schon katastrophale Auswirkungen auf die irdischen Ereignisse und änderten den Geschichtsverlauf enorm. Die Ereignisse, die sich um die Verfassung der Weltwirtschaft drehen, sind sowohl auf natürliche als auch unnatürliche Ursachen zurückzuführen, und sie werden höchstwahrscheinlich als Extreme mit der gleichen Polarität in die Geschichte eingehen.

Das Sonnensystem, dem die Erde angehört, bewegt sich gerade pulsierend auf ein Licht anderer Ordnung zu, wodurch sich alles wandelt und ein evolutionärer Sprung angeregt wird, der in den großen Zeitabläufen, nach denen man Universen bemisst, ganz natürlich ist. Dieses Licht, das man bald erfahren wird, hat eine kosmische Ordnung. Und obwohl es von eurer heutigen Perspektive aus nicht sichtbar ist, wirft es vorübergehend einen Schatten auf die Erde. Die Erde wird aus diesem fahlen Schatten wieder heraustreten, wie sie es schon immer getan hat – und dieses Licht, das zeitweise eine deutlichere Sicht auf eine strahlende Zukunft verfinstert hat, wird zurückkehren und allen die Augen öffnen, selbst die der Blinden, die nicht sehen wollen.

Die Gezeiten der Wirtschaft

Die Erde ist Teil eines Sonnensystems – gewaltig, mächtig und manchmal schwer zu ergründen. Die Weltwirtschaftsmärkte und Währungen, die sie darstellen, sind ebenfalls Teil eines viel größeren Systems, das über riesige Besitztümer und unvorstellbare Macht verfügt und schwer zu ergründen ist. Währenddessen hebt und senkt sich der Meeresspiegel unweigerlich mit den Gezeiten, ohne den Aufstieg und Niedergang von Weltpolitikern, von Währungen oder Märkten zu bemerken, in die sie investiert haben. Ihr Rhythmus ist vollkommen und zeitlich von einer Beziehung bestimmt, die größer als der Augenblick oder Tag ist. Währungen und Märkte hingegen sind künstlich geschaffene Instrumente, die sich leicht regulieren lassen (oder selbst regulieren). Auch sie folgen einem Rhythmus, der perfekt abgestimmt ist und von einer Beziehung zu etwas Unsichtbarem gelenkt wird.

Bitte versteht, dass sich Kräfte, selbst die Naturkräfte, in gewissem Maße beeinflussen oder steuern lassen. Wie eine Schlange kann man sie zähmen und hypnotisieren, damit sie sich selbst dann, wenn viele Augen auf sie gerichtet sind, wie gewünscht verhalten. Genau dies ist gerade bei den Weltmärkten der Fall: Man hat sie dazu gebracht, sich so zu gebärden, dass sich zahlreiche Vermögenswerte in nichts auflösten. Aber nicht bei allen Vermögenswerten ging es abwärts, genauso wenig wie bei dem Vermögen derer, die das System und seine Mechanismen durchschauen. Der moderne Mensch glaubt, dass er nicht nur sein Schicksal selbst in die Hand nehmen müsste, sondern auch seine Finanzen, aber das trifft nur teilweise zu. Es gibt Systeme, von denen er ein Teil ist und die gewaltigen Einfluss auf die Welt haben, und da er ein

Teil derselben Welt ist, ist er durch seine Teilnahme genauso wie durch seine Einwilligung ein Teil von eben diesem System.

Die Bankensysteme und die darin gehandelten Währungen befinden sich in einer inszenierten Krise, einem gut geplanten und sorgfältig gestalteten freien Fall, der das Erscheinungsbild der Welt und ihrer Regierungen erneuern wird.

Der moderne Mensch besitzt einen Teil dieser Welt, aber ein Teil dieser Welt besitzt auch ihn. Der moderne Mensch besitzt die Währung, in der er Geschäfte tätigt, nicht selbst, sondern sie wird ihm geliehen. Ihm gehört nicht sein eigenes Haus oder das seiner Vorfahren. Denn er erhält auch dies nur zu Bedingungen, die von der staatlichen Souveränität bestimmt werden, die eben seine eigene Souveränität übersteigt. Dass der Mensch kein Alleinherrscher in seiner Welt oder Herr in seinem Haus ist, mag empörend sein, aber es ist nicht neu. Der moderne Mensch lebt innerhalb desselben Systems wie der Mensch von damals, und dieses System lebt in seinem Innern. Soll sich daran etwas ändern? Ja, aber zunächst einmal muss die Menschheit aus ihrem eigenen Schatten heraustreten. Sie kann erst dann einem lichteren Weg folgen, wenn sie ihr eigenes Licht im Inneren entdeckt.

Die Ursachen für den wirtschaftlichen Abschwung sind sowohl natürlicher als auch unnatürlicher Art. Die universalen Gesetze, die über das rhythmische Heben und Senken der Gezeiten herrschen, sorgen auch dafür, dass das Schicksalspendel über großen und kleinen Vermögen schwingt. Das ist das Werk der Natur, in der eine Jahreszeit unaufhaltsam der nächsten weicht, um sich auszuruhen und auf ihre heraufziehende Wiederkehr vorzubereiten. Das Meer hat einen Boden, und obwohl seine Tiefe bisweilen schwer auszuloten ist, stellt er ein tragendes Fundament für alle dar, die auf ihn angewiesen sind. Die Wirtschaft hatte nicht so viel Glück. Ohne festes Fundament war sie den Fluten ausgesetzt und zum Spielball der Wellen geworden.

Zumindest eine Zeit lang wird die Wirtschaft noch weiter so dahintreiben. Und solange sie das tut, wird man schwerlich ein Boot zimmern können, das stark oder wendig genug ist, die Strömung auszumanövrieren. Ebbe und Flut reißen eine Menge Treibgut mit sich, und diese wirtschaftliche Bewegung wird in vielerlei Hinsicht die Gezeiten widerspiegeln. Auch sie spülen Gegenstände und vergessene Überreste aus längst vergangenen Zeiten wieder ans Ufer. Deshalb kann man davon ausgehen, dass in Augenblicken und an Orten, wo man es am wenigsten erwartet, sorgsam gehütete Geheimnisse hervorkommen werden. Hierdurch werden ein paar wenige wichtige Akteure (oder Schachfiguren) im System preisgegeben werden, aber die Herren und Meister dieses Spiels können sich jede Menge Bauernopfer leisten und immer noch ihre stattliche Festung halten.

Der moderne Mensch muss seine Finanzen und Verpflichtungen ernst nehmen, doch dabei übersieht er womöglich jenen Punkt des Spiels, an dem er zugleich Mitspieler und Beobachter ist. Es ist besser, das Pendel über den Himmel der Illusion fahren zu lassen, statt dass es einem die Wirklichkeit auf der Erde zerschlägt.

Die Karten des Kartenhauses werden neu gemischt

Wie schon gesagt, wird die weltweite Wirtschaft auch weiterhin noch von dem frischen Wind hin und her geworfen werden, der inmitten der Ungewissheit aufkommt und das Alte verändert. Gewählte Amtsinhaber werden nicht damit aufhören, Rat bei ihren Experten einzuholen und sich mit anderen führenden Staatsleuten an den globalen Demonstrationen der Unterstützungsbereitschaft und Stärke zu beteiligen. Selbst ein Kartenhaus sieht solider gebaut aus, wenn es von mehr als einer Hand gestützt wird. Und ebenso wie die Spielkarten von Zeit zu Zeit neu gemischt werden müssen, wird es zu einer großen Verschiebung bei der Verteilung des Reichtums kommen, durch die einige Länder Kapital hinzugewinnen und andere herabzuziehen droht. Wer scheinbar unversehrt daraus hervorgeht, hat bei diesem Vorgang vielleicht seine Seele oder – was wahrscheinlicher ist – die seiner Staatsbürger verkauft.

Keine Weltwährung ist von bleibendem Wert, also wird man bei den meisten erleben, dass ihr Wert sinkt. Sie haben keinen Wert, weil sie nicht an irgendetwas Wertvolles gekoppelt sind. Bei den meisten Staaten verhält es sich so, dass das ihnen zugeschriebene Vermögen gar nicht mehr in ihrem Besitz ist und manchmal sogar im Besitz anderer Länder oder eines Unternehmens, durch die diese Länder vertreten werden. Einige der Unternehmen, die in bestimmten Weltmärkten als gemeine Übeltäter gebrandmarkt wurden, könnten sich noch als Helden erweisen, wenn sie manche Regierungen vor ihrer eigenen Selbstlöschung bewahren. Der Gier haftet ein gewisser Gestank an, doch die Angst stinkt noch schlimmer.

Diese Unternehmen wird man in einigen Märkten als stabilisierende Kräfte sehen, und sie werden eine Art Souveränität genießen, die sie zuvor nicht besaßen. Selbst Unternehmen mit großen Geschäftskomplexen im Ausland werden ganz ähnlich wie heute Botschaften und ihre Geber von internationalen Gesetzen geschützt werden. Einige Länder werden noch nicht einmal ihren grundlegendsten Pflichten nachkommen und so vom Rande aus zusehen, wie ihre Souveränität von einem anderen Land aufgekauft oder annektiert wird, dessen Ressourcen gefragter sind als die eigenen. Die Handelsbeziehungen zwischen den Ländern werden sich auch auf andere Bereiche erstrecken, wenn man die Ressourcen in der Hoffnung auf Stärkung der weltweiten Stellung bündelt.

Das Anzapfen unentdeckter Ressourcen

Vor langer Zeit wetteiferten die Staaten um Handelsrouten und um die Entdeckung neuer Länder, die sie im Namen der Krone, die sie repräsentierten, für sich beanspruchen könnten. Heutzutage sind Kronregierungen etwas aus der Mode gekommen und die meisten (wenn auch nicht alle) Länder haben schon irgendein anderes für sich beansprucht. Ihre Ressourcen wurden in bare

Münze umgetauscht oder zur Refinanzierung weiterer Verbind-
lichkeiten verwendet. Eine Wirtschaft kann nicht wachsen, wenn
sie keinen Raum zum Wachsen hat, und das ist angesichts der
heutigen Anordnung nahezu unmöglich, weshalb neue und le-
benswichtige Ressourcen zur Notwendigkeit werden.

Die Erde verfügt in der Tat über neue und unentdeckte Ressourcen. Einige davon waren bis vor kurzem an beiden Polen oder
in der Nähe davon unter Eismassen begraben. Während nun das
Eis schmilzt, ist schon die Planung in vollem Gange, wie und
wann der Zugriff auf diese regionalen Ressourcen erfolgen kann.
Mehrere Länder haben bereits Forschungsmissionen in dieser
Hinsicht durchgeführt und sogar den Prozess eingeleitet, sie im
Namen derer, die sie repräsentieren, zu »beanspruchen«. Schon
jetzt wurden diverse Flaggen in den Meeresboden gerammt und
warten auf ihre Anerkennung. Aber es gibt keinen Präzedenzfall
für die Beanspruchung von Eis oder dem, was sich möglicher-
weise darunter befindet, und auf der politischen Bühne bereitet
man sich schon auf Wettbewerb und mehr vor. Unter den regionalen Ressourcen sind Erdgas und Öl, aber es wird auf diesem
Gebiet auch ein paar Überraschungen geben.

Nicht alle Länder oder Volkswirtschaften werden Zugang zu diesen neuen Ressourcen haben, und doch wissen sie, dass sie, um in
einer neuen Welt zu florieren, Wege zur Expansion finden müssen, oder ihnen drohen andere denkbare Gefahren. Wer keine
Schätze in den Tiefen der Meere finden kann, wird sie stattdessen
im Weltraum suchen. Viele Länder, selbst solche, die man beim
Wettlauf um das Weltall nicht als wichtige Akteure betrachten
würde, tummeln sich schon dort und noch weiter draußen. Lasst
einmal das außer Acht, was ihr euch unter Erkundungsmissionen ins
All und zu benachbarten Planeten vorstellt, und zieht in Betracht,
dass die Förderung neuer und einträglicher Ressourcen auf dem
Mond sowie dem Mars schon heutzutage möglich ist. Es bestehen
sogar schon Verträge mit staatlichen und privaten Firmen über
den Transport von Ressourcen, den Bau von Unterkünften für
entsprechende Arbeitskräfte und vieles mehr.

Es könnte sein, dass man diejenigen umwirbt, die kein Vertrauen mehr in den Devisen- und Rohstoffhandel auf der Erde haben, damit sie ihr Geld in die neuen »Satelliten«-Märkte investieren. Erkennt, dass, während sich die einen noch nach Kräften bemühen, ihren Grundbesitz auf der Erde zu behalten, die anderen schon ihr Vermögen anderswohin gelenkt haben und sich dort ihren Anteil am Kuchen sichern. »*The sky is the limit*« – »nur der Himmel ist die Grenze« – ist nicht länger nur ein Sprichwort.

Die bevorstehenden Veränderungen

Die Märkte und Devisen auf der Erde werden auch weiterhin unbeständig bleiben, und selbst die besten Köpfe unter den Ökonomen werden sich schwertun, die Zukunft vorherzusagen. Die Wettbewerbsbedingungen sind dabei ungleich, und diejenigen, die sich auf das Spiel verstehen, wissen das. Alle, die sich nicht darauf verstehen, wie die neuesten Finanzspiele funktionieren, wird der Prozess weiter schädigen.

Mit der Entstehung von zunehmend mehr Bündnissen zwischen den Ländern wird weniger Bedarf an vielen verschiedenen Währungen da sein. Papiergeld wird man immer weniger brauchen, weshalb es auch weniger zur Verfügung stehen wird. Bald werden sich neue Möglichkeiten auftun, Soll und Haben zu verwalten. Wie bei allem, was zunächst einmal als Bedrohung erscheint, wird es anfangs noch Widerstand geben. Aber die sich vergrößernde Unbeständigkeit anderer Möglichkeiten in Verbindung mit etlichen Anreizen für die Verbraucher und eine beispiellose Kampagne, um Vertrauen auf breiter Basis zu schaffen, werden dieser Möglichkeit schließlich zum Erfolg verhelfen.

Die weltweiten Aktienmärkte werden komplett umgebildet und erneuert. Sie werden umbenannt und anders gemanagt als heute. Nicht alle Firmen werden zur Ausgabe von Aktien befugt sein. Private Investmenthäuser werden stellvertretend für jene handeln können, die nicht so sehr im Handel mitmischen können.

Höhere Risiken werden stets mehr Gewinn bringen. Es wird parallel zum offiziellen Markt einen Nebenmarkt geben – einen Handel mit legalen Investitionen im Casino-Stil, die den heutigen Online-Spielen ähneln.

Der Rohstoffhandel wird auch weiterhin Investoren anlocken. Die Zukunft vieler Rohstoffe, darunter solche im landwirtschaftlichen Bereich, wird weiter ungewiss bleiben. Sie werden lohnenswerte Investitionen für jene sein, die Interesse daran haben. Auch neue Nahrungsquellen natürlichen und künstlichen Ursprungs werden Zuspruch finden. Der sich verschlechternde Gesundheitszustand des Durchschnittsbürgers wird dafür sorgen, dass der Nahrungsergänzungsmittelmarkt zu den lukrativsten gehört, vor allem wenn die Medizin merkt, dass die Diagnose und Heilung von Krankheiten schwieriger sind als zuvor.

Wenn man erst die Beziehung zwischen biotischen und abiotischen Systemen besser versteht, werden sich neue Einblicke in den Erhalt und Wiederaufbau von Ökosystemen ergeben, die kurz vor der Vernichtung stehen. Diejenigen, die vom Niedergang dieser Systeme profitieren, werden so weitermachen wie bisher. Bei vielen entwickelt sich das Bewusstsein nur allmählich, und für sie ist das Heraufdämmern des neuen Morgens noch weiter entfernt als für andere. Manche hungern nach Nahrung und andere nach Profit.

Wie dem auch sei: Der Preis dafür, was Menschenleben angeht, ist hoch. Hunger und Durst werden sich zusehends verschlimmern, vor allem in Ländern der Dritten Welt, aber natürlich nicht nur dort. Selbst die reichsten Länder der Erde können nicht alle versorgen und werden es auch nicht. Wer unterhalb der Armutsgrenze lebt, wird höchstwahrscheinlich weiter im Elend ausharren, es sei denn, er bewegt sich heraus, indem er dies von seinem inneren Gott verlangt. Im Äußeren wird er nur wenig Unterstützung erfahren.

Gift und Gegengift

Die regionalen und gemeinschaftlichen Volkswirtschaften werden bestens gedeihen, wenn es ihnen gelingt, eine gemeinsame Grundlage zu finden. Dabei gilt es, die Bedürfnisse der ganzen Gemeinschaft abzudecken, damit nicht zu viele Taschen leer und zu viele Löcher ungestopft bleiben oder ihre Zukunft dem Zufall überlassen ist. Offene gemeinschaftliche Systeme werden langfristig besser dastehen als geschlossene, aber das wird für viele nicht die erste Wahl sein. Nahrungsmittel und andere Ressourcen zu horten, ist eine Absicherung für den Moment, aber nicht fürs Herz. Die meisten Herzen wohnen im Land der Fülle, es sei denn, man hat sie durch Wüsten der Angst in das Land des Mangels vertrieben. Selbst die Wüste ernährt die Hungrigen, wenn sie Mut und Ausdauer haben.

Das erste Gift sind mangelnde Kreativität und fehlende Visionen. An zweiter Stelle kommt die Angst, an dritter die Gier. Natürlich werden die bevorstehenden Zeiten auch noch andere Gifte zu bieten haben. Zu jedem Gift und jedem Übel gibt es ein Gegengift, aber dieses muss erst entdeckt und zu gegebener Zeit verabreicht werden. Ob es einem gefällt oder nicht: Die Erde ist im Wandel begriffen, und das rasanter, als die meisten denken. Die Menschheit muss jetzt umdenken und sich selbst kreativ umgestalten, oder die Zukunft gehört dem nächsten Menschengeschlecht. Die Evolution von Alles und allem vermag die Weichen dafür zu stellen, damit dies geschieht. Noch gelten die alten Regeln, nach denen die Menschheit lebt, aber nicht mehr lange. Es ist Zeit, einen neuen Traum zu träumen, denn der alte gehört einer Zeitlinie an, die unter den Füßen derer weggespült wird, die noch daran anhaften.

Volkswirtschaften, die den Wert des Lebens schätzen, werden schneller ihr Gleichgewicht wiederfinden als jene, bei denen es nicht so ist. Geld besitzt an sich keinen Wert. Eben deshalb steigt und fällt sein Wert, und deshalb macht das, was man damit kaufen kann, allenfalls vorübergehend glücklich. Der Wert eines

Staates liegt in seinen natürlichen Ressourcen, zu denen auch die Menschen gehören. Sofern und solange der Wert des menschlichen Lebens generell nicht wertvoller bemessen wird, wird die Welt etwas an sich haben, das aus dem Gleichgewicht geraten und künstlich ist.

Bevor das Firmament herabfiel und der Himmel die Erde berührte, war da ein Klang, der dem der Stille ähnelte. Wer in die Stille eintrat, fand sich in einem selbst gesponnenen Traum wieder. Der blasse Schein des Traumes ist nun im Schwinden begriffen und deutet darauf hin, dass es Zeit für einen neuen Traum wird. Diese Welt ist nichts als der Zauberbann eines Traums. So kam es, dass sie zum Himmel auf Erden wurde.

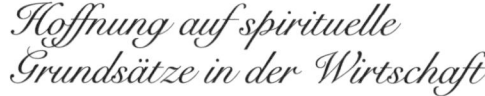

Hoffnung auf spirituelle Grundsätze in der Wirtschaft

Können wir darauf hoffen, dass die Weltwirtschaft bald auf spirituellen Grundsätzen beruht? Ich würde meinen Lebensunterhalt lieber mit einer Sache verdienen, die ich als erfüllender und als Beitrag zu einer Welt empfinde, in der ich gern leben würde. Ich habe miterlebt, wie andere Heiler, Therapeut und Channelmedium wurden, aber die meisten von ihnen kommen finanziell gerade so über die Runden, und der Stress, wenn es hinten und vorne nicht reicht, scheint gleich zu sein, egal welchen Beruf man hat. Ich kenne viele, die Tauschgeschäfte machen oder eine Dienstleistung gegen eine andere anbieten, aber davon kann man eben nicht die Miete bezahlen. Was dem Ganzen noch die Krone aufsetzt, ist, dass die Spirituellen aus meinem Bekanntenkreis anscheinend ganz schön von Konkurrenzdenken geprägt und kleinlich sind. Ich habe hier schon Abstriche bei Grundsätzen beobachtet, die denen in der knallharten Geschäftswelt durchaus nicht nachstehen! Gibt es da eine Lösung? Können wir auf der Welt etwas ausrichten und dennoch ein anständiges Einkommen haben? Können wir spirituell und gleichzeitig finanziell gut dastehen?

Spirituelle Grundsätze unterscheiden sich nicht von anderen Grundsätzen, wenn sie unterstützt, aufrechterhalten und als wesentlich betrachtet werden. Ein Grundsatz ist eine maßgebliche und grundlegende Regel, die von einem moralischen und ethischen Denken und Handeln ausgeht. Ein Grundsatz ist ein primärer Gedanke – einer, der Vorrang vor allen anderen hat. Grundsätze, oder das rechte Denken, unterstehen der Führung der *Ersten Ursache* – der Führung von dem, was davor kam, dem Ersten, bevor es ein Erstes gab, und der Null, bevor es die Eins gab. Dieser

Grundsatz, eine absolute *Ursache*, geht von der Annahme aus, dass rechtes Denken zu rechtem Handeln führen wird, der natürlichsten und offenkundigsten *Wirkung*.

Grundsätze in der Welt und Arbeitswelt von heute

Es mag euch überraschen, aber die Welt beruht durchaus auf spirituellen Grundsätzen, und größtenteils werden sie hochgehalten. Warum sieht es nicht so aus? Weil Grundsätze und höhere Gesetze durchscheinend und unsichtbar sind. Die *Ursache* könnt ihr nicht sehen, aber ihr seht die *Wirkung*. Die Ursache, die feiner ist als die Wirkung, ist auch differenzierter. Das Göttliche Gesetz ist das Fundament, auf dem das menschliche Gesetz »ruht«, aber das menschliche Gesetz tut sich ja jetzt gerade nicht leicht mit dem Ruhen – tatsächlich ruht es fast überhaupt nicht!

Das Problem in der heutigen Arbeitswelt besteht darin, dass nur sehr wenige das Gefühl haben, in ihrem Umfeld oder in der Welt überhaupt, die sie mit unendlich vielen anderen Menschen teilen, etwas zu bewirken. Da ist eine nagende und andauernde Leere, die alles in allem auch nie gefüllt wird. Ausgehungert nach der Art von liebevoller Zuwendung, die nur Spirit schenken kann, begibt sich der Mensch auf die Suche nach einem Job, der mehr Erfüllung bringt, statt nach einem Weg, der ihn mehr erfüllt. Wo so viele Stunden jeden Tag, jede Woche und jedes Jahr mit Arbeit verbracht werden, kann man sehr gut verstehen, warum der Mensch gern eine befriedigendere Aufgabe übernehmen möchte.

Warum wimmelt es in esoterischen Kreisen nur so von allen möglichen Heilern, Channelmedien, spirituellen Lehrern, Seminarleitern und Therapeuten? Weil diejenigen, die die Wärme von Spirit in ihr Leben eingeladen haben, sie dort willkommen geheißen oder zufällig auf sie gestoßen sind, nicht anders können, als sie auch mit anderen zu teilen. Es gibt eine Art Thron in jedem Wesen, den Sitz der Seele. Wenn Spirit erst einmal dort angelangt und diesen Platz mit *Agni* oder dem Seelenfeuer wärmt, findet eine Veränderung statt, die sich mit keiner anderen vergleichen lässt – eine Veränderung, die das Leben von Menschen verwandelt und den Weg mit Sinn versieht.

Wie von einem Liebestrank berauscht, schlagen Materie und Geist nun vereint einen Kurs ein, der sie noch weiter als bis zur Sonne und zurück führen wird. Auf dieser Reise ist der einzelne Mensch imstande, viele seiner vorherigen Ausdrucksformen noch einmal zu besichtigen, und an jedem dieser Scheidewege wird eine andere Erinnerung und eine andere Gabe überreicht oder abgerufen. Schließlich wird aus dem wütenden Feuer ein Brennofen mit kontrollierter Atmosphäre, und das entflammte Wesen lebt sich in ein neues Muster ein, bei dem die Materie vom Geistigen erhalten wird.

Muster sind natürliche Nachbildungen der Vollkommenheit, und genau deshalb sind sie ja auch so anziehend und einladend. Inspiriert von Vollkommenheit oder der höchsten *Ursache*, kann man nicht anders: Man will an der weiteren Verbreitung der Vollkommenheit teilhaben. Jemand, der sich auf diese Weise einbringt, beschreibt eine Nähe zur Quelle, die er woanders nicht so leicht zu finden vermeint.

Warum jemand finanziell zu kämpfen hat

Wie kommt es also, dass so viele von diesen gut gesinnten, gut meinenden Menschen, die es wirklich besser verdient hätten, finanziell kaum über die Runden kommen? Manchmal passen ein Mensch und sein Bestreben nicht gut zusammen. Das gleiche Feuer, das nie verlischt, kann brennen und tut es auch. Wenn nicht dafür gesorgt wird, dass Materie und Geist im Gleichgewicht bleiben, lässt sich das vollkommene Gesetz nicht aufrechterhalten. Da das vollkommene Gesetz das Fundament bildet, das dem menschlichen Gesetz zugrunde liegt, wird ein nicht ganz so vollkommenes Fundament zu einem nicht ganz so vollkommenen Muster führen. Vollkommene Muster breiten sich auf vollkommene

Weise aus, aber nicht ganz so vollkommene Muster breiten sich nicht ganz so vollkommen aus, was oft Herausforderungen mit sich bringt, wenn man wieder mit der Vollkommenheit eins zu werden versucht. Selbst diejenigen, die sich von Spirit anleiten lassen, müssen diese Führung annehmen, um in und mit der Materie etwas zu erschaffen oder zu manifestieren. Nirgendwo ist dieses Gesetz deutlicher als auf der drittdimensionalen Erde, wo es unumstößliche Tatsache ist, dass Leid und ein Außer-Acht-Lassen des natürlichen Gesetzes einander spiegeln.

Umstände, die einen ständigen Mangel aufweisen, spiegeln eine verkehrte Polarität. Unter dieser Prämisse müssen wir zu dem Schluss kommen, dass entweder der Geist oder die Materie oder sogar beides bei diesem Menschen oder seiner Arbeit aus dem Gleichgewicht geraten ist. Vielleicht muss sich sein Wunsch zu heilen auf andere Art und Weise ausdrücken. Oft ist es für diejenigen, die sich sehnlichst wünschen, andere zu heilen, erst einmal angebracht, selbst geheilt zu werden oder es immerhin zuzulassen, dass die Heilenergien frei fließen. So verlangt es das höhere Gesetz und fordert es bei Bedarf sogar. Die Welt wird Herz für Herz geheilt werden, ganz gleich, ob dabei Geld oder Gefälligkeiten ausgetauscht werden. Die Auster wird dazu gebracht, Perlen hervorzubringen, indem sie immerfort durch Sandkörner gereizt wird. Der Mensch ist gar nicht so anders als die Auster.

Verfahren und Techniken sind Sache eines Augenblicks und eines Tages. Abschlusszeugnisse wie etwa Diplome erinnern an die Energie, die bereits aufgewandt wurde. Die Ermächtigung, zu heilen oder zu lehren, entspringt dem inneren Funken, der sich ganz allein neu erschafft, da er ein Spiegelbild des Lichts ist.

Wer an das, was er ausübt, als Mensch herangeht, der das Leben studiert, wird feststellen, dass er erfolgreicher ist als diejenigen, die von sich behaupten, auf ein göttliches Wissen zurückzugreifen. Das Göttliche ist ungeteilte Ganzheit. Verfahren und Lehrer, die das Werk anderer auseinandernehmen und lächerlich machen, trüben ihr eigenes Licht, was ihren Fortschritt drosselt und sie im Schatten dahindämmern lässt.

Der Bettler und der Prediger

Es war einmal ein Prediger, der im festen Glauben an einen Himmel der Glückseligkeit und ein Höllenfeuer ein schädliches Gerücht in die Welt zu setzen begann. Es ging darum, wer später würdig genug sein mochte, um im Himmelreich Einzug zu halten. Er sprach zu seiner Gemeinde, dass Himmel und Hölle darum wetteiferten, wer wohl mehr Anwärter anziehen würde. Zum Beweis spielte er zwei Schuster aus der Stadt gegeneinander aus, indem er jedem von ihnen einredete, dass es dem anderen am liebsten wäre, wenn der Konkurrent sein Geschäft aufgeben müsste. Eine Zeit lang beäugten sich die beiden Schuster misstrauisch, zählten heimlich die verdienten Taler und fragten sich, wie viele der andere wohl gerade zählte. Als sie immer weniger zu tun hatten, glaubten sie, dass eine Verschwörung im Gange sei, und ersannen Gegenmittel. Sie träumten vom Himmel, der ihnen zustünde, und von der Hölle, die den anderen erwartete. Bitterkeit erfüllte das Herz von beiden, und ihre Gedanken waren von Rache vergiftet. Sodann wurden beide von einer Krankheit befallen und waren überzeugt, dass der andere ihn mit einem bösen Zauber belegt hatte. Das Glück machte fortan um alle beide einen Bogen. In der ganzen Stadt ergriff man für den einen oder anderen Partei, und während des darauffolgenden Mondes, der offenbar einen Deut zu lange im Schatten verweilte, erkrankten viele.

Eines Tages kam ein abgezehrter Bettler in die Stadt, barfuß und in Lumpen gehüllt. Zunächst ging er zum ersten Schuster und bot ihm an, eine Woche lang für ihn zu arbeiten, wenn er dafür eine warme Mahlzeit und ein altes Paar Schuhe bekäme. Doch dieser wies ihn schroff ab. Darauf stellte er sich bei dem zweiten Schuster vor und bot ihm zwei Wochen Arbeit gegen ein weiches Lager, etwas Warmes zu essen und ein altes Paar Sandalen an. Auch von diesem wurde er abgewiesen, wiewohl mit etwas mehr Freundlichkeit. Als die Nacht anbrach, wollte der Bettler Zuflucht in der Pfarrei des Städtchens suchen, wo er sich einen kargen Schlafplatz erhoffte.

Taumelnd und stammelnd, wie er dort auftauchte, schon halb tot vor Hunger und Erschöpfung, erschreckte er den Pastor so sehr, dass dieser einen Herzstillstand erlitt und augenblicklich verschied. Dem Bettler *wurde angst und bange, und er hielt sein Leben jetzt erst recht für ver-wirkt. Aber dann fiel ihm das Sprichwort ein, dass es nie zu spät für einen besseren ersten Eindruck ist. Und er dachte sich, wenn er schon seinem Schöpfer gegenübertreten müsse, dann doch lieber mit vollem Magen und ansehnlicher gekleidet. Also bediente er sich großzügig in der Speisekam-mer und zog sich darauf ein paar Kleider des Verstorbenen an. Doch so sehr er sich auch abmühte, die fremden Schuhe wollten nicht passen. Und so musste er wohl oder übel barfüßig bleiben.*

Dann machte sich der Bettler auf die Suche nach dem hiesigen Ker-kermeister. Unterwegs begegnete ihm jedoch der erste Schuster, der ihn in der sorgfältig gebügelten Kleidung des Priesters gar nicht wiedererkannte. Der Schuster hieß ihn in der Stadt willkommen und bot ihm sofort ein Paar maßgeschneiderte Schuhe an, die er für ihn anfertigen wollte – ein Angebot, bei dem der unfreiwillige Scharlatan nicht Nein sagen konnte. Was würde es schon schaden, das Geschenk anzunehmen? Und er kam zu dem Schluss, dass der Schaden verhältnismäßig gering sein würde. Als er weiterging, rannte ihn fast der zweite Schuster über den Haufen. Dieser entschuldigte sich mit überschwänglichem Bedauern und bestand darauf, sein Missgeschick mit einem Paar nagelneuer Sandalen wiedergut-zumachen. Aus Angst, erkannt zu werden, bevor er seine Schuld gestehen könne, nahm der verkleidete Bettler das Anerbieten an und machte sich schleunigst aus dem Staub.

Nach einer freundlichen Begrüßung und einigen höflichen Fragen nach seinem Befinden merkte der Bettler, dass der Kerkermeister ein einfallsrei-cher und gütiger Mann war und sich auch ein bisschen auf die Heilkunst verstand. Tatsächlich hatte dieser gerade vorgehabt, Heilkräuter zu sammeln, die in seinen neuesten Balsam gemengt und zu Salbe verarbeitet werden sollten. Damit wollte er alle Menschen in der Stadt von den mannigfaltigen Beschwerden kurieren, von denen sie jüngst geplagt wurden. Der Bettler kehrte daraufhin unverrichteter Dinge zur Pfarrei zurück und nahm sich fest vor, gleich am nächsten Tag wiederzukommen, um sich zu stellen und höchstwahrscheinlich verurteilt zu werden.

Bis dahin ließ er es sich nicht nehmen, noch einmal ausgiebig zu baden und zu speisen. Er hatte keine Vorstellung davon, wie es wohl in der Hölle wäre, dachte jedoch bei sich, dass der jetzige Augenblick nach seiner

Ansicht dem Himmel wohl schon recht nahe käme. Also hob er den Kopf, als würde er sich dem Himmel zuwenden, und sprach ein Dankgebet. Dann senkte er den Kopf und flüsterte in Richtung Hölle, dass er dort schon bald vorbeischauen würde. Unterdessen traten die beiden Schuster von unterschiedlichen Seiten her und auf leisen Sohlen in die Pfarrei. Sie duckten sich dabei tief, um nicht etwa beim Beten zu stören, geschweige denn durch ihr Eindringen zu verhindern, dass es auch erhört würde. Als sich ein geeigneter Moment bot, machten sie sich dem verkleideten Bettler bemerkbar. Irgendwie sah dieser schon so aus und hörte sich auch so an wie ein echter Geistlicher.

Der Bettler, als er merkte, dass er nicht mehr allein war, sich aber recht wohl in seiner neuen Umgebung fühlte, nahm das neue Schuhwerk, das ihm die Schuster mitgebracht hatten, voller Entzücken an. Fest überzeugt, dass sie in ihm nicht mehr den Bettler erkennen konnten, sowie als Zeichen seiner Dankbarkeit lud er seine neuen Freunde zu einem Kräuterlikör ein und bat sie, sich neben ihn ans Feuer zu setzen, was sie erfreut annahmen. Eine süße Wehmut erfasste alle drei, als sie sich abwechselnd von all dem Guten erzählten, das sie im ungeahntesten Augenblick erfahren hatten. Ohne dass es dem Bettel-Prediger auffiel, warfen sich die beiden Schuster kummervolle Seitenblicke zu. Erstaunlicherweise fragte keiner, was aus dem vorherigen Prediger geworden oder wo er abgeblieben war.

Der Sonntagmorgen rückte heran, und der Kerkermeister war immer noch nicht wieder zurück. Der Bettler war außer sich vor Angst. Er trat aus dem kleinen Raum heraus, den er sich als Wohnstatt gewählt hatte, und befand sich nun in einem Saal, in dem sich die ganze Gemeinde versammelt hatte. In einem angstvollen Moment bat er die Hölle, ihn nun endlich zu holen, doch nichts geschah. Da er sich nicht getraute, den Himmel um seine Gunst zu bitten, bestieg er die Kanzel und senkte beschämt den Kopf. Als er dies tat, folgte die ganze Gemeinde seinem Beispiel. Von Tränen übermannt, begann er von den harten Entbehrungen zu sprechen, welche die Guten manchmal erdulden müssten und um die man sie nicht zu beneiden bräuchte. Irgendwann würde es dann so aussehen, als seien sie selber schlecht. Seine schlichten Worte, die einem guten Herzen entsprangen, das in einer rauen Welt überlebt hatte, erzählten seine eigene Geschichte. Ehe er sich's versah, hatte er seine erste Predigt gehalten.

Die Gemeinde war angetan und tief berührt und wich respektvoll zurück, als er den Saal verließ. Alle schüttelten ihm im Vorbeigehen die Hand, bedankten sich bei ihm und verabschiedeten sich. Ein paar von ihnen konnten nicht anders, als seine sanften Augen damit zum Leuchten zu bringen, indem sie ihn zum Abendessen oder Kuchen einluden sowie Brennholz und andere Dinge zusagten. Jedes Angebot wurde mit Freuden angenommen. Es war seltsam, dass auch weiterhin niemand fragte, was aus dem anderen Prediger geworden war oder wohin es ihn verschlagen hatte.

Der Sage nach kommen Himmel und Hölle einmal im Jahr zusammen, um die Bewohner untereinander auszutauschen und neue zu sich zu holen. Und es heißt weiter, dass jeder Neuankömmling von einem barfüßigen, geläuterten Geistlichen begrüßt wird, der sich für ihn als Mittler einsetzt. Und bevor er dies tut, so erzählt man sich, sagt er den Spruch: »Auf dass du nicht richtest und weder Bettler noch Geldverleiher, Schuldner oder Dieb seist.«

Die obige Geschichte hat sich wirklich zugetragen (ich war selbst dabei). Sie ist eine Parabel, eine einfache Wahrheit, die etwas veranschaulichen und die Menschen inspirieren soll. Es steckt keine herausragende Moral darin, und sie ist auch nicht neu.

Konkurrenzdenken, ob zwischen Schustern oder spirituellen Lehrern, bindet jemanden an seine eigene Angst, wie auch immer sie geartet ist. Angst neigt dazu, die Leidenschaft zu verzehren und auszulöschen, noch ehe sie überhaupt die Seele erwärmt. Wer kann im Konkurrenzkampf gegen sich selbst schon als Sieger hervorgehen? Kleinlichkeit kommt von niederen Gedanken, und zwar solchen, die auf der Wahrnehmung beruhen, in der Vergangenheit ungerecht behandelt worden zu sein. Am besten wäre es, weniger zu sprechen und mehr nachzudenken, vor allem vor Abgabe eines »Misstrauensvotums«. Selbst die lautlosen Worte werden – gleich einer Zaubersalbe – dafür sorgen, dass alles Unsichtbare sich den Blicken darbietet. Auch die weniger ehrenvollen Worte werden im grellen Tageslicht zu sehen sein. Umgebt euch mit denen, die ihr bewundert und die euch willkommen sind, und gesteht den anderen zu, es genauso zu halten.

Was der Wohlstand wert ist

Wenn man sich bei Grundsätzen auf irgendwelche Kompromisse einlässt, gründen sie auf mangelnder Selbstachtung und vermindertem Vertrauen in den Bereich Fülle. Das höhere Gesetz wird sich keinem geringeren beugen, und so muss sich das menschengemachte Gesetz auf eine höhere Ebene begeben, oder es wird seine Fehler büßen. Ein Kompromiss ist eine Vereinbarung, bei der zwei oder mehr Parteien übereinkommen, sich mit weniger zu begnügen, als sie ursprünglich erhofft hatten oder für durchsetzbar hielten. Meist läuft der Disput zwischen dem Höheren Selbst und dem Niederen Selbst ab, und genau dort werden auch die Grundsätze untersucht und geprüft.

Die Geschäftswelt, so knallhart sie auch sein mag, beruht auf der gleichen energetischen Plattform wie das New Age oder schon die Steinzeit. Viele Heiler und spirituelle Lehrer sind erst vor Kurzem aus ihrem bürgerlichen Beruf ausgebrochen, der sie zu vertilgen drohte. Sie waren Teil der Geschäftswelt. Die neue Sprache, die sie zu sprechen lernen, hat nicht die hohlen Phrasen aus ihrer Vergangenheit ausgelöscht. Hier ist Geduld gefragt, während sie sich noch an die bevorstehende Aufgabe gewöhnen.

Der Tauschhandel mit Waren und Dienstleistungen hat eine althergebrachte und lange Tradition. Bei ihm kommt es zum direkten Austausch von nützlichen Gütern und Arbeitsleistungen, ohne dass ein Geldbetrag bar oder über ein Bankkonto fließt. Er entstand auf die folgende Weise: Vor langer Zeit war es Angehörigen der unteren Klassen untersagt, Eigentum zu haben. Da es ihnen auch nicht möglich war, einen Schuldschein auszuschreiben oder die damit verbundenen Verpflichtungen zu erfüllen, schafften sie sich ihr eigenes System, bei dem das Zustandekommen des Geschäfts mittels Handschlags besiegelt und eingehalten wurde, weil allein das gegebene Wort galt.

Es war ein hervorragendes System und ist es immer noch. Der einzige Wermutstropfen besteht darin, dass die Teilnehmer nach wie vor der Täuschung unterliegen, sie gehörten irgendwelchen

Kreisen mit einem niedrigeren Lebensstandard an oder hätten mit solchen zu tun. Da sie sich über ihren Selbstwert und den Wert ihrer einzigartigen Talente unsicher sind, bieten sie diese ihren Freunden, Verwandten und selbst fremden Leuten zum Sonder- oder Minimalpreis oder sogar zum Nulltarif an. Sie tauschen und handeln mit Fähigkeiten, Produkten und Dienstleistungen, ohne einen echten Wert festzulegen oder das hochzuhalten, was sie sich auf die Fahne des Lebens geschrieben haben.

Es ist eine gute Sache, in vielen verschiedenen Denksystemen – ob nun gesellschaftlich oder wirtschaftlich – bewandert zu sein. Aber es ist ebenfalls wichtig, seinen eigenen Wert zu kennen und auch mit sich so achtsam umzugehen wie mit anderen. Bei allen Dingen gibt es eine gewisse Ausgewogenheit, und bei jedem Tausch muss der entsprechende Gegenwert erzielt werden, wenn ein bestmögliches Ergebnis herauskommen soll. Die Entfaltung des Werts stellt eine Erweiterung des Wohlstands dar. Wohlstand bedeutet nicht, Geld anzuhäufen. Er besteht darin, Ressourcen anzusammeln und zu wissen, dass alles an seinen rechtmäßigen Platz geleitet wird. Dazu gehören auch die zügige Rückzahlung einer geschuldeten Summe und diese wundervolle Mischung von Geist und Materie, wie sie gerade überall im Leben der Menschen Einzug hält.

Geist und Materie sind Teil von jedem System, mit dem sich Fülle messen lässt. Die Fülle in geistiger Hinsicht weiß, dass die Materie ihre Gefährtin ist, und selbst der dichtesten Materie wohnt noch das Geistige inne. Denjenigen, die im Bankenwesen oder Handel tätig sind und dem derzeitigen Geldsystem einen Wert beimessen, gefällt ihre Aufgabe. Aber jemand ist deshalb nicht weniger spirituell, nur weil er in diesem System eine Saite entdeckt und sie zum Klingen gebracht hat, die von einem Gleichgewicht kündet, und anderen dies nicht gelungen ist. Wenn das jetzige System dem nächsten Platz macht, werden vielleicht andere zu mehr Wohlstand gelangen.

Häuft so viel Reichtümer an, wie ihr wollt, oder entledigt euch dessen, was euch nicht mehr dienlich ist. Es spielt keine Rolle, außer dass es für euch am besten ist, wenn es eure eigene und

keine fremde Entscheidung ist. Wo Geist und Materie im Gleichgewicht sind, besteht kein Unterschied zwischen spirituellem und
finanziellem Reichtum.

Geist und Materie im Gleichgewicht

Die Materie will *tun*, und der Geist will *sein*. Gott ist ein göttliches
Wesen oder *Seiendes*, kein göttliches Tun, weil Gott der *Geist* ist,
der die *Materie* beseelt. Der Mensch ist Materie *und* Geist, er ist
sowohl ein *Wer* als auch ein *Was*, und das eine kann nicht lange
ohne das andere leben. Und der Mensch läuft zur Höchstform
auf, wenn beide im Gleichgewicht sind. Der Job oder das, was
man *tut*, bietet kein spirituelles Fundament mehr, ebenso wenig,
wie ein spiritueller Visionär zu *sein*, der seine hungrige Familie
ernährt. Andererseits wirkt es belebend und erfüllend, seine eigene
Lebens-Saite zu entdecken, deren einzigartige Schwingung von
einem tiefgründigen Ort singt, einer Essenz der Vollendung, die
selbst die ältesten Regungen und Sehnsüchte stillt.

Hat die Welt eine Lösung für die Gelegenheitsarbeiter oder für
diejenigen, die in ihrer derzeitigen Stellung todunglücklich sind?
Ja, aber dazu muss man die Glaubenssätze abstreifen und sich
über sie hinausbegeben, denn sie sind wie Fußfesseln und bringen einen schon beim ersten Schritt ins Stolpern, genauso leicht
wie beim letzten Atemzug.

Die dritte Dimension ist extrem von Dichte durchdrungen. Sie
ist eine der schwersten Dimensionen, wie der Sog der Schwerkraft
beweist. Ihr könnt euch dem Sog der Schwerkraft genauso wenig
entziehen, wie ihr die vielen Ausdrucksformen von Leid übersehen
könnt, die sich jeden Tag manifestieren. Die dritte Dimension *ist*,
ebenso wie die dritte Dimension *tut*. Mit anderen Worten, das
Sein kommt vor dem *Tun*. Spirit gelangt vor der Materie ins Sein. Um
es noch einmal zu sagen: Spirit *tritt* in die Materie *ein* und erschafft
dann mit ihrer Hilfe. Deshalb sind Fragen, die mit »Was kann oder
soll ich tun?« anfangen, auch so schwer zu beantworten – *Spirit* ist

noch nicht in sie eingetreten, also gibt es noch keine *Materie*. *Nothing is the matter* [wörtlich: »Nichts ist die Materie«, will heißen: »Nichts ist los«] bedeutet, dass man in der Materie noch keinen Geist wahrgenommen hat, der sie beseelt.

Um eine neue Wirklichkeit zu erschaffen, muss in der jetzigen Wirklichkeit ein Wandel wahrgenommen werden. Diesen Wandel nennt man reines Sein; man nennt ihn auch Göttlichkeit, Kreativität und Aktivität. *Aktivität* ist ein Aspekt des *Seins*, nicht des *Tuns*. Ein aktives Wesen [wörtlich übersetzt: »ein aktives Seiendes«], ist wie ein aktives Prinzip ein dynamischer Ausdruck des Möglichen. *Dynamik* ist die volle Bandbreite an Energie, was sich durchaus mit Licht vergleichen lässt, welches das volle Spektrum umfasst. Sie ist *Wille* (reines Verlangen) als *Kraft* (Energie) ausgedrückt, und kennzeichnend hierfür ist die *Produktion* (und Absonderung) einer *Aktivität* (Sein und Tun), die Wandel, Entwicklung und Bewegung hervorbringt. Ist das deutlich geworden? Das ist die Formel, wie ihr der Wandel *sein* könnt, den ihr auch sehen werdet!

So verwandelt ihr also eure Welt – Gedanke für Gedanke, Job für Job, eine Währung oder ein System nach dem anderen – oder alles gleichzeitig! Ihr braucht eure Welt oder eure Vorstellungen nicht zu zerstören – ihr könnt eine höhere Wahrheit und ein höheres Gesetz an seine oder ihre Stelle treten lassen. Es ist eine Wissenschaft; Täuschung oder Irreführung ausgeschlossen. Es lässt sich nicht manipulieren oder kontrollieren.

Wenn ihr dieses Gesetz durchschaut, werdet ihr euch befreien und um das Urteil herumkommen, das eure Glaubenssätze euch aufgezwungen haben. Das Gesetz ist der Schlüssel, und wie ihr euch vielleicht erinnert, gibt es keinen wirklichen Kerkermeister, nur einen freundlichen Metaphysiker, der alles zusammenträgt, was doch noch die Übel in der Welt heilen könnte. Willst du mich dabei begleiten?

Lösungen für einen kleinen Planeten

ANMERKUNG DES CHANNELMEDIUMS: Neulich schob Gaia zwischen all die Fragen, die an sie gerichtet wurden, eine eigene Frage ein. Diese Frage, vorgebracht als ein Problem, vor das die Menschheit derzeit gestellt ist, lautete: Was ist in Hinblick darauf, dass es fast überall auf der Welt jede Menge Autos und immer weniger fossile Brennstoffe gibt, die wahrscheinlichste Zukunft des Automobils? Gaias Antwort ist von fantasievoller Schlichtheit, Vertrauen in die Menschheit und noch viel mehr. Hier ist sie in ganzer Länge.

Der angenehmste Zeitpunkt, sich mit einem Problem zu befassen, ist der Punkt, an dem es sich noch nicht zum Problem ausgewachsen hat. Oder noch besser: Wenn es gar nicht *euer* Problem ist. Es ist auch eine gute Zeit, wenn gleich etliche Lösungen vorliegen, und genau das ist beim Automobil der Fall. Am besten, man erkennt vor jeder Untersuchung an, dass der Gegenstand der Betrachtung (oder das Problem) auch ein Teil der Lösung ist. Um diesen Grundgedanken an einem weiteren Beispiel zu verdeutlichen, könnten wir festhalten, dass erkrankte Zellen zwar ein ernstes Problem darstellen mögen, jedoch die innewohnende Intelligenz gesunder Zellen eine Lösung bereithalten könnte. Nehmt euch also einen Moment Zeit, bevor wir das Thema zu untersuchen beginnen, und erkennt an, wie bedeutsam die Erfindung des Automobils war, vor allem für die letzten fünfzig Jahre. Das Automobil hat die persönliche Mobilität erleichtert, sie hat die Möglichkeiten des Menschen gesteigert, seine beruflichen Aufgaben leichter zu erfüllen, es hat dazu beigetragen, dass entlegene Orte erkundet wurden und vieles mehr. Es wird noch ein paar weitere Jahre das liebste Transportmittel der Menschen bleiben, aber nicht mehr allzu lange.

Das Aufkommen der Podcars

Schon jetzt beginnt das Automobil seine Vormachtstellung als Hauptakteur in der Weltwirtschaft zu räumen. Dieser Trend wird sich fortsetzen und das Interesse am neuesten Modell im nächsten und übernächsten Jahr weiter nachlassen. Selbst die Beliebtheit von Hybridfahrzeugen wird abnehmen, zumindest so lange, bis ein Fahrzeug auf dem gemeinsamen Markt auftaucht, das durch einen völlig neuen Treibstoff ganz anderer Art angetrieben wird.

Der wahre Nachfolger des Automobils wird ein kleineres, kabinenartiges Gefährt sein, das *Podcar*. Es wird von einem oder mehreren Personen gelenkt werden können, die sich in der Kabine befinden – mit anderen Worten, der Fahrer muss nicht derjenige sein, der wie heute noch hinterm Lenkrad sitzt: Ein Beifahrer könnte jederzeit das Steuer übernehmen, also zum Fahrer werden, auch wenn das Fahrzeug schon in Bewegung ist, und man braucht noch nicht einmal die Plätze zu tauschen. Alle Plätze werden sozusagen »Fahrersitze« sein, und ein simpler Computer leitet die Befehle von einem zum anderen weiter. Das Vehikel wird in der Lage sein, sich mit anderen Kabinen wie bei einem Gänseblümchenkranz zu verketten und so zu einer Art Massenverkehrsmittel im kleineren Stil zu werden. Die Kabinen werden über eingebaute Navigationssysteme verfügen, so dass sich jede von ihnen, sobald sie sich ihrem Ziel nähert, von den anderen abkoppelt. Anfangs geschieht dies halb automatisch, und wenn die Entwicklung in der Kraftfahrzeugindustrie entsprechend vorangeschritten ist, schließlich auch automatisch. Obwohl diese Fahrzeuge nach wie vor einen Fahrer benötigen werden, wird das »Führen« eines Fahrzeugs, wie man es heute versteht, buchstäblich überholt sein. Aber hier greifen wir schon ein bisschen vor, denn noch haben wir das Alte ja nicht für das Neue abgeschafft.

Schon heute ist ein leichter Rückgang bei der Zahl der PKW zu beobachten, die für den Straßenverkehr zugelassen sind, und es werden weniger Wagen gekauft und/oder repariert. Die weltweite Anziehungskraft des Automobils wird es zur größten Zielscheibe von Gebühren- und Steuererhöhungen auf der lokalen sowie staatlichen Ebene machen. Die Finanzierung neuerer und effizienterer Mautstraßen, die sich für die heutigen und zukünftigen Fahrzeuge eignen, wird zumindest teilweise über diese zusätzlichen oder höheren Abgaben bestritten werden. Die Spritkosten werden ständig steigen und wieder fallen und bewirken, dass sich Otto Normalverbraucher verwirrt fragt, was ihn wohl als Nächstes erwartet. Die gescheiteren Köpfe haben sich schon anderem zugewendet, deshalb werden neuere Modelle weniger Ausstattungsmerkmale und attraktive Extras aufweisen als in früheren Jahren.

Zur Senkung der Lebenshaltungskosten wird sich eine Durchschnittsfamilie vielleicht mit einem einzigen Wagen begnügen müssen, und ein normaler Student verzichtet womöglich ganz aufs Auto, um die Studiengebühren bezahlen zu können. Carsharing wird an Popularität gewinnen, was so weit gehen wird, dass Versicherungen mit einem Prämienrabatt für die Kfz-Versicherung werben werden, wenn ein Fahrer sich für diese Variante entscheidet. Der Stahl von veralteten Modellen und Autos mit Totalschaden wird weiterhin zusammengepresst und kompaktiert werden, und ein Großteil davon wandert in Länder, wo die Lohnkosten eine gewinnbringende Metallaufarbeitung ermöglichen.

Und dann werden die Tage des Stahlzeitalters gezählt sein, und es wird zu guter Letzt plötzlich und für geraume Zeit der nächsten Epoche Platz machen, ebenso wie es einstmals die Eisenzeit und andere vorangegangene Zeitalter taten.

Neue Transporttechnologien zeichnen sich ab

Nicht jede Theorie oder Lösung ist spirituell, aber alles Spirituelle ist lösungsorientiert. Behaltet das also im Sinn, wenn wir uns mit der jahrhundertealten Theorie der Alchemisten befassen, wie sich Blei in Gold verwandeln könne. Obwohl man von der Initiationsreise weiß, dass sie einem viele Mysterien zu enthüllen vermag, ist der Prozess, bei dem Blei zu Gold wird, kreativer Natur und mit einer Transmutation unter erweiterten Gesetzen der Physik verbunden. Das heißt, wenn höhere Gesetze auf niedere einwirken, so werden die niederen von den höheren angezogen (oder fügen sich an). Dieser andersartige Gebrauch des Gesetzes der Anziehung wird ein veraltetes Ding oder einen veralteten Gedanken mit einem von einer höheren Ordnung verbinden, um so einen Bedarf oder einen drängenden Wunsch mit mehr Kreativität voranzutreiben.

Wenn erst der drängende Wunsch, sich von der erdrückenden Last des Automobils (finanziell und anderweitig) zu befreien, an erster Stelle steht, wird Kreativität in den Gedanken derer aufsteigen, die sich dieser Aufgabe stellen. Das Ergebnis wird aus einer Reihe erfolgreicher Versuche bestehen, vor allem, wenn sich außerdem kluge Köpfe einbringen, die bereits bei Weltraumprojekten mitgewirkt haben. Bisher ist das nicht der Fall, und der Konkurrenzkampf zwischen den wissenschaftlichen Fronten bedroht die Zukunft von beiden. Um das Thema vereinfacht darzustellen, wird das Auftauchen neuer Legierungen, die ökologisch nachhaltig und wirtschaftlich tragbar sind, dafür sorgen, dass das Automobil in recyceltem Zustand bald wertvoller ist als neu oder gebraucht. Zwar steht diese Entwicklung zeitlich gesehen noch nicht unmittelbar bevor, so dass man schon ein Kalenderdatum festhalten könnte, aber dennoch ist sie erwähnenswert und biegt sozusagen eben um die Ecke des nächsten veralteten Gedankens.

Diese neuen Metalllegierungen werden hervorragende Leiter von elektrischen und magnetischen Eigenschaften abgeben. Sie werden auch an einigen nichtmetallischen (und nicht aus Kunststoff bestehenden) Stoffen haften. Während die meisten bekannten

Legierungen eine Kohlenstoffbasis haben, ist dies hier nicht der Fall. Das macht sie zu den ersten in einer neuen Familie von Legierungen, die kristalline *intermetallische* Verbindungen aufweisen – eine Lösung, deren Elementbestandteile bislang noch nie miteinander kombiniert wurden und sich nicht an die normalen Valenzregeln halten. Wo bei früheren Legierungen (wie etwa Stahl) noch Festigkeit gefordert war, wird man für den aktuellen Bedarf *eutektische Legierungen* oder solche mit einem niedrigeren Schmelz- und Gefrierpunkt bevorzugen. Solche Legierungen werden zudem bessere physikalische Eigenschaften aufweisen als ihre Vorgänger, beispielsweise eine viel höhere Rostbeständigkeit.

Es wäre zwar unfair, den menschlichen Entdeckungsprozess zu entzaubern, aber wenn man zuvor eine Kombination gewünschter Merkmale in seine Überlegungen einbezieht oder einprogrammiert, ist das Ergebnis durchaus mit dem vergleichbar, was es ermöglicht, dass Blei zu Gold wird. Selbstverständlich müssen diese Verbindungen leicht sein, recht stabil und hohe Temperaturen aushalten können. Die Elemente Beryllium und Niob noch einmal genauer unter die Lupe zu nehmen, wäre ein hervorragender Ausgangspunkt. An diesem Punkt könnte es dann notwendig werden, die Forschungsergebnisse der wenigen zu analysieren und öffentlich zu machen, die in das Wissen um die früheren Interventionen von Raumschiffen (auch ET-Technologie) eingeweiht waren – denn das, was euch ins Weltall führen wird, kam zuallererst von dort.

Nun ist es offensichtlich, dass das Sonnensystem aus demselben Material besteht, wie man es auf der Erde findet, nur eben in anderen Mengenverhältnissen und in einzigartigen Kombinationen. Einige dieser Verbindungen sind auf der Erde »gelandet«, und so stehen heute auf die eine oder andere Weise neue Werkstoffe zur Verfügung. In technologischer Hinsicht konnten diejenigen, die sich bisher damit befasst haben, einige der Stoffe noch nicht erschließen. Aber das lässt sich unmittelbar auf die Geheimhaltung zurückführen, die seinerzeit bestimmte Ereignisse und Prozesse umgab und schützte.

Diesbezüglich hat sich die Lage erheblich gewandelt, vor allem angesichts der heutigen Wirtschaft. Derzeit gibt es einen Militärzweig, der sich zumindest teilweise zivilen Zwecken und Crossover-Projekten widmet. Diese Programme und die Verantwortlichen, die die Mittel dafür verwalten, haben mehr Spielraum, in dem sie sich mit neuen Ideen auseinandersetzen können, vor allem mit solchen, die von jungen Genies stammen, deren Gedanken sich häufiger als bei anderen bloß auf diesen und den nächsten Moment konzentrieren. Diejenigen, die sich mit der Computerspieltechnologie auskennen, vor allem in dreidimensionaler und holographischer Umgebung, gehören zur Hauptzielgruppe und können leicht für solche Vorhaben gewonnen werden.

Fünftdimensionale Denker in unserer Zukunft

Die jüngeren Köpfe, vor allem wenn sie mehr außerirdisches Genmaterial besitzen, weisen eher ein Gehirn auf, das dimensional gekrümmt ist, statt nach links oder rechts orientiert zu sein. Während die linke und rechte Gehirnhälfte in einem ergebnisorientierten Umfeld bekanntermaßen leicht in Streit geraten und sich gegenseitig Widerstand bieten, wird ein dimensional denkender Geist ein natürlicheres, wirtschaftlicheres und umfassenderes Ergebnis hervorbringen. Warum? Das dimensionale Denken ist harmonischer und eingehender als das lineare Denken, die Betreffenden sehen nicht nur den gegenwärtigen Horizont, sondern auch den nächsten. Diese fünftdimensionalen Denker sind auch eure Zukunft, weil euer jetziges Denken den Untergang der Menschheit herbeiführen würde und sie binnen weniger Folgegenerationen ausgestorben wäre. Man könnte auch sagen, dass die genetische Zukunft des Menschen nach dem Einfluss von etwas anderem verlangt, das von woanders kommt.

Die Wege, die die jüngeren Köpfe einschlagen, werden anders sein als die bereits beschrittenen. Von daher wird die gleiche Frage auf ganz unterschiedliche Art und Weise gestellt werden, und jede davon führt über (oder durch) einen anderen Weg und ergibt ein neues und anderes Ergebnis. Einige dieser Ergebnisse werden in Verbindung damit, was wir zuvor zur angewandten Alchemie gesagt haben, und der zusätzlichen außerirdischen Perspektive innerhalb der nächsten zwei Generationen mindestens vier neue Wissenschaften hervorbringen. Zwei davon werden Grenzwissenschaften sein und in vorderster Reihe stehen, was die Wiederbelebung von Produktion und Wirtschaft anbelangt. Aus zwei weiteren werden brauchbare erforschende Wissenschaften werden, die sich besser an Umgebungen anpassen können, wie man sie auf dem Mond und anderen Himmelskörpern vorfindet.

Das Gesetz der Anziehung und unsere Welt im Wandel

Und dennoch werden wir mit überschüssigem Material in Form von viel zu vielen Fahrzeugen dastehen, und es wird sich die Frage stellen: Wohin damit? Während die Zeit weiterrast, werdet ihr euch des Problems annehmen, und zwar auf eine Weise, die zuerst praktisch ist, dann nützlich und schließlich vorbildlich. Wie bei anderen Problemen auch, könnt ihr es euch nicht einfach wegwünschen oder deshalb mit dem Finger auf andere zeigen. Der drängende Wunsch ist die *Ursache*, die Intention die *Wirkung* und die Kreativität der *Treibstoff*, der die hieraus entstehenden Ideen und Handlungen beschleunigen wird.

Wie ihr euch vielleicht schon vorstellen könnt, wird der Stahl einiger der überflüssigen Automobile umgeschmiedet und entsprechend in Form gebracht werden, um eine älter werdende Infrastruktur zu verstärken und deren Bedarf zu decken, etwa für Brücken, Pendlerzüge, Flugzeuge und sogar einen weiteren Bereich für die ursprüngliche Raumstation und die darauf folgende. Zwar wird die Windtechnologie nicht dauerhaft bleiben, aber eine Brücke zu anderen Forschungen bilden und ebenfalls einen Anteil an Stahl erfordern.

Schließlich werden neue Technologieformen aufkommen, die *Aspekt-* oder *aspektierte Technologien* heißen, und schnell an Popularität gewinnen. Auf der Grundlage dieser besonderen Aspekttechnologie, die sich von der Alchemie der Metallurgie herleiten wird, werden die meisten Bauteile, die aus Metall und anderen Materialien bestehen und beim Automobilbau Verwendung finden, auf ein wiederverwertbares Material beschränkt werden, das sozusagen eine Art metallurgischer Kompost darstellt. Dieses neu kompostierte Material wird beim Bau neuer Behausungsmodelle helfen und den Verbrauch von anderem kostspieligeren und weniger ausgefeilten Material senken. Es wird ziemlich in Mode kommen, in diesen futuristischen »Musterhäusern« zu wohnen, und eine Zeit lang (solange sie andauert) wird es auch klug sein, in diese Rohstoffe sein Geld zu investieren.

Obwohl wir das Thema CO_2-Emissionsgutschriften oder grüne Technologie hier nicht mit aufgegriffen haben, sollte erwähnt werden, dass einige der Weltwirtschaften zumindest für eine gewisse Zeit an eine gestaffelte und strukturierte Währung gebunden sein werden, die auf dem Verkauf und Handel mit CO_2-Emissionsrechten und Rechten an anderen austauschfähigen biologischen Stoffen basieren. Nachhaltiges Ingenieurwesen in wechselseitigen Umgebungen wird eine andere neu aufkommende Biowissenschaft werden, und noch dazu eine wichtige. Diese Wissenschaft wird herausfinden, dass, selbst wenn man von künstlichen Materialien spricht, sich einige davon besser an die Umwelt anzupassen vermögen als andere. Diese neuartigen künstlichen Materialien werden sich auf eine Weise und für Verwendungsmöglichkeiten eignen, die heute noch ausgeschlossen sind.

Alle Dinge und alle Menschen reagieren sowohl auf höhere als auch niedrigere Gesetze, unabhängig von ihrer Hinwendung zum Himmel oder zur Erde. Höhere Gesetze bestehen aus einer leichteren Substanz und sind deshalb mehr auf eine Evolution ausgerichtet. Niedere Gesetze, oder menschengemachte Gesetze, werden verabschiedet, um einem gegenwärtigen, aber selten einem zukünftigen Zweck zu dienen. Das Gesetz der Anziehung, dessen

Tragweite nur allzu oft geschmälert wird, ist ein großartiges Bindemittel für veraltete Gedanken und Dinge. Zusammen mit anderen Gesetzen höherer Ordnung ist es imstande, die zielgerichteten Bedürfnisse und Wünsche der Menschen in Gegenwart und Zukunft voranzutreiben und zu lenken. Durch den schöpferischen Fortschritt wird die Fähigkeit des Menschen, sich von hier nach dort zu befördern (gleich, wo dies ist), sich in der Genialität spiegeln, die er von den Sternen mitbrachte und die ihn nun noch weiter als bis zu ihnen bringen wird.

Die Entwicklung einer persönlichen Lebensphilosophie

Heutzutage muss man ja schon blind, taub und begriffsstutzig sein, um die Botschaften der Natur nicht wahrzunehmen, die sie uns zukommen lässt. Meine Frage ist: Was können wir wirklich ausrichten, wo doch alles in solchem Aufruhr ist? Alles, was mir einfällt, scheint zu wenig und zu spät zu sein. Und die Hände einfach in den Schoß zu legen, scheint mir genauso unangebracht zu sein. Ich will sozial verträglich und ethisch handeln, aber irgendwie fühle ich mich machtlos dabei. Bitte zeige mir den richtigen Weg.

Bitte werde dir zunächst einmal gewahr, dass sich die Welt gar nicht so sehr in Aufruhr befindet, wie man es dir »in leuchtenden Farben« ausmalt und wie es eine frühere Generation zu betonen pflegte. Beachte auch, dass in jedem Landschaftsbild eine Farbe stärker hervorzutreten scheint als die restlichen. In eurer derzeitigen *Landschaft-Zeitschaft* ist Grün die vorherrschende Farbe. Grün als die Farbe der amerikanischen Währung, wie ihr am Dollarschein, dem »Greenback«, ablesen könnt, und Grün als Farbe in eurer Umwelt.

Es kann vorkommen, dass sich selbst ein geschultes Auge täuschen lässt und meint, eine bestimmte Hauptfarbe zu sehen, wo diese doch überhaupt nicht vorhanden ist! Warum ist das so? Weil der Emotionalkörper das Fehlende intensiver spürt als das Vorhandene. So kommt es, dass ein Nahestehender nach seinem Verscheiden noch mehr geliebt wird als zu Lebzeiten. Deshalb wirken Dinge rückblickend betrachtet klarer als selbst im blendenden Schein des Augenblicks. Nach dieser Einführung, die besagt, dass die Dinge nicht immer das sind, als was sie dargestellt werden, wollen wir uns jetzt eingehender mit deiner Frage befassen.

Die Botschaft der Natur

Genau genommen schickt euch die Natur keine Botschaften, dass die Welt in Aufruhr sei – diese Botschaften kommen von denen, die die Natur nicht als *natürlich* verstehen, und auch von denen, die ihre eigenen Interessen fördern würden, indem sie über die Natur nach Belieben verfügen. Es mag so wirken, als würden ihre Interessen und eure ähnlich gelagert sein, aber das trifft nicht zu. Die Natur sendet eine Botschaft, aber die Botschaft ist nicht neu – es ist immer noch dieselbe. Im Kern lautet sie: »Wir sind, was ihr seid, ohne Ausnahme. Warum im Äußeren sein, wenn ihr im Inneren sein könnt? Warum außerhalb des Lebenskreises stehen, als wärt ihr davon getrennt, wo ihr doch schon immer ein Teil von ihm wart, ausnahmslos.«

Die Botschaft der Natur war nie schwankend und nie lauter oder leiser zu hören. Was jedoch schwankte, das war die menschliche Wahrnehmung der Botschaft. Die Lautstärke, mit der die Natur spricht, und auch ihre Sprache (sanft oder schroff) haben im Laufe der Zeit geschwankt und hingen größtenteils davon ab, wie die Menschheit sich selbst in Beziehung zu allem anderen und der Natur wahrnahm. Damals wie heute war der prüfende Blick der Menschheit, den sie auf sich selbst richtete, nicht wohlwollend und kam allzu schnell zu einem Urteil über das, was sie erst ansatzweise zu verstehen begann. Warum solche Eile? Warum dieses Geißeln und Verdammen? Bei dem Versuch, ein Krebsgeschwür wegzuschneiden, wächst ein anderes, bevor das erste geheilt ist.

Da die Natur nicht imstande ist, ein Urteil zu fällen (über sich oder dich), kann sie auch keine Gedanken hervorbringen, die mit einem vermeintlichen Mangel zu tun haben. Das Schema »zu wenig« und »zu spät« besitzt keine Gültigkeit für die Natur. Sie ist vielmehr damit beschäftigt, im größeren Zusammenhang der Dinge zu sein, was sie ist, und zu tun, was sie tut. Und wo wir nun auf den Hauptunterschied zwischen Mensch und Natur zu sprechen kommen, wird er immer ersichtlicher: Der Mensch betrachtet sich nicht als Schöpfer seiner Welt oder Erfahrungen. Bestenfalls glaubt er, seine Welt geerbt zu haben. Schlimmstenfalls glaubt er, eine andere Rasse oder ein eher unbarmherziger Gott (oder eine Variante von beidem) hätte ihn auf dieser Erde ausgesetzt.

Es ist nicht zu spät

Die Menschheit ist eine Spezies, ein kaleidoskopartiges Lichtgefährt, ein spiritueller Organismus und noch vieles mehr. Die Menschheit als Ganzes kann man bestenfalls als *Bewahrer* beschreiben. Ein Bewahrer ist für den Erhalt und Schutz von etwas verantwortlich, das für viele wertvoll und von tragender Bedeutung ist, ein Vormund und eine Treuhandgesellschaft, die für die Befähigten und weniger Befähigten gleichermaßen eine Zukunft sichert. Über der Faszination an ihrer individuellen Natur hat die Menschheit die Kardinalgesetze vergessen, mit denen die Vorsehung sie ausgestattet hat. *Kardinalgesetze* oder jene Gesetze, von denen alle niedrigeren abhängen, sind grundlegend, und sie nicht zu beachten, ist töricht. In ihrer Ignoranz hat die Menschheit (als kein Ganzes oder bruchstückhafte Version ihrer selbst) sich von ihrer wahren Natur als Teil der Natur abgespalten. Die Antwort oder ihr Ansatz besteht also darin, das wiederherzustellen, was für die Natur und innerhalb von ihr natürlich ist, angefangen bei der Menschheit selbst und erweitert auf alles, was für die Menschheit insgesamt natürlich ist.

Lässt sich die Erde und ihre Beziehung zur Menschheit wiederherstellen, oder ist es dazu schon zu spät? Betrachten wir doch erst einmal das Schema »zu spät« etwas näher: Nach diesem Denkmuster würde der Mensch zu dem Urteil kommen, dass das Schicksal Unglück, Katastrophen und schließlich Untergang für ihn vorgesehen habe. Aber was dann? Was geschieht danach? Stelle dir doch einmal den allerschlimmsten Fall vor, wie viele das tun, und mache dir von dem Szenario ein so reales Bild wie möglich. Was passiert als Nächstes? Und danach? Und tausend Jahre später? Jetzt befasse dich mit dem Denkmodell »zu wenig«: Demnach gäbe es nicht mehr genug Menschen, die sich hinreichend darum kümmern oder überhaupt imstande wären, irgendeine sichtbare Veränderung zu bewirken. Es würden Gleichgültigkeit, Zynismus und Menschenfeindlichkeit herrschen. Was geschieht dann als Nächstes? Und danach? Und noch ein wenig später? Und tausend Jahre weiter? Worauf wir hinauswollen, ist, dass jedes Szenario, das du dir ausmalst oder vorstellst, einen Zusammenhang aufweist, den man genau anschauen sollte, ebenso wie einen möglichen Ausgang als auch einen nächsten Anfang innerhalb einer anderen Ausdrucksform, die von dem Zusammenhang abhängig ist. Es gibt immer den nächsten Moment, selbst wenn dieser Moment keinesfalls der letzte ist.

Dieser Moment, den die Menschheit *Jetzt* nennt, ist längst nicht so wie der letzte. Er ist nicht so wie der Moment, als sie sich das letzte Mal zur Selbstfindung aufmachte. Er ist längst nicht so wie das letzte Neue Zeitalter, und er ist längst nicht so wie die letzte Phase der globalen Erwärmung (von denen es die siebte ist). Wenn er nicht mit seinem Vorgänger zu vergleichen ist, so hat man es vielleicht mit einem ursprünglichen Moment zu tun, dem ersten seiner Art. Vielleicht ist es ein Anfang. Vielleicht hat sich jemand anderes im Rahmen seines Schemas vor Jahrtausenden genau wie du vorgestellt, dass der nächste Anfang eben so aussehen würde. Und vielleicht haben sich die Betreffenden zeitlich nach vorn versetzt und ihr Bild in eine Landschaft hineingemalt, bei der noch ein Grünton fehlte. Dadurch würden sie sich rechtzeitig erinnern, was noch fehlt, um etwas daran ändern zu können.

Es ist nicht zu spät, und wenn einem die Sache am Herzen liegt, ist es nie zu wenig. Und ob andere es glauben, hat keine sichtbare Auswirkung darauf, was du zu denken, zu glauben oder zu tun entscheidest. Die einzige Person, auf die es hier ankommt, bist du. Du bist die Person, die sich den nächsten Anfang vorgestellt hat. Und da du ihn dir bereits vorgestellt hast, stehst du jetzt an der Schwelle zu ihm … oder zumindest dort, wo sich die Schwelle bald befinden wird, sobald du sie dort hinmalst (ihr Bild dorthin setzt). Auch hier spielt es wieder keine Rolle, dass andere vielleicht kurz davor sind, zu verzweifeln, oder sich an der Schwelle zum Nirgendwo befinden – das mag eben der Ort sein, wo sie hinwollen oder nach ihrem Empfinden hingehen müssen.

Die persönliche Moral entwickeln

Bist du hierbei eigentlich allein? Wenn du keine so große Vorstellungskraft hast, wird dir die Welt dann entgleiten, wird sie dir durch die Finger oder die Gedanken schlüpfen? Nein, weil auf der Welt nämlich genug Wille und Kraft vorhanden sind, um alles Lebendige, was ihr kennt, zu erhalten und sogar wieder mit Leben zu erfüllen. Aber wenn nicht genügend Wille da wäre, würde sich die Welt dann auflösen oder zerstört werden? Jein. Eine ehrliche und pragmatische Antwort darauf lautet: Solange noch ein Sinn besteht, ist auch die Gegenwart vorhanden, gibt es auch ein *Jetzt*. Je nachdem, für welche Sichtweise du dich entscheidest, kannst du dich selbst kurz vors Ende stellen, kurz vor den Sonnenuntergang, und in diesem Fall wärst du dann schon am richtigen Ort, um den nächsten Anfang oder die nächste Morgendämmerung zu erleben. Oder du kannst dich an den Anfang stellen, und in diesem Fall könntest du schon einmal mit dem Erschaffen beginnen, bis sich – in diesem Zusammenhang – auch noch andere zu dir gesellen. Das Ende und der Anfang sind beides Punkte, an denen Wirklichkeiten aufeinanderprallen.

Viele sind heute auf der Suche nach einem Realitätsabgleich, aber wessen Realität ist denn *die* Realität? Wirst du deine Vorstellung von der Realität einfach aufgeben, nur weil weniger Leute mit deiner Ausführung übereinstimmen? Ist denn die übereinstimmende Meinung eurer Medien, Politiker, Wissenschaftler oder von denen, die mit dem Bestimmten leben, bedeutender als deine persönliche Sicht? Soldaten ziehen schon seit eh und je in den Krieg, um ihren Mut zu erproben. Doch selbst ohne eine Schlacht, die es zu schlagen gilt, und ohne eine Fahne oder einen Glauben, die es zu verteidigen gilt, ist jedes Leben ein Erkunden von Stürmen und Temperament. Aus persönlichem Hass wird allzu schnell ein persönlicher *Hades* (eine Hölle). Teufel und Erlöser sind Freunde und Nachbarn, wenn niemand zuschaut.

Die *persönliche Moral* (ein reineres Destillat von der gesellschaftlichen Moral) ist ein Merkmal reinen bewussten Gewahrseins. Sie entwickelt sich im Inneren und wird dann im Äußeren auf den Prüfstand gestellt. Die persönliche Moral beruht auf dem höheren Gesetz und nicht auf der richtigen und guten Meinung der Menschen. Ein moralischer Sieg ist ein persönlicher Sieg, der Anstand, Tugend und Ehre anleitet und fördert. Ob andere damit konform gehen, es verurteilen oder verdammen, spielt keine Rolle, weil du unabhängig von ihren besseren oder schlechten Meinungen bist. Du bist noch dabei, deine moralische Verantwortung zu entwickeln. Sie ist noch nicht ausgereift, aber sie reift schnell! Gib die Sache mit dieser moralischen Verantwortung nicht auf und strafe dich auch nicht dafür ab, ihr nicht oft genug gerecht zu werden. In dir wohnen Elan und Tapferkeit, aber ihr seid einander noch nicht richtig vorgestellt worden – dieses Zwillingspaar ist dir noch ziemlich unbekannt, aber nicht mehr lange.

Wenn du deine eigene persönliche Moral entwickelst, wirst du dich auch mit unterschiedlichen Moralphilosophien oder Ethiken auseinandersetzen. Irgendwann wirst du schließlich auf eine stoßen, die für dich genau richtig ist, und durch die Erfahrungen, die du für dich in diesem Leben bestimmst, wirst du deine Philosophie immer weiter vervollkommnen. Dieses Leben ist ja schließlich die erweiterte Philosophie deiner Seele, und deine Reise (auch »der Weg des Helden« genannt) ist ein Ausdruck davon. Eine persönliche Philosophie ist ein wichtiges Handwerkszeug, und vor längerer Zeit als von der Geschichte zugestanden war es einem verwehrt, sein Studium an einer Akademie oder Universität abzuschließen, wenn man nicht vorher beweisen konnte, dass man auch nach innerer Weisheit gestrebt hatte.

Zur Geschichte des Studiums der Philosophie

In längst vergangenen Zeiten, von denen ich jetzt berichte, waren Ethik und Moral eine Disziplin der Philosophie, einer Wissenschaft, die in der Tradition der Mathematik und Logik stand. Erstere nannte man auch *normative Wissenschaft* und Letztere *formale Wissenschaft*. Chemie und Mathematik brachte man damals noch mit den empirischen Wissenschaften in Verbindung, und die Psychologie (Aufbau und nähere Bezeichnung der Seele) galt als empirische Sozialwissenschaft. Erst viel später trat dann eine weniger mit Beweisen arbeitende Auseinandersetzung mit dem menschlichen Geist in einem sozialen und kulturellen Umfeld auf und wurde ebenfalls Psychologie genannt.

In diesen uralten philosophischen Schulen, deren Lehren auch heute noch relevant sind, lernten die Philosophen als Wissenschaftler, die *Tugend im Gehalt* und die *Tugend im Verhalten* (oder die *Haltung*) zu untersuchen und auszudrücken, denn alle beide wurden als unverzichtbare Begleiter des Menschen erachtet. Die Lektionen umfassten immer die Fähigkeit, das zu unterscheiden, was an sich *gut* oder wünschenswert war, im Gegensatz zu dem, was als Mittel zum Zweck wünschenswert war. Das Erstere implizierte einen höchsten oder höheren Wert – ein lebendes Beispiel für das höchste Gut. Und die meisten ethischen Lehren wurden wiederum in Kategorien wie Klugheit, Lust oder Macht untergliedert, und fast an jeder Ecke wurden die Anwärter für die Reifeprüfung vor einzigartige Prüfungen gestellt, bei denen es um das Unterscheidungsvermögen in diesen Kategorien ging. Die fertigen Absolventen – als *Denker* der Zeit an ihren blauen Umhängen und indigoblauen Ringen erkennbar – teilten verdeckte Prüfungsaufgaben aus. Da die Prüfungen subtiler Natur waren, erkannten die Studenten nur selten, in welche Falle sie gleich tappen würden. Es hieß, dass die Prüfungsaufgaben *vom blauen Kult* oder *aus dem Blauen heraus* kamen, wie man heute noch sagt. Der endgültige Wert einer Lehrmeinung oder eines Grundsatzes offenbarte sich nicht so ohne Weiteres.

Auch du bist ein Anwärter, den man vor verschiedene Herausforderungen stellt. Deine Lektionen sind womöglich weniger offiziell als die hier beschriebenen, doch ihre Wichtigkeit ist gleichermaßen hoch. Bist du sicher, wie du zu den großen Themen des Tages stehst? Könntest du eine offizielle Entscheidung treffen, die das Leben vieler im Guten wie im Bösen beeinflussen würde, und dabei im Frieden mit deiner Entscheidung sein?

Der endgültige Wert eines Augenblicks, einer Sache oder auch einer Beziehung lässt sich manchmal unmöglich ermitteln, ehe im Nachhinein Weisheit entsteht, und genau deshalb kann die Entwicklung einer persönlichen Philosophie sowohl nützlich als auch praktisch sein. Gegenwärtigkeit, Seelenkraft und Zufriedenheit sind nur einige der Vorzüge einer persönlichen Philosophie. Diese, zusammen mit der Doktrin einer natürlichen menschlichen Erfüllung, führen zur Entfaltung des höchsten Guten.

Unharmonische Philosophien meiden

Die Antriebslosen, die keiner eigenen Vorliebe nachgehen, finden sich wohl oder übel damit ab, die Entscheidungen anderer zu akzeptieren. Das Leben dieser Menschen dürfte von einer Philosophie der Vernunft geprägt sein, und wahrscheinlich leben sie in Übereinstimmung mit dem Moralkodex ihrer Kultur und Gesellschaft. Diejenigen, die sich eher aus Unwissenheit statt aus eigener Entscheidung nach einer Philosophie der Vernunft richten, blicken später oftmals mit Bitterkeit oder Betroffenheit auf ihr altes Leben zurück.

Der Hedonismus, eine philosophische Strömung, die die Lust als höchstes Gut ansieht, erfreut sich immer dann großer Beliebtheit, wenn *Zeitschaften* nahen, in denen dimensionale Verschiebungen möglich und wahrscheinlich sind. Selbst in einer Philosophie der Lust erwarten den Anwärter Herausforderungen auf seinem Weg. Ein Hedonist muss sich zwischen intensiver Lust und andauernder Lust entscheiden, und auch, wann die Lust hinter der Bequemlichkeit zurückzustehen hat. Der Hedonist ringt damit, ob er der geistigen oder körperlichen Lust Vorrang geben soll. Seine Reise mag ihn durch Spiegelsäle der Süchte führen, wo die widergespiegelten Zerrbilder ihm eine Fluchtchance aus der selbst auferlegten Gefangenschaft bieten.

Wer auf Wettbewerb aus ist, eignet sich mitunter eine Philosophie an, bei der Macht, eine Form von Kontrolle, als höchste Errungenschaft gilt. Mit jedem Sieg, so süß er auch sein mag, wird der Wettbewerbsdruck höhergeschraubt. Und schließlich verlagert sich das Verlangen nach absoluter Macht von der objektiven auf die subjektive Ebene. Mit dieser Philosophie führt man irgendwann seine eigene Niederlage herbei oder veranlasst andere, genau das zu tun. Wem es nach Macht und Kontrolle gelüstet, der geht mit der Moral anderer so lange konform, wie sie den eigenen Aufstieg zur Macht unterstützt. Aber sie weichen oft von derselben Moral ab, sobald sie erst erfolgreich genug geworden sind. Ihr Streben nach den gewöhnlichen Belohnungen eines ethischen Lebens vermag ihr wahres Motiv eine Zeit lang zu verbergen: Macht. Aber dieses Motiv wird schließlich aufgedeckt werden, weil die absolute Macht irgendwann anfängt, den Betroffenen von innen zu zerfressen und zu verderben.

Die Entwicklung einer persönlichen Philosophie wird dich stärken und deinem Dasein einen tieferen Sinn geben. Deine Bestimmung ist nicht das, was du tust oder warum du geboren bist, aber sie erhöht und erweitert dein Gewahrsein und dein Bestreben zu wachsen. Der Sinn deines Daseins ist wie die Wurzeln eines Baumes. Er reicht tief ins Erdreich hinab, damit du dich hoch hinauf zum Himmel recken kannst. Du brauchst die Beschaffenheit der Wurzeln nur selten zu überprüfen, da sie von unten und von innen genährt werden. Die Wurzeln geben dem Baum zu jeder Jahreszeit Halt und trotzen dabei Stürmen, Dürren und anderem. Die Blätter und Zweige des Baumes können weit entfernt von den Wurzeln wachsen und in viele verschiedene Richtungen streben. Und trotzdem werden die Wurzeln weiter bestehen und alles tun, was für den Baum am besten ist. Selbst ein gefällter Baum erfüllt immer noch einen Nutzen.

Schaue über die Schwächen von anderen hinweg, und du wirst viel schneller über deinen eigenen stehen. Fange noch einmal von vorn an, und zwar darüber hinaus, wo du zu sein glaubst. Du bist immer schon etwas weiter vorangeschritten, als du dir zutraust, vor allem deshalb, weil du immer so lange zurückblickst. Vergiss nicht, dass am Anfang alles Chaos war, aber es war nicht *im* Chaos. Am Anfang schien auch alles in Aufruhr zu sein, aber da es nur *natürlich* war, dass es sich so verhielt, hinterfragte es niemand. Man verstand, dass *alles in ALLEM* im Gange war. Niemand bezweifelte das damals. Das Gleiche trifft auch heute zu.

Du bist Teil einer sich wandelnden Welt

Nun stehen wir vor dem nächsten Neubeginn. Ja, es kommt auch so manches zu einem Ende, aber das Gesetz der Kontinuität spornt dich an, nur eine Pause einzulegen und nicht ganz anzuhalten. Du wirst beobachten, dass andere womöglich dort stehen bleiben, wo sie gerade sind, weil sie für sich beschlossen haben, dass sie von hier aus nicht mehr weiterkönnen oder wollen. Erkenne ihre Entscheidung an und ehre sie für das, was sie bereits geleistet haben. Das Gesetz der Kontinuität respektiert, dass etwas/ jemand auf seinem Entwicklungsweg zu etwas/jemand anderem mehrere Zwischenstadien oder -zustände durchlaufen muss. Diejenigen, die jetzt anhalten oder aufhören, können bei Bedarf an einer dieser Zwischenstationen rasten oder ganz dort bleiben. In diesem Fall errichten sie die Brücke, auf die du bald deinen Fuß setzen wirst, sozusagen auf ihrem Rücken. Je dankbarer du dafür bist, was sie erreicht haben, desto stärker wird die Brücke sein, die du überquerst.

Schaue buchstäblich über die äußere Erscheinung hinweg und durch die Oberfläche der Dinge hindurch. Vor einiger Zeit fasste eine sich entwickelnde Menschheit den Entschluss, dass sie nicht so weitermachen wolle wie bisher. Ein Teil der Bevölkerung dachte so, sagte es und begann, sich eine andere Zukunft für die Erde vorzustellen. Da aus Gedanken Tatsachen werden, wurde eine ganze Palette an Möglichkeiten oder *Erden* »geboren«, und mehrere von ihnen werden derzeit erkundet. Die Philosophien, mit denen wir uns befasst haben, gelten auch für die Erde. Die Erde *dient den Interessen der Menschheit*, was bedeutet, dass sie sich selbst auf der Grundlage einer kollektiven Philosophie neu erschafft. Angesichts dieser Wahrheit ist vieles von dem, was ihr heute seht, normal und entspricht einem der oben beschriebenen Zwischenschritte.

Astronomische Ereignisse wie Kometen, Mond- und Sonnenfinsternisse und das sonstige »Treiben der Sterne« sollen eure Aufmerksamkeit erregen, wie anders der Himmel aussieht. Dies ist keine Zeit für Angsthasen, und du wirst bei denen, die gerade die Geschwindigkeit erhöhen oder zu einer neuen Wahrheit aufsteigen, vielleicht eine schnellere Herzfrequenz und einen schnelleren Herzrhythmus bemerken.

Fange jeden Tag damit an, ganz bewusst mit dir zufrieden zu sein, ganz gleich, wie du über deinen Beitrag zur Erde oder zur Menschheit denkst. Erkenne an, dass du ein unverzichtbarer Teil einer sich wandelnden Welt bist und dass es auf jeden Gedanken, jede Absicht und jedes Handeln von dir ankommt. Verändere die Welt so, wie du es für angebracht hältst, oder verändere sie überhaupt nicht. Unbedachte Probleme und Lösungen sind vorübergehender Natur, aber gut durchdachte Lösungen sind bleibend. Das kommt daher, weil du in dem Moment, wenn du bewusst die Ursache des Problems erfasst, es nicht mehr zu wiederholen oder dich davon einschüchtern lassen brauchst. Bitte darum, Teil einer Lösung zu sein, die für dich von Belang ist, und wenn du dazu wirst, gewähre dir die Weisheit und das Mitgefühl, andere an deinem Wissen teilhaben zu lassen. Das ist die Gabe des Immerwährenden.

Das Beste mit seinem spirituellen Handwerkszeug anfangen

Ich glaube, dass ich so manchen Gefühlssturm nur mit Hoffen und Bangen überstanden habe, und ich führe es auf mein spirituelles Erwachen zurück, dass ich die Ruhe selbst bin, auch wenn es im Leben auf und ab geht. Ich würde mich optimistischer nennen als die meisten, und gewöhnlich kann man sich auf mich verlassen, wenn jemand deprimiert ist und meinen Beistand braucht. Aber ich muss zugeben, dass mir das aufgrund einiger großer Weltgeschehen in jüngster Vergangenheit schwerer fällt. Kannst du mir ein paar Vorschläge machen, wie ich nicht mehr unter den alltäglichen Hiobsmeldungen leide?

Es gibt nur *eine Welt*, und sie beherbergt viele Völker.

Es gibt nur *eine Rasse auf der Welt*, und ihr Erscheinungsbild prägt viele Kulturen.

Es gibt nur *eine Weltreligion*, und ihr Haupt ist eine *Gottheit des Bewusstseins*.

Es gibt nur *ein Maß für Wohlstand*, und seine Wurzel findet Halt im Mitgefühl.

Es gibt nur *eine irdische Ressource*, und diese heißt Mensch.

Es gibt nur *eine Wahrheit*, und sie ist in allem sichtbar, was *unsichtbar* ist.

Es gibt nur *einen Gedanken, der allein sich herbeiführt*, und dieser heißt Geist.

Es gibt nur *eines, was aus sich selbst hervorgeht*, und dieses heißt Licht.

Es gibt nur *einen Ursprung des Menschen* und *eine Lösung für den Menschen*, nämlich sich selbst wiederherzustellen und nicht an den Folgen des Rades von Geburt und Wiedergeburt zu leiden.

Die obigen Worte sind *geschützt*, was bedeutet, dass sie in der einen oder anderen Form schon immer existierten. In Augenblicken der Verzweiflung waren sie nur einen Hauch vom Aussterben entfernt, doch selbst der Atem, der seinem Ursprung nach heilig ist, besteht aus Einatmen und Ausatmen und ist von zweierlei Natur. Von daher greift selbst noch in dem Moment, wenn man die Hoffnung schon aufgegeben hat, das Schicksal ein, wobei das Schicksal auch eingreift, wenn die Hoffnung regen Bestand hat.

Obwohl diese Worte geehrt und von Bruderschaften und Eingeweihten mit bestimmten Maßnahmen geheim gehalten (geschützt) wurden, wurden sie gelegentlich auch Unkundigen gezeigt (Menschen, die sich zuerst an den Rechtsgrundsatz halten und erst danach an das höhere Gesetz), um je nach Situation eine Lösung zu finden und zu vertreten. Diejenigen, die seit unzähligen Äonen versucht haben, sie Wort für Wort zu deuten, bezeichneten sie als Rätsel und sogar als Flucht. Aber für die Wagemutigen sind es Worte, nach denen es zu leben gilt, denn *in* ihnen und *nach* ihnen lebt auch die Zukunft des Menschen. Doch welche Zukunft das sein wird und wie sie dann aussieht, bleibt abzuwarten.

Erfüllung im Leben

Die Welt von heute mit ihren modernen Erfindungen und ihrer Vielschichtigkeit unterscheidet sich kaum von der Welt im fernen Gestern. Eure Welt steht vor den gleichen Problemen wie die Welt in alter Zeit. Auch damals glaubte man, dass die Ressourcen abnehmen und nicht mehr lange reichen würden. Der Wert der Landeswährung änderte sich so rasch, wie die Münzen von einer Hand in die andere wanderten, und viele Amtsinhaber wurden schon verdrängt, bevor ihre Büste gemeißelt oder ihnen zu Ehren eine Statue errichtet werden konnte. Die Geschichte nennt viele Namen, jedoch nicht alle, die von ihren Nachfolgern vorzeitig gestürzt wurden, weil diese nicht so viel Geduld aufbringen konnten, bis sie an der Reihe gewesen wären, wie es der Anstand oder die Diplomatie geboten hätte.

Wirtschaftliche Schwankungen und die weitreichende Vernichtung von Vermögen waren zu anderen Zeiten ebenso verbreitet wie heute. Die Verwüstungen durch Kriege sind heute so sichtbar, wie sie es gestern waren, sowie heimliche Erinnerungen an Ehefrauen und Mütter, die das Purpurrot der Abenddämmerung erblickten, ohne dass ihnen noch das Violett des neuen Morgens vergönnt war. Die Geschichte ist in etlichen Museen und Hommagen allgegenwärtig, die das Andenken der Gefallenen und ihre Beute ehren, aber diese Gefallenen würden euch ebenso wie ich jetzt sagen, dass der Wert des Lebens nicht darin besteht, leere Momente mit Schätzen anzufüllen, sondern darin, leere Momente zu schätzen, damit aus ihnen ein erfüllendes Leben erwächst.

Ein einzelnes Leben ist dann erfüllt, wenn es so gelebt wird, dass es etwas trägt, was größer ist als es selbst. Diese simple Wahrheit wurde fälschlicherweise als eine Warnung an die Egoisten ausgelegt. Jemand kann für eine Fähigkeit, für einen geliebten Menschen oder sogar für eine Meinung leben. Der Zweck des Lebens liegt darin, das Leere voll zu machen. Er liegt darin, frühere Abenteuer mit überragenden Erinnerungen zu füllen. Ein höheres Leben ist ein Leben der Selbstbetrachtung und bemüht sich, den Tag im Licht des nächsten und des übernächsten Tages zu vervollkommnen. Ein erfolgreiches Leben ist eines, das trotz widriger Umstände oder sogar wegen ihnen gelebt wird. Ein erfolgreiches Leben ist eines, das nicht so leicht einem Federstrich, dem Schlag der Uhr oder den Absurditäten derer überlassen wird, die den Tag ihr Eigentum nennen werden.

Erhebe dich und denke neue Gedanken

Die Zukunft der Menschheit hängt von ihrem Vermögen ab, sich ihren eigenen Willen zurückzuerobern und ihn auf eine Stufe des Hochmuts zu heben, wo er über den Vorurteilen des Tages thront. Neige dein Haupt, und das Herz wird folgen. Lasse den Geist träge werden, und die Füße werden dich nicht tragen. Schlucke die beißenden Worte anderer, und sie vergiften deine Gesundheit. Verhindere, dass die Feindseligkeiten der Außenwelt die Mauern deines harmonischen Umfelds im Inneren schwächen. Es wäre eine stille Selbstaufgabe, und das Wehklagen darüber wäre noch im Himmel vernehmbar.

Aber wie machen wir das? Bei allem Respekt, wie? Du bist ein weiser Empfindungskörper, und bei großen Wesenheiten wie dir stellt sich das Wissen leicht ein, ebenso wie bei anderen Meistern. Du hast die Fähigkeit, weit in die Vergangenheit und auch in die Zukunft zu blicken. Unsere Sichtweise ist eingeschränkter als die deine, und wenn sich die Angst einschleicht, sind uns sogar noch engere Grenzen gesetzt.

Was ihr sehen könnt, ist nicht deshalb eingeschränkt, weil ihr menschliche Gestalt angenommen habt. Es ist von dem Glauben eingefärbt, dass das, was ihr im Außen seht, realer sei als das, was ihr innerlich als wahr erkennt. Ihr verfügt über dieselbe Fähigkeit, in die ferne Vergangenheit zu blicken, vor allem, weil ihr sie ja selbst gelebt habt. Und man braucht kein Meister zu sein, um zu wissen, dass vieles, was in den Geschichtsbüchern steht, falsch ist. Dass ich eine ganze Palette möglicher Zukünfte sehe – gut, einverstanden. Aber da ihr es seid, die sich aussuchen, welche Zukunft sie am meisten bevorzugen, würde ich einmal behaupten, dass ihr mich neuerlich übertrumpft habt.

Nicht die Angst ist euer Feind, sondern die Trägheit. Die Menschheit ändert sich nur langsam und sucht schnell die Schuld woanders. Es ist an der Zeit, die Erstarrung abzuschütteln, die den Geist betäubt und den Körper schwerfällig macht. Bringe den

Körper dazu, deinen Anforderungen zu genügen, und halte deinen Geist dazu an, neue Gedanken zu denken. Das spirituelle Erwachen, das dir zuzuschreiben ist, glich einem Vorsprechen, die spirituellen Studien, die du vorgenommen hast, waren deine Kostümprobe, und jetzt triff die Vorkehrungen, damit du der Situation gewachsen bist und das Gelernte in die Praxis umsetzt. Dafür winkt dir kein Diplom und auch kein akademischer Titel, sondern der Lohn sind Selbstmeisterung und Selbsterkenntnis.

Eingeweihte und Einweihungen leben nicht in den Relikten der Vergangenheit, und du findest sie auch nicht in den heimeligen Momenten im Seminarraum, die das Ego hätscheln. Sie existieren für diejenigen, für die sie existieren. In den Augenblicken, wenn Schöpfer und Erschaffenes mit großer Heftigkeit zusammenprallen und sich dort endlich als eins begreifen. Der Kampf um die eigene Souveränität (wenn es darauf hinauslaufen muss) ist der einzige, für den sich das zähe Ringen lohnt. Er ist der einzige Krieg, in dem zwei Sieger ohne Selbstaufgabe erfahren, was Frieden bedeutet.

Ein verfeinerter Wirtschaftsausblick

Unsere Oberen sagen uns, dass die Lage erst einmal schlimmer wird, bevor sich etwas bessert. Ist das wahr?

Es sind keine Oberen, sondern gewählte Funktionäre, die euch das sagen. Indem sie diese Warnung ausgeben, verschaffen sie sich Zeit und – so ihre Hoffnung – Geduld. Einige Leute werden sie aufbringen, andere nicht. Diejenigen, die an der Regierung sind, müssen keine geborenen Anführer sein. Menschenführung ist eine Fähigkeit, die sich bei denen einstellt, die nicht nur eine individuelle, sondern eine übergeordnete Lebensaufgabe haben. Solltest du mit der »Lage« den weiteren Rückgang der Weltwirtschaft meinen, so hängt die Antwort davon ab, wie schnell die Weltbürger bereit wären, ein anderes Modell anzuerkennen.

Das jetzige Modell wird bald auslaufen, und selbst erhebliche Geldspritzen werden allenfalls zu einem unausgewogenen Ergebnis führen. Die Hauptlast hat man dem kleinen Mann von der Straße aufgebürdet, doch selbst jemand mit Heldenkräften kann die Welt nicht ewig auf seinen Schultern tragen. Bald werden neue Wirtschaftsmodelle eingeführt werden. Einige werden sie augenblicklich begrüßen, andere sie ablehnen. Schließlich wird das neue Modell zur Norm werden. Neue ausgeklügelte Modelle werden folgen, und die Welt wandelt sich. Statt einer breiten Mittelschicht wird eine ganze Reihe von Subkulturen entstehen. Einige werden sich durch ihre Feinheiten oder Subtilität auszeichnen, andere durch ihre Eigenart und wieder andere sogar durch ihre Seltsamkeit.

Was passiert mit den Zigtausenden, die mittlerweile schon ihren Job verloren haben, und den vielen, denen es noch bevorsteht?

Es gibt viele, die ihren Job jahrein, jahraus hassen und sich dabei wünschten, dass alles anders wäre. Wie Knechte haben sie sich an ihren Arbeitsplatz gekettet und geopfert, damit es andere aus ihrer Familie einmal besser im Leben haben oder sie wenigstens unabhängiger sind. Einige glaubten an ihre Firma, ihre Wirtschaft, ihre Schulden oder ihre Rente. Was sie tun werden, hängt von ihrem Glauben über sich ab, darüber, wer oder was sie sein können oder wozu sie imstande sind. Einige werden erst einmal Schützlinge des Staates werden und Ersatzleistungen [Arbeitslosengeld] beziehen. Diejenigen, die von kommunaler und staatlicher Unterstützung abhängig sind, werden entsprechende Gelder erhalten, aber nicht so viele oder so lange, wie sie es gern hätten. Die Kassen von Staat und Kommunen sind leerer als allgemein angenommen, ebenso wie die Taschen eines durchschnittlichen Politikers. Auch diese, einst vollgestopft mit Dollars, wurden ausgeräumt. Es könnte so kommen, dass einige Bundesstaaten einen Kassensturz machen müssen und dann verlangen, dass die Landesregierung für sie eintritt und diese Verpflichtung übernimmt. Unter einem

neuen Namen und anderer Flagge [Behörde] wird dies höchstwahrscheinlich geschehen.

Wenn die Lohnzahlungen spärlicher fließen, wird man sich
andere Quellen erschließen. Von den Menschen, die aus der
Wirtschaft verdrängt wurden, werden einige enger innerhalb des
Verwandtenkreises zusammenrücken und die Familie als Einheit
neu erfinden. Die Entscheidung hierzu wird man zunächst als
»Notlösung« ansehen, später und rückblickend betrachtet jedoch
als echte Sparmaßnahme zu schätzen wissen, ebenso als verbin-
dendes Element bei familiären Beziehungen, die vorher locker
und kaum gepflegt wurden. Einige Beziehungen werden dadurch
wiederbelebt und neue ins Leben gerufen. Die Auswirkungen
werden nachhaltig sein und zu einer veränderten Entwicklung
der Kulturen beitragen.

Im Zuge einer wiederentdeckten Abenteuerlust wird so man-
cher in einer anderen Stadt oder in einem anderen Land sein
Glück suchen, wo sich ihm neue Entfaltungsmöglichkeiten bieten. Wie bereits erwähnt, ist dies eine Zeit, die von einer enormen
Zu- und Abwanderung in allen Bereichen geprägt ist, dem Menschenreich inbegriffen. Obwohl es anders erscheinen mag und
Glück und Unglück ungleich verteilt sind, ist noch nicht alles
verloren. Lasst euch nicht von einer Vergangenheit bestimmen,
die ja bereits gelebt wurde, während ihr die Gegenwart und Zukunft noch vor euch habt. Lasst es nicht zu, dass die Gezeiten
des Wandels zum Omen für euch oder für das werden, was euch
am Herzen liegt. Dem Menschen stehen noch immer enorme
Ressourcen zur Verfügung, und eine der größten davon ist der
Mensch selbst. Die Kreativität wird bewirken, dass Erfindergeist
und Unternehmertum eine neue Blüte erleben, und sei es zunächst nur im kleineren Maßstab. Diejenigen, die mit Eifer und
Neugier dabei sind, werden als eine der Ersten ihre Chancen erkennen und zu nutzen wissen.

Bitte vergesst nicht, dass es nicht dasselbe ist, *wer* ihr seid und
was ihr tut, um euren Lebensunterhalt zu verdienen. Selbst wenn es
bei euch finanziell bergab geht, wird das Leben die eine Alterna-

tive hier und die andere Möglichkeit dort bereithalten. Ihr könnt nie *alles* verlieren, nur das, was ihr heute habt. Ihr seid nicht mit euren heutigen Besitztümern auf die Welt gekommen und werdet sie auch nicht mitnehmen, wenn ihr sie verlasst – von daher sind sie nur zu eurer Verwendung im Hier und Jetzt bestimmt. Das Gleiche gilt für diejenigen, die ihr im Testament bedenkt und denen das Erbe rechtlich zufällt. Das Gleiche gilt für alle. Wenn du in diesem System ein Vermögen verloren hast, so wird dein Wohlstand vielleicht im nächsten Wirtschaftsmodell zunehmen, von daher achte ganz genau auf all seine Feinheiten, sobald es eingeführt wird. Diejenigen, die an die Vorteile einer neuen Wirklichkeit glauben, werden sie früher für sich entdecken als jene, die nicht daran glauben.

Das Transportwesen in eine neue Richtung bewegen

Was denkst du eigentlich über die Autoindustrie, die amerikanische oder allgemein?

Diese Beförderungsart ist mittlerweile ziemlich fragwürdig geworden, und aus der Ferne von denjenigen betrachtet, für die die Menschheit nach wie vor eine kreative und evolutionäre Gattung ist, erscheint sie als eine Art Beleidigung des menschlichen Genies. Doch solange der Mensch sie nicht leid ist und sich nichts Beliebteres ausdenkt, was dem Einzelnen im Großen und Ganzen gerecht wird, wird sie fortbestehen.

Entgegen der allgemeinen Auffassung liegt es nicht etwa am Einfluss der erdölfördernden Länder und Konzerne, die den Übergang zu einem anderen Modell verhindern – es ist der Mensch selbst, der ein Automobil für ein Attribut hält, das für Individualität und Ansehen steht. Ein überkommener, aber immer noch fester Glaube, der von einer Vielzahl von Erdenbürgern vertreten wird. Dem Menschen ist noch keine Alternative eingefallen, wie sie Bauwerke ohne Kräne errichten könnte, die schwere Lasten heben, oder ohne andere Maschinen gigantischen Ausmaßes, die das leisten, was er für seine Zwecke braucht. Er hat noch nicht das Nachfolgemodell zu Diesel-LKW oder Kohlenzügen ersonnen, das die Laster ersetzen wird, die Müll zur Deponie befördern oder Güter des täglichen Bedarfs.

Kannst du sagen, wann dieses Modell auf den Markt kommt? Dieses Jahr? Nächstes? Du sagst, dass viele es begrüßen werden, aber warum sollten sie das?

Das neue Modell kommt dann auf den Markt, wenn das jetzige überwiegend ausgedient hat. Die Entwicklung steuert rasant in diese Richtung. Das ist mit ein Grund, warum man sich so wenig Gedanken macht, wie und wann die bisher angehäuften Schulden zurückgezahlt werden sollen: Sie können und werden nicht zurückgezahlt werden. Wie die Königin im Bienenstock durchlebt das jetzige System so manche Jahreszeit im Dienst an denen, die die Königin als ihre Herrscherin eingesetzt haben. Man sucht die Königin unter allen Umständen zu schützen, aber unterdessen zehren diejenigen, die ihr dienen, gleichzeitig auch immer ein wenig von der Königin. Irgendwann ist schließlich der Punkt erreicht, an dem die Königin ausgedient hat, und es muss ein Ersatz für sie gefunden werden.[*]

Das derzeitige System muss sich zunächst einmal als überholt erweisen. Man wird ihm keinen leichten oder gnädigen Tod gewahren. Stattdessen wird man es meucheln und mit seinem Kopf (oder dem Symbol, das für es steht) Schabernack treiben. Seine Schwächen sind bereits bloßgestellt worden, ebenso wie die Reichtümer derer, die ihr Füllhorn über sich haben ausschütten lassen.

---

[*] Gestatten Sie uns in diesem Zusammenhang den Verweis auf sehr interessante Aussagen von Gaia über das Verschwinden der Bienen. Sie finden sie in Pepper Lewis' Buch *Lösungen für einen kleinen Planeten*, der ebenfalls Botschaften von Mutter Natur enthält. – Der Verlag

Der derzeit angelegte Rettungsplan kommt bereits zu spät, aber bis auf Weiteres muss es erst einmal anders erscheinen. Unter den Sanierungsbemühungen der frisch Gewählten werden schließlich die Vorteile des neuen Modells bekannt gemacht werden. Diese werden nicht von der Hand zu weisen sein, und es wird für fast alle etwas dabei sein, von den höchsten Gesellschaftsschichten bis hin zu den Ärmsten der Armen. Das neue Modell wird sich der alten Schuldenberge entledigen und fast allen denselben Nutzen bringen. Ich kann keine exakte Zeit nennen, wann es dazu kommt; eben nur, *dass* es dazu kommt oder bereits da ist – je nachdem, wie man es betrachtet.

Verlasse dich auf die Stimme von Spirit

Werden die eingesessenen Religionen und andere geistliche Instanzen auch betroffen sein? Wird man sagen, dass die Entwicklungen ihnen zuzuschreiben sind oder ihnen die Schuld daran geben?

Alles und wirklich jeder, der zum alten Paradigma gehört, wird auf irgendeine Weise betroffen sein. Alles und jeder, der daran geglaubt hat oder auch nicht, mitgemacht hat oder auch nicht, etwas dazu beigetragen hat oder auch nicht, dafür oder dagegen gestimmt hat und so weiter. Mit oder ohne die entsprechenden Ehren wird man dem zum Tode Verurteilten schließlich die letzten Übergangsrechte zugestehen. Diejenigen, die gebeten oder gezwungen werden, abzudanken und ihren Thron der Macht zu räumen, ob im Bereich Religion, Regierung oder Wirtschaft, werden dies nicht so leicht tun. Der Wille der Mächtigen wird hierbei geprüft werden. Einige werden fallen und andere werden durchfallen. Nicht die Religionen selbst werden unter Beschuss geraten, sondern das, was sie *glauben*.

In der näheren Zukunft wird das Interesse an Spiritualität allgemein neu aufleben, sowohl in althergebrachter Form als auch anderweitig. Man wird die eingesessenen Religionen bevorzugen, zumindest vorerst, weil Stabilität und Sicherheit übermäßig gefragt sind, wie und wo auch immer sie sich einem bieten. Die bekannten Religionen werden diese Gelegenheiten beim Schopfe packen, um ihre Mitgliederzahlen zu erhöhen und sie für ihr eigenes Anliegen zu nutzen. Die meisten werden sich zumindest vorübergehend über eine Steigerung freuen. Einige werden sogar Reklame für ihr Anliegen machen und hierzu Werbeagenturen anheuern, die ihren Worten mehr goldenen Glanz verleihen sollen. Diejenigen, die etwas von diesem Geschäft verstehen, werden die Worte tatsächlich vergolden und auf eine Weise anpreisen, als kämen sie direkt vom Himmel.

Hierbei werden sowohl neuere Religionen als auch Nebenzweige der alteingesessenen zu Wort kommen, ebenso wie eher gebildete und offene kirchenunabhängige Bewegungen, wozu auch solche gehören, die sich aus den einzelnen Zweigen des New Age entfalten. Rechnet damit, dass weitere Mysterienschulen, philosophische Theorien und moderne Überlieferungen aufkommen werden. Dies ist nicht ohne Wert, weil so nämlich der Einzelne darin bestärkt wird, sein Leben selbst in die Hand zu nehmen.

Seid wachsam und hütet euch vor allem, bei dem der Glaube von anderen mit Füßen getreten oder der gute Name von denen in den Schmutz gezogen wird, die ihn sich verdient haben. Vertraut auf die Stimme von Spirit, wie sie sich euch von innen heraus offenbart und euer ganzes Leben lang begleitet. Spirit ist durch keine Religion eingeschränkt, auch nicht durch die gute Meinung, die man von ihm hat oder nicht hat. Er erstrahlt in der Form und im Formlosen, und du wirst ihn erkennen, weil er die Sprache des universalen Gesetzes spricht.

Halte nach guten Nachrichten in deinem Innern Ausschau

Weißt du über die Schlagzeilen Bescheid, die uns täglich ins Auge springen, oder über die Nachrichten im Radio, Fernsehen oder Internet?

Nimmst du die Auswirkungen wahr, in spiritueller oder anderer Hinsicht,
die diese Schlagzeilen auf jeden haben?

Es gibt ein Gewahrsein, das alles umfasst, was auf der Erde geschieht, aber es erfolgt von einer distanzierten Warte aus und ist ganz anders als deines. Die Schlagzeilen stimmen meist nicht, und oftmals nimmt man es mit der Wahrheit nicht ganz so genau, weshalb sie im größeren Zusammenhang, in dem Gaia existiert, wenig Gültigkeit haben. Gaia ist sich der Schlagzeilen gewahr, weil ihr euch ihrer gewahr seid. Besser gesagt, ich bin mir gewahr, dass ihr sie wahrnehmt und dass sie euch interessieren. Eine Schlagzeile ist ein Ausrufezeichen, das einem Gedanken mehr Nachdruck verleiht. Bei den meisten Gedanken besteht wenig Veranlassung, sich länger mit ihnen aufzuhalten, da sie sich dadurch nur mehr verdichten (aber nicht wahr) werden. Warum das Feuer der Enttäuschten schüren, wo man sich doch kreativere Aufgaben vorstellen und verfolgen könnte?

Ich interessiere mich für die Folgen oder für das Verhältnis zwischen Ursache und Wirkung in Hinblick auf die Menschheit, aber meistens in einer größeren oder makroskopischen Dimension. Hierbei gibt es eine Ausnahme, nämlich wenn ich aufgefordert werde, mich in stärkerem Maße einzubringen. Gebete, Anrufungen, Zeremonien und Feierlichkeiten führen dazu, dass sich mein Gewahrsein enger mit dem Geschehen verbindet als sonst. Meine volle Anteilnahme an euren Interessen und persönlichen Bestrebungen wird zum Beispiel auch in einer persönlichen Session gefördert. Ich habe jedoch keine bestimmte Meinung oder Vorliebe, was den Ausgang eines Ereignisses betrifft, ob es nun öffentlich ist oder nicht. Es liegt an denen, die unmittelbar von solchen Ereignissen betroffen sind, hier mit ganzem Herzen teilzuhaben. Es stimmt, dass die Erde von weltweiten Großereignissen beeinflusst wird, aber nicht wie ein Individuum. Gaia stellt keine individuelle Präsenz dar – sie ist ein Spürbewusstsein.

Dein spirituelles Erwachen geschah zu Anbeginn der Zeit, also lange vor diesem Leben. Es gibt in jedem Leben eine spätere »neue Morgendämmerung« oder ein Erwachen, das sich in einmaliger

Weise auf den Sinn des jeweiligen Lebens bezieht. Dieses Leben bildet da keine Ausnahme, denn wie du selbst bestätigst, hat hier ja bereits ein Erwachen stattgefunden. Die neueste Runde der Weltereignisse ist genau das: ein virtuelles Karussell, das sich immer und immer wieder im selben Kreis dreht. Es erscheint nur anders als beim letzten Mal, da die Fehltritte (und nicht Fehlschläge) der menschlichen Natur dafür sorgen, dass es so wirkt.

Nun sind Karussellpferde ja immer hübsch lackiert und verziert. Sie schaukeln auf und ab und scheinen sich auch zwischendurch schneller und langsamer zu bewegen, damit die Fahrt abwechslungsreicher wird. Wenn die Musik verebbt, sitzt der Reiter vom Pferderücken ab und jemand anderes, der die Fahrt vollkommen anders erlebt, darf die nächste Runde drehen. Danach wird wieder eine Runde gedreht, und anschließend noch eine. Einige sind einfach und schön, andere schwieriger oder komplex. Nach vielen Runden auf dem Karussell merkt das kluge Karussellpferd, dass es hier kein Rennen zu gewinnen gibt, und es macht sich auch nicht mehr die Mühe, so zu tun, als fände eines statt. Nicht, dass es auf seiner feststehenden Bahn weniger abenteuerlustig wäre wie vor dieser Einsicht. Der Unterschied ist der, dass es sich jetzt entspannen und die Schaukelei genießen kann.

Halte nach guten Nachrichten Ausschau – du findest sie nicht in den täglichen Schlagzeilen, sondern in deinem Inneren. Suche nach dem Guten in dir und lasse es für dich, für alle anderen, für den Planeten und das Leben an sich Wirkung zeigen. Dieses Werkzeug ist viele Leben alt und wird dir immer gute Dienste leisten. Bringe anderen und der Welt jeden Tag etwas Gutes dar. *Etwas darbringen* heißt, sich auszudehnen – eine bestimmte Qualität, die hier überreicht wird oder sich ausdehnen kann. Vergiss auch bei den größeren Ereignissen nicht, dass das Leben in den kleineren, persönlicheren Augenblicken gelebt wird. Der Hauch eines Schmetterlings hat mehr Auswirkungen auf euch als der hitzige Atem weltweiter Debatten. Atme tief. Atme, denn der Atem trägt Lebenskraft in sich, und eben diese Lebenskraft trägt das Strahlen von tausend Sonnen in sich.

Diejenigen, die die großen Schlagzeilen in die Welt setzen, sind bestens darin geschult, Reaktionen bei ihren Lesern auszulösen. Eure Reaktion ist zwar nicht antrainiert oder einstudiert, aber sie ist oft eine kollektive Reaktion. Ihr könnt jeder für sich üben, von eurem höheren Bewusstsein aus zu reagieren statt aus dem Menschheitskollektiv heraus, das ersichtlicher ist. Ihr werdet nicht weniger Mensch und nicht weniger mitfühlend sein, wenn ihr die Schwingung eurer Reaktion auf eine höhere Ebene anhebt. Reagiert statt mit dem Seufzer, der das Ausatmen begleitet, mit einem tiefen Einatmen, und ihr werdet fast sofort einen Unterschied merken, inwiefern Körper und Geist miteinander zusammenhängen, als auch zum Kollektiv. Dafür wird Spirit schon sorgen. Ihr könnt die Welt mit anderen teilen, ohne auch ihre Weltsicht zu teilen.

Teil fünf

Wo sich Vergangenheit und Zukunft treffen

Langer Rede
kurzer Sinn

Der Beginn des Neuen Zeitalters

*Gibt es einen genauen Punkt, an dem das New Age oder
Neue Zeitalter einsetzte? Und falls ja: Gibt es einen genauen Punkt, an dem es enden wird? Und wenn es endet,
an welchem Punkt oder in welchem Zustand wird die
Erde dann sein?*

Dieses Neue Zeitalter (und es hat schon viele gegeben) begann
in der letzten Hälfte des neunzehnten Jahrhunderts. Es begann
ohne viel Trara und ohne dass an der Schwelle zu ihm eine
»Willkommen«-Fußmatte gelegen hätte. Beinahe unmerklich war
ein neuer Morgen heraufgedämmert, als die Welt erwachte, oder
zumindest einer, der so steinalt war, dass man sich gar nicht mehr
an ihn erinnern konnte. Unter einem Zeitalter oder einer Ära
versteht man ein Ausmaß oder eine Entwicklung, die sich überall
im Himmel als Bewegung verzeichnen lässt. Obwohl das Neue
Zeitalter Erleuchtung bringt, war es nicht dazu bestimmt, die po-
puläre und thematische Bewegung zu entfachen, die sein jetziger
Namensvetter mit sich bringt. Es war nicht dazu gedacht, das New
Age zu propagieren.

Die Menschheit ist nur eine von vielen Lebensformen, die durch
das Fischezeitalter Fortschritte gemacht haben und sich bewusst
wurden, dass sie ein neues Zeitalter mit besonderen Chancen und
Herausforderungen erwartet. Auch andere Welten mit ihren eigenen Wesenheiten schicken sich an, in die nächste Ebene oder
Dimension aufzusteigen. Bislang war es der Menschheit vorbehal-

ten, sich für herausragend, wenn nicht sogar einzigartig zu halten. Zwar ist das nicht ganz unwahr, vor allem aus Sicht dieser Mutter hier, aber es wäre doch unredlich, die Reise noch viel länger mit geschlossenen Augen und teilweise sogar blind fortzusetzen.

Das Neue Zeitalter oder Wassermannzeitalter gehört allem und jedem. Es gehört denen, die daran glauben, denen, die es nicht tun, und denen, die noch nie davon gehört haben. Es zeigt sich von seiner schönsten Seite, wenn es nicht als eine Bewegung dargestellt wird, die über Gedanken, Vorstellungen und Bedingungen populär gemacht wurde und nur für die Menschen zugänglich ist, die sich diesen Grundsätzen anschließen. Die spirituellen Lehrer halten das Zeitalter hoch, und die Meister, die liebevoll den Weg ebnen, stoßen Türen auf und wischen die Tränen der Enttäuschung ab. Vergleichbare Lehrer wirken auch anderswo, ohne dass man sie dort unbedingt auf ein Podest heben müsste, wie man es hier tut. Genauso wandeln und verweilen die Engel unter euch – Bewahrer des Lebensteppichs, von dem auch ihr ein Teil seid.

Das Neue Zeitalter setzte nicht wirklich zu einem bestimmten Zeitpunkt ein, der sich nach einem Kalender bemessen ließe. Und dennoch könnte man sagen, dass es vor einiger Zeit noch nicht vorhanden war. Welche Veränderung findet eigentlich statt, wenn die Unbewusstheit sich über ihren unbewussten Zustand bewusst wird – versteht ihr? Was ändert sich, wenn der eine Pol, der *Wirkung* heißt, sich wieder in den Pol namens *Ursache* verwandelt? Nichts hat sich in diesem Moment verändert, und doch hat sich im nächsten Moment das ganze Universum verschoben. Genau so ist es bei einem neuen Zeitalter ... und auch bei euch.

Eine neue Ära ist ein Zeitraum, in dem sich die Evolution beschleunigt, um all das zu umfassen, dessen Bewusstsein sich weiterentwickeln kann. Je bewusster das Lebewesen (oder Ding) sich über sein evolutionäres Vorhaben ist und je kreativer es dabei ist, desto größer ist der evolutionäre Sprung, zu dem es fähig ist. Leider tritt dadurch auch die Neigung auf, sich für weiter entwickelt und überlegener als die anderen zu halten – eine Täuschung innerhalb der Illusion, die für ein gewisses Ungleichgewicht sorgt.

Ähnlich wie bei einer Implosion wird die Wirkung dieses Ungleichgewichts so lange intensiv und schmerzlich erlebt, bis das Ungleichgewicht korrigiert oder beseitigt wurde.

Die dritte Dimension wird ein Relikt der Vergangenheit werden

Dieses Neue Zeitalter wird mit großer Wahrscheinlichkeit ungefähr die nächsten zweihundert Jahre andauern, obwohl seine Auswirkungen nach dem Intervall-Jahr 2065 eher nachlassen. Bis dahin wird sich der Planet stark verändert haben, ebenso wie alles Leben auf und in ihm. Diejenigen, die sich der Intelligenz des Wandels jetzt bewusst sind und nicht versuchen, ihn rückgängig zu machen oder anderweitig zu kontrollieren, werden eine Inspiration für die nachfolgenden Generationen sein. Dies sind die wahren Pioniere, die zwar keinen Lohn, aber doch viele Wohltaten erfahren werden. Nach 2210 wird sich die Erde in einer etwas anderen Umlaufbahn einrichten, die das Wassermannzeitalter gleichzeitig stabilisieren und stützen wird. Die fünfte Dimension wird dann die Norm sein, eher die Regel als die Ausnahme. Die dritte Dimension ist bis dahin noch nicht hinfällig, aber man wird sie irgendwie als historisches Überbleibsel betrachten – ein Relikt, das man sich in einem Museum der neuzeitlichen Geschichte anschauen und bestaunen würde.

Lauft nicht zu schnell los, um auf der Modewelle des New Age mitzureiten, als wäre sie ein Kometenschweif. Es stimmt zwar, dass sich so etwas nicht allzu häufig ereignet, aber was da geschieht, ist intelligent, und ihr seid es auch. Es ist wichtig, dass ihr eure eigene schwingungsmäßige Entsprechung findet. Ihr könnt nicht die Bestimmung eines anderen leben, ebenso wenig wie ihr das Leben eines anderen leben könnt, jedenfalls nicht erfolgreich. Seid euch dessen gewahr, dass ihr unmöglich zurückbleiben oder auf eine Weise vorangehen könnt, die der Natur zuwiderläuft. Es bleibt noch so manche Jahreszeit im restlichen Fischezeitalter übrig, und sie alle sind es wert, voll und ganz erfahren zu werden. Um den »Fische-Fisch« zu täuschen, musst du gegen den Strom schwimmen, und dafür zahlt selbst der prächtigste Lachs einen hohen Preis. Besser mit dem Strom schwimmen, sich durch die Gezeiten hindurchmanövrieren und seinen Kurs nach den Sternen ausrichten.

Was Freude und Fröhlichkeit unterscheidet

Kannst du Freude definieren? Worin unterscheidet sie sich genau von Fröhlichkeit?

Freude ist, wenn man sich von der Illusion und Trennung befreit hat. Freude ist die natürliche und ruhige Gewissheit, dass es nie einen Anfang oder ein Ende gab und auch nie geben wird. Sie ist der vollkommene und beständige Fluss, der alle Dinge in Bewegung versetzt, damit sie so sind, wie sie sind, oder sich im stets gegenwärtigen Jetzt verwandeln. Freude ist reines Sein in Vollendung, sie ist die Entdeckung und Erfüllung des *selbstlosen Selbst*. Freude ist die Gegenwart von Allem-was-ist in seiner reinsten Form, die keine Form hat. Freude ist, zu sein, ohne *Wenn und Aber* und sonstige Vorbehalte. Freude zu kennen bedeutet, zufrieden mit dem zu sein, was *ist*, einfach dafür, dass es ist, was es ist.

Freude ist nicht messbar und für keinen Preis zu haben – es gibt jedoch Wesenheiten, die einfach durch ihr Nahesein Freude vermitteln. Wie ist das möglich? Diese *Wesen von großer Schönheit* – denn es gibt keine treffenderen Worte, sie zu beschreiben – waren noch nie in einem menschlichen Körper oder von menschlichen Enttäuschungen oder Tragödien geplagt. In ihrem ganzen Denken und Tun sind sie so unschuldig wie Engel und vermögen deshalb allein durch ihre Nähe jenes Gleichgewicht wiederherzustellen, an das sich die Menschheit nicht mehr erinnert.

Der Mensch nimmt seine eigene Großartigkeit als selbstverständlich hin und gebärdet sich oft so, als hätten seine lange vergessenen, mit Spinnweben überzogenen Gedanken schon die Erhabenheit ihrer eigenen Schöpfung vergessen. Die Gegenwart eines *Wesens von großer Schönheit* kann diese nachteiligen Auswirkungen ungeschehen machen. Seine Art zu sprechen, wenn man es vernehmen könnte, wäre wie duftende Poesie, die deine Seele berühren und sofort jeden Aspekt in deinem Leben durchdringen würde. Diese Geschöpfe sind nicht an die Menschen gebunden wie die Engel, und sie gehören zu den freiesten aller nichtphysischen Wesen im Universum. Es ist schwer, solche Wesen zu beschreiben, da nicht einmal Alles-was-ist auf den Gedanken käme, sie herbeizurufen und in ihrer unbekümmerten Freude zu stören.

Freude ist nicht dasselbe wie Fröhlichkeit, weil diese nur eine zeitweilige menschliche Gemütsregung ist, mit der jemand Harmonie, Frieden und Wohlergehen erkennt. Fröhlichkeit hält selten länger an, da sie nicht im Bereich der Polaritätsskala bleibt, in der sie sich gerade befindet. Mit anderen Worten, ihr Gegenteil folgt dichtauf, und nur allzu bald schlägt das Pendel wieder in die andere Richtung aus und beschwört es herauf. Da Fröhlichkeit nur vorübergehend und manchmal sogar flüchtig ist, stellt sich allzu häufig ihr anderer Pol, die *Traurigkeit*, ein und verdirbt den Augenblick. Die Traurigkeit wohnt im Schatten der menschlichen Natur und tritt oft im unerwartetsten Moment auf. Traurigkeit ist der verbliebene Überrest von Ereignissen oder ganzen Leben, die nicht erfüllend waren. Traurigkeit lässt sich erst dann beseitigen, wenn die zugehörigen Augenblicke noch einmal durchlebt werden und der Betroffene mit ihnen abschließen kann. Das ist der Grund, warum sie ungebeten auftauchen und nicht ohne Weiteres verschwinden.

Glück und Elend, Verzückung und Qual

Glück hingegen, das manchmal mit Freude verbunden wird, ist weder eine Gemütsregung noch ein Gefühl. Glück ist ein Seinszustand, der einer Dimension gleichkommt, die weder Zeit noch

Ort hat. Glück ist, wenn einem das reine Sein genügt und kein bewusster oder unbewusster Zustand aus Vergangenheit, Gegenwart oder Zukunft um die Vorherrschaft kämpft. Nur wenige kennen das Vergnügen und das Paradies, das mit Glück einhergeht, doch allzu viele kennen sein Gegenteil, das *Elend*. Elend ist Hoffnungslosigkeit, und wenn jemand dort verweilt, haust er in Armut und Schmutz, die für einen Mangel an spirituellem Wesensgehalt stehen. Elend ist zwar nicht gleichbedeutend mit Leid, aber das eine ist oft eine Einladung für das andere, und in diesem Fall ist der *Gram* meist nicht mehr weit.

Verzückung, die ebenfalls mit einem Glücksgefühl einhergeht und mit Freude verbunden ist, stellt eine körperliche Erfahrung dar, die oft von einer Heftigkeit gekennzeichnet ist, die man in den lichteren Ebenen nicht mehr braucht. Verzückung oder Ekstase entsteht am häufigsten durch intensive religiöse Erlebnisse, sexuelle Lust und sinnliches Vergnügen geistiger und körperlicher Art sowie Emotionen, die extremer sind und sich stark auf einen bestimmten Lebensbereich konzentrieren. Auf der Polaritätsskala ist das Gegengewicht zur Verzückung die *Qual*, deren Heftigkeit und Schmerz alles verzehrt. Die Qual hat immer die Neigung, sich selbst darin zu übertreffen, noch mehr zu leiden als im vorherigen Moment oder vorherigen Leben. Oft fügt der *Schmerz*, der eng mit der Qual verwandt ist, noch etwas zu der Mischung hinzu, indem er Angst und seelische Pein vermehrt.

Auf der körperlichen Ebene kennt auch die Freude ein Gegenstück zu sich selbst, den *Kummer*. Kummer ist die Reaktion der Persönlichkeit auf die Abtrennung von der Seele und von Allemwas-ist. Im Kummer werden Verlust, Unglück und Verlassenheit empfunden. Der Kummer beweint sich selbst, das Selbst und sein Selbst – die Dreieinigkeit des Seins, aus dem er hervorgegangen ist. Der Kummer bedauert seine Körperlichkeit, weil er so keine Erinnerung mehr an seine Nichtkörperlichkeit oder sein Einssein hat. Jenseits der irdischen Ebene gibt es jedoch kein Gegenteil von Freude, denn warum sollte sich die Freude gegen sich selbst stellen? Die geistigen Ebenen, die jenseits der dritten Dimension liegen, brauchen die Lehren nicht, die die Polaritätsskala anbietet. Sie stehen nicht darüber – sie sind darüber hinweg. Die Freude eröffnet sich euch, wenn ihr sie nicht definiert. Sie eröffnet sich euch noch schneller, wenn ihr euch ebenfalls nicht definiert. Freude erwartet von einem Moment rein gar nichts. Könnt ihr es ihr nachtun?

Die Erinnerung an Geburt und Tod

Ist es wichtig, dass wir den genauen Augenblick unserer Geburt oder unseres Todes kennen?

Ihr tragt beide stets in euch. Tatsächlich tragt ihr den genauen Augenblick von jeder Geburt und jedem Tod in euch, die ihr jemals durchgemacht habt, aber fast immer werden diese in den Tiefen eures Unterbewusstseins abgespeichert. Ihr tragt sie nicht als Datum in euch, sondern als Erfahrung. Euer bewusster Verstand beschäftigt sich mit der Linearität. Am wohlsten fühlt er sich in einer durchorganisierten Welt, die sich über eine Vergangenheit, Gegenwart und Zukunft – in eben dieser Reihenfolge – im Klaren ist. Der Verstand erfasst Multidimensionalität und Zeitschaften als Begrifflichkeit, jedoch nicht als echte Erfahrung. Mit anderen Worten, damit du *du* sein kannst, brauchst du dazu eine Identität, aber jede Identität ist eine Illusion gegenüber der Wirklichkeit, die das wirkliche *Du* ist.

Deine Identität ist etwas, das sorgfältig von deiner Seele angefertigt wurde. Sie ist die Geschichte von dir und deinem Leben, und sie wird komplett mit allen Eigentumspapieren geliefert – oder wie hier mit Geburts- und Sterbeurkunde. Aber diese hängen auch nur mit deinem derzeitigen Leben zusammen, wie es nach der gegenwärtigen Zeit gemessen wird. Genau gesagt treffen eure Geburten und Tode, die auf der physischen Ebene stattgefunden haben, einzig und allein für die physische Ebene zu, denn die Zeit als Ausdruck des Lichts wird anderswo etwas anders bemessen.

Hier kommt ein Beispiel, das ihr vielleicht besser nachvollziehen könnt: Wenn ihr eine Supernova oder Sternenexplosion in ihren späteren Entwicklungsstadien seht, sagt euch die Wissenschaft, dass diese Explosion vor Zehntausenden von Jahren stattgefunden hat. Aber ihr erlebt es als etwas, das anscheinend gerade jetzt stattfindet, weil das Licht so lange brauchte, um sich so weit fortzubewegen, dass ihr an dieser Erfahrung teilhaben könnt. Das Licht kann sich schneller oder langsamer fortpflanzen, je nach Position und Dimension des Betrachters.

Für alle Dinge und alle Wesen in diesem Universum gilt dasselbe Gesetz des Universums. Es ist ein universales Gesetz. Das *Gesetz der Beschleunigung* sagt aus, dass die Geschwindigkeit, mit der sich etwas entwickelt, die Lichtgeschwindigkeit im Einklang mit der Evolution beschleunigt. Von daher gilt: Je mehr ihr die Entdeckung eures Selbstgewahrseins beschleunigt, desto schneller wandert das Licht zu euch hin, mit euch und durch euch hindurch. Anders gesagt: Ihr seid von der Warte einer bestimmten Dimension aus vielleicht an einem völlig anderen Tag oder zu einer völlig anderen Uhrzeit geboren! Das heißt nicht, dass der bestimmte Tag und eure Geburtsstunde bedeutungslos wären, aber es heißt schon, dass es dafür, wie ihr euch gegenwärtig selbst erfahrt, wichtiger und zutreffender ist. Und es bedeutet auch, dass die Zeit flexibel ist.

Ich mache dir hier den größeren Blickwinkel deiner Frage deutlich, damit du dich zu der Tragweite deiner Geburt in neuer und umfassender Weise in Beziehung setzen kannst. Du hast dein Geburtsdatum nicht nur im Zusammenhang mit der irdischen Zeit und Dimension gewählt, es ist auch ein kosmischer Ausdruck dessen, wer und was du bist. Von daher kannst du solche Ereignisse verändern, kannst sie zeitlich je nach deinen Bedürfnissen und deinem Daseinszweck beschleunigen oder verzögern. Das erklärt auch das Konzept der Simultanität, obwohl wir uns dieses Thema wohl besser für einen späteren Moment aufheben.

Vielleicht fällt dir hierbei schon auf, dass dann, wenn ihr etwas an eurer Beziehung zum individuellen Geburtsdatum ändern könnt, das Gleiche schließlich auch für den Zeitpunkt eures Übergangs, also euren Tod, gelten muss ... von einem anderen Punkt aus betrachtet ist er ja gewissermaßen auch eine Art Geburt, verstehst du? Mit wenigen Ausnahmen ist der Zeitpunkt eures Übergangs genauso flexibel, also anpassungsfähig, wie die Zeit selbst. Indem er sich ständig verändert und an den Daseinszweck eurer Seele anpasst, kann er sich lange hinauszögern oder auch ganz plötzlich eintreten. So oder so wird er vollkommen sein und der göttlichen Ordnung entsprechen, wie sie sich in der Zeit und durch sie ausdrückt.

Was würdet ihr tun, wenn ihr den genauen Tag und die genaue Uhrzeit eures Todes wüsstet? In Panik geraten? Hart arbeiten? Feiern? Mehr Mitgefühl aufbringen? Schon eher bei euren Lieben Wiedergutmachung leisten? Reisen unternehmen? Im Augenblick gegenwärtig sein? Euch mehr anstrengen? Euch aufgeben? Mutig oder heldenhaft sein? Etwas Neues ausprobieren? Die Angst überwinden? Lehren? Lernen? Ihr seid es, die all eure Erfahrungen gestaltet und sie dann in einen passenden Zeitzusammenhang bringt; daher legt ihr auch den Zeitzusammenhang an sich fest. Es hat schon geheißen, dass ihr Alles-was-ist im Gewand von Was-ist seid – vielleicht wäre es an der Zeit, die Verkleidung abzulegen?

Die fünfte Dimension ist gleich um die nächste Ecke

Sind wir der fünften Dimension heute näher als noch vor einem Jahr? Wenn ja, woran kann man dies messen? Entwickeln wir uns als gemeinsame menschliche Gattung wirklich noch mit anhaltender Zielstrebigkeit voran? Ich würde es gern glauben, bin mir aber nicht sicher. Kannst du uns einen Überblick geben, wo wir ungefähr stehen und in welche Richtung es mit uns weitergeht?

Die fünfte Dimension ist gleich um die nächste Ecke, und zwar genau dort, wo sie schon immer war. Als Entfernung gesehen seid ihr heute nicht näher an ihr dran als gestern oder letztes Jahr, weil Dimensionen nicht durch eine Entfernung voneinander getrennt sind. Die Ausnahme von dieser Regel ist, wenn die Entfernung vom menschlichem Denken ohne Vorurteil gegenüber dem Glauben gemessen wird. Das heißt, wenn die kollektiven Gedanken der Menschheit von Gott gewollt oder ihnen eingegeben sind und keinen niederen und sich wiederholenden Verhaltensmustern unterliegen, ist die Entfernung dazwischen kürzer. Die Entfernung, obgleich sie *unermesslich* ist, kann erheblich schneller zurückgelegt werden als sonst.

Man könnte es auch so beschreiben, dass die Dimensionen durch Kommata und nicht durch Punkte unterteilt sind. Sie überlappen sich und grenzen auf dieselbe Weise aneinander, wie sich euch die Jahreszeiten in der Natur darbieten.

Die Destillation des Denkens

Alle Dimensionen finden im selben Moment statt, jedoch nicht mit demselben Gewahrsein. Es gibt noch eine weitere Beziehung zwischen Dichte und Zeit, und es wäre ratsam, auch sie zu verstehen. Je mehr Dichte ein Gegenstand aufweist, desto schneller sinkt oder fällt er. Analog dazu wird ein verdichtetes Wesen oder eine verdichtete Kultur schneller fallen als eine, die eine geringere Dichte hat und leichter ist. Manchmal wird die Dichte mit dem Gewicht verwechselt, aber es ist nicht dasselbe. Die Dichte eines Körpers ergibt sich aus seiner stofflichen Menge [Masse], die er in einem bestimmten Raum einnimmt [Volumen]. Die Dichte einer Substanz kann sich unter verschiedenartigen Bedingungen ändern. Zu diesen Bedingungen zählt auch die Temperatur, was gegenwärtig eine bemerkenswerte und interessante Tatsache ist. So steigt beispielsweise ein Heißluftballon auf, weil die erhitzte Luft im Ballon von geringerer Dichte ist als die kühlere Außenluft.

Die Dichte aller Dinge und Wesen lässt sich zwar messen, aber der Mensch hat noch nicht herausgefunden, wie er auf seine eigene Dichte einwirken und sie so verändern kann, dass es ihm und seiner Zukunft dient. Die alten Ägypter dagegen (ebenso wie bestimmte Kulturen vor und nach ihnen) verstanden sich darauf und konnten ihre Wirklichkeit und Dimension unter gewissen Voraussetzungen verändern. Es waren vornehmlich Eingeweihte einer bestimmten Überlieferungslinie, die davon wussten, und heutzutage gibt es kaum wissenschaftliche Nachweise, die von echter Bedeutung wären. Dennoch sind diejenigen, die sich mit den Eigenschaften von Gold befassen, besonders von *monoatomarem Gold* (mit einem austauschbaren Atom), oft fasziniert, wenn sie entdecken, dass es sich unter bestimmten, einzigartigen Umständen als Stoff ohne Dichte manifestiert. Mit anderen Worten: Es kann weniger als nichts wiegen und darüber hinaus die Dichte von anderer Materie beeinflussen. Ich halte das deshalb für so wichtig und erwähnenswert, weil der Einfluss des klaren Denkens auf die Materie genau das ist, was die Lücke zwischen dem Bekannten und dem Unbekannten schließt. Wissen ist kein Sammelsurium an Informationen – es ist die Destillation des Denkens.

Wenn sich deine Gedanken auf die herkömmlichen Anforderungen des Alltags ausrichten, wirst du der gewaltigen Flut von unbewussten Glaubenssätzen nur schwer standhalten, die mit ihnen verbunden sind. Je weiter du dich davon entfernt hast, eigenständig zu denken, desto mehr scheinen neue Gedanken und Ideen in weite Ferne zu rücken. Ein neuer Gedanke ist nichts, was du glaubst, er ist nicht einmal etwas, das du für nachvollziehbar hältst. Ein neuer Gedanke ist einer, den du ohne Widerstand in dein Feld eintreten lässt. Wie elektrischer Strom lässt sich der Fluss reiner Gedanken am besten über die *Supraleitfähigkeit*, oder das Gewahrsein ohne Vorbedacht oder Widerstand, erforschen. Der Nachbar und Teilhaber dieses »elektrischen Stroms« ist das Magnetfeld konzentrierter Schöpferkraft.

Genau dort, wo diese beiden Gegenströme ihren Schnittpunkt haben, beginnt die fünfte Dimension. Du wirst dann einen Zugang zu ihr finden, wenn deine Frequenz innerhalb dieser Bandbreite erweiterter Gedanken und Schöpferkraft schwingt. An diesem Punkt wird die Dualität, die bisher ein fester Bestandteil deines alltäglichen Erlebens war, einer größeren Vielfalt im Leben Platz machen und weniger logisch erscheinen als heute.

Von der dritten zur fünften Dimension

Obwohl es Elementarkräfte gibt, die die Unversehrtheit der Dimensionen schützen, gibt es keine Strichliste darüber, wie viele gute Taten du wohl in der vorherigen Dimension vollbracht hast. Es gibt keine andere Autorität als dich selbst, die dir den Zugang gewähren oder verweigern würde. Doch ohne eine gleichartige Schwingung würden dir die Ströme (Hallen) instabil erscheinen, und du würdest dich nicht hindurchtrauen. Das ist ein weiterer Grund, warum sich die Menschheit von einer Geschichte zu befreien versucht, die ihre Ursprünge nicht richtig wiedergibt. Die

Glaubenssätze, nach denen sie lebte, haben sie an ihre Vergangenheit gefesselt und hindern sie auch heute noch daran, die Brücke zu einem größeren Bewusstsein zu überqueren. Im kollektiven Denken hofft sie, die Schranken von Zeit und Raum zu durchbrechen, um schließlich sich selbst zu sehen und ihren Gott zu erkennen. In welchem messbaren Grad bist du Gott heute näher als vor einem Jahr? Wart ihr jemals getrennt? Im Grunde nicht, es sei denn, du zählst die kleinen Anteile in deinem Inneren dazu, die Zweifel an der Vollkommenheit und Erhabenheit von Allem-was-ist hegen. Meinst du etwa, dass in der fünften Dimension kein Zweifel mehr besteht? Was ist mit Hunger? Was ist mit Krieg?

Die fünfte Dimension ist eine Version der dritten Dimension, nur mit weniger Dichte. Sie gewährt durchweg ein bewusstes Sehen und Verstehen des Lebens. Die elektromagnetischen Ströme in der fünften Dimension sind stabiler, so dass sich Gedanken und Erfahrungen schneller vollenden als in der dritten. Es gibt mehr Raum in der fünften Dimension, aber weniger Zeit, zumindest in der Form, in der sie sich in der dritten Dimension ausdrückt. Da zwischen den Atomen mehr Platz ist, besteht auch weniger Dichte, was bedeutet, dass es weniger Verschwendung gibt. Verschwendete Gedanken und Handlungen sind in der dritten Dimension für Unmengen an aufgewandter Energie verantwortlich, was allgemein zur Erderwärmung beiträgt, mit der sich die Menschheit auseinandersetzt. Indirekt entscheidet also auch der Umgang mit diesem »Müll« über den Zugang zur fünften Dimension. Ihr seht: Die Menschheit macht Fortschritte bei ihrer Evolution, und sei es noch so unbewusst.

Bevor wir detailliert auf die fünfte Dimension eingehen, müssen wir uns ein wenig der vierten Dimension zuwenden, die die Brücke zu ihr darstellt. Die fünfte Dimension wird weithin als das Konzept von der *Zeit* akzeptiert. Zeit ist ein Konzept, das der Verschiebung von der dritten Dimension zu etwas anderem Bedeutung verleiht, aber es geht dabei nicht um Zeit nach herkömmlichen Maßstäben. Es handelt sich vielmehr um die Krümmung der Zeit, durch die sich die Zeit ausdehnt oder verkürzt, was von Relevanz dafür ist, wie viel Licht in dem Raum vorhanden ist, in dem die Messungen vorgenommen werden.

Grundsätzlich gilt, dass sich die Zeit, wenn mehr Licht da ist, beschleunigt (vorwärts oder rückwärts). Das Ergebnis dieser Beschleunigung ist ein differenzierteres Erleben, das nahtlos und weniger abrupt ist. Die vierte Dimension fügt die dritte und die fünfte Dimension durch ein Beschleunigen der Zeitsequenzen und Zeitabschnitte zusammen, wo auch immer diese Möglichkeit besteht. Dies wird durch das Biegen oder Krümmen der Zeit erreicht. Die Zeit verläuft in Sequenzen oder Abfolgen, aber nicht linear. Sie wirkt nur geradlinig auf den befestigten Wegen der dritten Dimension. Darüber hinaus ist das Maß für die Zeit nicht das euch bekannte und die Lichtgeschwindigkeit nicht konstant.

Die Bedeutsamkeit der vierten Dimension liegt darin, dass sie von Bewusstheit angetrieben wird, die eben das Gewebe von Zeit und Raum stärkt. Die vierte Dimension ist die Brücke zwischen der dritten und der fünften, denn sie lädt das Feld der Möglichkeiten dazu ein, zum Feld der Wahrscheinlichkeiten sowie des Erlebens zu werden. Wenn du dir eine bessere Welt vorstellst und dich darauf einschwingst, darin zu leben, wird dein Bewusstsein mehr angefeuert und du treibst deine Bemühungen schneller voran, bis sich dein Gewahrsein mit deinem Erleben deckt. Die vierte Dimension ist also für das verantwortlich, was ihr *Beschleunigung* nennt. Zudem ist sie verantwortlich für einige der ungewöhnlichen und auffallenden Erfahrungen, die allgemein mit diesem Zeitraum verbunden sind, insbesondere bei eurem Körper, weil hier bei den meisten die größte physische Dichte von allen Lebensbereichen besteht. Abgesehen davon muss erwähnt werden, dass Gedanken genauso dicht oder sogar noch verdichteter sein können als physische Objekte.

Ein Sprung nach vorn

Wenn ihr erst einmal die nahtlose und unsichtbare Brücke zur fünften Dimension überquert habt, werdet ihr feststellen, dass das

Leben dort nicht so kompliziert ist wie in der dritten Dimension. Es ist von überbordendem Einfallsreichtum und drückt sich auf kunstvolle Weise aus. Da diese Dimension weniger Dichte hat, sind Form und Gestalt dort subtiler und graziler. Das trifft vor allem auf die Architektur zu, weil man beim Bauen in der fünften Dimension nicht von Holz, Stahl oder Beton abhängig ist, um ein Gebäude im Erdboden zu verankern. Glas bricht dort weniger leicht und hält mehr aus, weil es anders hergestellt wird. Diese Entdeckung wird man machen, sobald die jetzigen Recyclingpläne effizienter werden und der Markt für derartige Produkte wächst. Die Verknappung von heute noch eingesetzten Werkstoffen wird zu der Entdeckung und dem Einsatz anderer Ressourcen führen.

Betrachtet man die bestehenden Standards, an denen Gesundheit derzeit gemessen wird, stellt die fünfte Dimension einen Sprung nach vorn dar, was das Wohlergehen des Einzelnen wie auch der Gesellschaft anbelangt. Mit den gängigen Heilmethoden kann die dritte Dimension ihr Bestehen nicht mehr sicherstellen, geschweige denn aufrechterhalten. Der Wert des Lebens hat so sehr abgenommen, dass es weniger Heiligkeit *für* das Leben gibt und deshalb auch weniger Heilsein *im* Leben. Die geistigen Fähigkeiten von Alt und Jung nehmen unablässig ab, während die Belastungen in den mittleren Lebensjahren zunehmen. Bessere Voraussetzungen für die geistig-seelische und körperliche Gesundheit sind in dieser Zeit von entscheidender Bedeutung, und der Mensch würde gut daran tun, mehr kalziumreiche Lebensmittel und Mineralstoffe in seine Ernährung einzubeziehen. Das Denken der fünften Dimension ist überlegter und die Gedanken an sich weniger konfus. Dies erfordert eine überdurchschnittlich hohe Sauerstoffzufuhr, und heute würdet ihr diese Erfahrung als berauschend beschreiben.

Die fünfte Dimension ist nicht *woanders*, sie ist direkt hier, vor eurer Nase und unter euren Füßen. Ihr könnt sie nicht sehen? Schaut noch einmal hin, aber diesmal mit »blinden Augen«, die wissen, dass es dort nichts zu *sehen* gibt. Wo eigentlich beginnt oder endet die fünfte Dimension – könnt ihr das sagen? Wenn ihr sie nicht sehen könnt, heißt es dann, dass sie weniger real ist?

Wie viele Leute müssen ihre Wahrscheinlichkeit bestätigen, bevor sie Teil des täglichen Erfahrens wird? Welche Fachleute müssen noch mit wissenschaftlichen Erkenntnissen zu ihrer Bestätigung aufwarten? Je *realer* die fünfte Dimension jetzt für dich sein darf, desto früher wirst du sie erfahren. Eine Dimension kann dir ihr Vorhandensein nicht beweisen, und ebenso wenig kann ein Lehrer dir ein Mysterium enthüllen, das du vor dir selbst verborgen hältst. Erinnere dich daran, dass die Halbklugen die Hüter der Schlüssel sind, die Weisen brauchen keine Türschlösser. Lass dich durch nichts und niemanden von deinem nächsten Schritt oder deinem nächsten Gedanken abhalten.

Die fünfte Dimension ist kein sicherer Hafen für diejenigen, die ein schweres Leben durchgemacht haben. Und sie ist auch nicht die kosmische Belohnung für jene, die sich vorm Himmelstor scharen. Sie ist eine natürliche Weiterentwicklung für alle, die sich für das Leben aussprechen statt sich dagegenzustellen. Das heißt nicht, dass du deine Kämpfe aufgeben oder den Standard senken musst, gemäß dem du deinen Fahneneid geschworen hast. Und dennoch frage ich dich: Wie viele eurer Kämpfe spielen sich in euren eigenen Reihen ab? Wie viele Waffen habt ihr noch in eurem eigenen Arsenal, wenn ihr andere auffordert, euch die ihren zu übergeben?

Wenn du das Gefühl hast, dass deine Entwicklung langsamer vorangeht, und du nicht spürst, dass Spirit neben dir ist, nimm dir jeden Tag einen Moment Zeit, in dem du im Stillen dem Thron entsagst, auf dem du sitzt – jenem Thron, von dem aus dir dein Leben auch nur ansatzweise wichtiger erscheint als das deines Nachbarn oder deines Freundes. Lasse dich stattdessen von dem Wunder *Leben* bereichern und wisse, dass das Immerwährende des Lebens selbst solchen Kreaturen wie Kanalratte und Kellerassel Impulse gibt, sich weiterzuentwickeln, denn auch sie haben ihren Platz auf dieser Welt.

Nachwort:
Die lemurischen
Tauschlinge

Das Reich von Lemurien war einst größer als das technologisch hoch entwickelte Atlantis, das parallel dazu existierte. Lemurien war in Inseln des Lichtes und Lernens gegliedert, die sich weit über die Grenzen erstreckten, die ihr euch heute vorstellt. Diese Foren des göttlichen Ausdrucks gehörten allen, und eine gut gestellte Anfrage war die einzige Voraussetzung, um Zutritt zu einer der Lichtinseln oder gleich mehreren zu erhalten. Die Inseln Lemuriens waren keineswegs wie eine Anstalt oder Einrichtung aufgebaut, sondern starke, familienähnliche Gemeinschaften, deren Zusammenhalt durch gemeinsame Interessen bestand. Sie gehörten weder zur Erde noch zum Himmel, und es wäre schwierig, sie geografisch auf oder in der Erde anzusiedeln. Eigentlich war es fast so, als erschienen die Inseln dort, wo ihr Wille sie hinlenkte. Wenn es euch bislang schwer fiel, Lemurien auf der Landkarte zu finden oder den Worten eines anderen zu glauben, so könnte es daran liegen. In Wahrheit war Lemurien nicht geteilter als die jeweiligen Bereiche eines Spinnennetzes, bei dem jeder einzelne Faden auf komplexe Weise mit dem nächsten verknüpft ist. Die »Infrastruktur« Lemuriens war federleicht, entwickelte sich von allein und war selbstheilend. Sie rief kaum jemals einen abwegigen Gedanken hervor. Das heißt natürlich, bis die Tauschlinge kamen.

Nach dem Volksglauben galt ein *Tauschling* oder Wechselbalg, wie ihr sie ebenso altertümlich wie missverständlich manchmal noch immer nennt, als fremdes Kind, das heimlich gegen den menschlichen Säugling ausgewechselt wurde. Die lange lebenden

Lemurier waren mit der Evolution vertraut, nicht jedoch mit der Veränderung. Und sie wussten nicht, was sie anfangen sollten, als die Tauschlinge gleich in Scharen anrückten. Lemurische Tauschlinge sahen – wie ihre modernen Verwandten, die Indigos – nicht so aus wie der Rest ihrer Sippe, und sie verhielten sich auch anders. Mit ihrer hochgewachsenen Gestalt und dem breiteren Körperbau als die vorherigen Generationen fielen sie von Anfang an auf. Die Entscheidungen, die sie trafen, erforderten keine Zustimmung des Rates und keinen Präzedenzfall, und sie schienen sich dennoch auf den Idealzustand von allem zu beziehen. Ihr Denken reichte anscheinend weit in die Zukunft und schien alles steuern zu können, sodass der nächste Gedanke genauso leicht unterbrochen oder vermieden wurde wie die nächste Dimension. Ihre Gedanken waren nicht wie die Verrücktheiten von Jugendlichen, denn die Tauschlinge sahen eine Zukunft vorher, die sich dem Blick der Ältesten in ihren Lichtgemeinschaften irgendwie entzog. Was aber sahen sie?

Konkret wussten die lemurischen Tauschlinge, dass sie am Ende der Zeit geboren waren, zumindest wie sie sich im lemurischen Hologramm darstellte. Sie wussten, dass das Zusammenwirken mit der Natur, in deren Genuss die Lemurier lange gekommen waren, kurz davor stand, eine riesige Pause einzulegen. Und sie nahmen haargenau wahr, dass die Inseln des Lichts und Lernens bald der gleichen Polarisierung unterliegen würden, die sich auch woanders in der Erd- oder Globosphäre zeigte. Im Wesentlichen sagten die Tauschlinge zu ihren Ältesten: »Der Himmel wird über uns zusammenbrechen, und ihr solltet besser das Weite suchen.«

Die lemurischen Ältesten, behutsame Verwalter der Natur, waren nicht ganz sicher, welchen Reim sie sich auf die Tauschlinge machen sollten, die weder von lemurischer noch sonst einer erkennbaren Abstammung zu sein schienen. Lange saßen die Ältesten also beratend zusammen und sannen nach, hinterfragten und analysierten die Angelegenheit, ohne zu einem Ergebnis zu kommen. Die Lemurier waren nicht an die Erde gebunden wie die Angehörigen späterer Zivilisationen, und ihr Körper war, obwohl er menschlich erschien, nicht an ihre Seele angebunden. Von daher blieb ihnen gar keine andere Wahl, als ihre Wohnstatt auf oder in der Erde aufzugeben.

Eines Tages türmten sich Unmengen an gewaltigen Wolken auf – ein seltener und ungewohnter Anblick am lemurischen Himmel. Die Lemurier hatten lange in einer ausgeglichenen Biosphäre gelebt und kannten keine Gewitter. Sie konnten die eindrucksvollen, kugeligen Massen an Kumulusnimbus-Wolken nicht deuten, die Vorboten für derartige Gewitter sind, aber die Tauschlinge taten es sehr wohl. Mit einer Autorität, die sie zuvor nie besessen hatten, richteten sie behutsam und weise das Wort an die lemurischen Ältesten. Sie schilderten merkwürdige und ungewöhnliche Dinge auf eine unheilverkündende, prophetische und doch wundervolle Weise. Ihre Worte waren nicht beängstigend, denn in der Zeitschaft der Lemurier war Angst unbekannt. Die Tauschlinge sprachen von Beschleunigungen, welche die Erde und ihre Bewohner in und durch Systeme und Spaltungen vorwärtstreiben würden, die von Zeit, Dimension und Dichte bestimmt wären.

Während die Tauschlinge weitersprachen, begannen die Inseln des Lichts und Lernens näher aufeinander zuzurücken, als würden sie sich zu einer einzigen herrlichen Frequenz wiedervereinigen. Es entfaltete sich eine Verschmelzung von Licht, bei der sich Klang mit Farbe verband und die ganzen Ausmaße eines Kontinents umspannte. Nun offenbarte sich, dass das lemurische Volk aus individuellen Strängen bestand, das sich zu einer einzigen Bewusstseinseinheit vereinigt hatte. Als solche kamen sie gar nicht umhin, sich im Einssein gespiegelt zu sehen, das die Tauschlinge bereits verkörpert hatten. Als eine Stimme gab es nur eine Wahrheit. Aufgrund ihrer singulären Natur projizierten die Tauschlinge eine zukünftige Vision des Möglichen und des Wahrscheinlichen ins Gedächtnis aller. Jedem wurde eine Zukunft vor Augen geführt, die auch das individuelle Ende und den individuellen Anfang enthielt, ebenso die Stukturelemente für eine spätere Wiedervereinigung als eines. Statt das Erleben einzuschränken, war jede Vision ein unendliches Kaleidoskop an Schöpferkraft und freier Auswahl.

Die Lemurier sahen auch, dass der Himmel wahrhaftig über ihnen zusammenbrach, zumindest was ihr gegenwärtiges lemurisches Leben betraf, denn in ihre Zukunftsvision war die Notwendigkeit eingewoben, sich entweder für einen weiteren Abstieg ins Physische zu entscheiden oder sich komplett von dieser Ebene zurückzuziehen. Die Lemurier waren in dieser Hinsicht anscheinend fast genau zur Hälfte gespalten. Die herrliche Erde raubte ihnen mit ihrer Schönheit den Atem, strahlend und wie ein Magnet. Leider verschlug ihnen auch der bevorstehende Abstieg in die Materie den Atem, nur auf andere Weise. Geistig und körperlich uneins, wie sie waren, konnten die Lemurier keine Einigkeit erzielen. Doch im Denken und Handeln vereint, kamen neue Möglichkeiten zum Vorschein: So beschlossen sie, sich zahlenmäßig aufzuteilen. Jeder von ihnen sollte sich individuell entscheiden, und dabei würde man in Bezug auf die Zukunft geistig und vom Herzen her eins bleiben. Waren denn die Inseln des Lichts nicht zu diesem Zweck erschaffen worden?

Die Lemurier verschoben ihre Lichtinseln an bestimmte Punkte innerhalb des Energiegitters der Erde, die der Zukunft des Planeten entsprachen. Dort würden sie von den Kodierungen des Lichts und den *Herren der Weisheit* für die Dauer des nächsten Zeitraums an Ort und Stelle gehalten werden. Das lemurische Zeitalter sollte bald enden, doch nur für eine Ära und eine Jahreszeit, wie nach galaktischer Zeit bezeichnet. Auf jeder Insel des Lichts blieben lemurische Wächter zurück, die immerfort wachsam und schweigend die ihnen anvertrauten Codes hüteten.

Das Ende des lemurischen Zeitalters bedeutete nicht das Ende der sanften lemurischen Wesensart, ebenso wenig wie der Untergang von Atlantis deren Bewohner aus eurem Zellgedächtnis löschte. Jedes Zeitalter lebt weiter und stößt dort auf eine Erweiterung, wo es vom Willen hingelenkt wird.

Die Lemurier leben unter euch, und vielleicht sogar in euch, denn ihre Zahl nimmt stetig zu. Ihre Wächter stehen neben euch, vor euch und spähen aus dem Innern des gewaltigen Berges heraus, den ihr so bewundert. Kann es sein, dass sie nicht mehr schweigen, sondern euch dazu aufrufen und einladen, zu eurer eigenen Insel des Lichts zurückzukehren? Und die Tauschlinge sind wieder unter euch, ist euch das schon aufgefallen? Wie mag ihre Botschaft diesmal lauten?

Danksagung

Ich möchte all denjenigen meinen tief empfundenen Dank ausdrücken, die mich bei meiner Arbeit mit Gaia ermutigt und unterstützt haben, so dass ich damit weitermachen konnte, meinen treuen Leserinnen und Lesern ebenso wie den Seminarteilnehmern, Organisatoren und Beteiligten der Events, den Übersetzern, Toningenieuren und Videoprogrammierern, meiner Familie und meinen Freunden.

In unserer umtriebigen Welt sind wir oft nur auf den nächsten Augenblick konzentriert, auf das nächste Projekt oder den nächsten Tag, und der vorige Tag ist schon wieder vergessen oder zu den Akten gelegt. Ihr sollt wissen, dass die Zeit, die ihr alle mit mir verbracht habt, für mich sehr bewegend und motivierend war. Ihr habt mich inspiriert, neugierig auf Gaias Worte zu bleiben, wachsam und aufmerksam. Mein Lohn dafür ist Gaias anhaltende und konstante Energie. Klar und deutlich sind ihre Worte für uns, immer wieder neu und voller Möglichkeiten, über die wir nachdenken können.

Ich bin es nie überdrüssig geworden, auf das zu hören, was die Erde zu sagen hat, und Gaias Worte auszusprechen, wenn die Gelegenheit sich ergab, oder sie in Augenblicken der Erleuchtung niederzuschreiben. Dafür und für vieles mehr bin ich dankbar.

– Pepper Lewis

Über Pepper Lewis

»Für mich ist das Channeln eine beide Seiten bereichernde Synthese aus Gebet und Meditation. Beim Gebet bietet man Dankbarkeit und bittet um Beistand, und bei der Meditation erhält man Antworten. Beim Channeln geschieht dies gleichzeitig – es ist die erfüllendste Methode, die ich kenne.«

Als Naturtalent in Sachen Intuition ist Pepper Lewis ein begnadetes Channelmedium sowie eine weltweit bekannte Autorin, Rednerin und spirituelle Lehrerin. Seit mehr als fünfzehn Jahren ist sie die bedeutendste Stimme Gaias, des Spürbewusstseins und Empfindungskörpers von Mutter Erde, und hat Gaias Weisheit und Führung in die entlegensten Winkel des Planeten getragen. Ihre unverwechselbaren gechannelten Botschaften gehören heute zu den Favoriten von Leserinnen und Lesern auf der ganzen Welt. Sie erscheinen regelmäßig in einer Reihe von Publikationen, darunter dem *Sedona Journal of Emergence*. Auf vielen Websites und Newsgroups gehören sie zu den am häufigsten aufgerufenen Seiten.

Pepper ist auch regelmäßig in Radiosendungen und Webcasts zu hören, so zum Beispiel in *The Great Shift* mit Reverend Fred Sterling. Sie ist Gründerin von *The Peaceful Planet*, einer Organisation, die sich der Aufgabe verschrieben hat, eine von Gleichgewicht, Integrität, Frieden und Harmonie geprägte Beziehung zu unserer Umwelt zu schaffen. Fortwährend gibt sie Seminare, Vorträge und Workshops, soweit es ihre Zeit zulässt. Auch im deutschen Sprachraum finden mehrmals jährlich Veranstaltungen statt.

Das vollständige gechannelte Material von Gaia ist auf Deutsch als mehrbändige Buchreihe bei Amra in Vorbereitung.

Besuchen Sie Pepper auf www.ThePeacefulPlanet.com

»Ehrfurcht vor dem Leben!«

Friedensnobelpreisträger Albert Schweitzer

Meditative Klänge von Tom Kenyon

aus den großen spirituellen
Traditionen der Welt

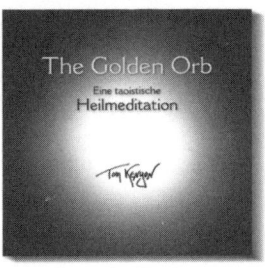

Amra Records, 59 Minuten;
ISBN 978-3-939373-41-4
Eine taoistische Heilmeditation
mit Gesängen an Kuan Yin

Amra Records, 72 Minuten;
ISBN 978-3-939373-42-1
Eine Klangmeditation zur
tantrischen Vereinigung

Amra Records, 46 Minuten;
ISBN 978-3-939373-80-3
Eine Einweihung in positiven
Wandel und Erneuerung

Amra Records, 60 Minuten;
ISBN 978-3-939373-40-7
Elf schamanische Lieder
spiritueller Heiler

Amra Records, 65 Minuten;
ISBN 978-3-939373-43-8
Meditative Klänge eines
Lichtschiffs vom Arkturus

Jede CD nur € 19,95.
Überall erhältlich!

Hörproben auf www.AmraVerlag.de

»Erfahren Sie das Geheimnis, das uns alle verbindet!«

WITH ONE VOICE – DIE GEMEINSAME STIMME DER RELIGIONEN

Ein Film von Eric Temple
78 Minuten und Special Bonus:
Trailershow, Filmclips, Interview
Amra Cinema DVD, € 22,95

ISBN 978-3-939373-67-4

Zum ersten Mal sind 22 große Mystiker aus 14 großen spirituellen Traditionen der Welt zusammengekommen, um ihre persönlichen Erfahrungen miteinander zu teilen. In einer lebensbejahenden Dokumentation über das Wesen des Göttlichen und den Weg zum spirituellen Erwachen zeigen sie, dass alle unsere Probleme in Wahrheit eins sind: dass wir die Verbindung mit der unendlichen Quelle, die uns erhält, verloren haben. Und sie zeigen, dass wir kurz vor der Lösung stehen: der erneuten Anbindung, damit wir mit einer Stimme reden können.

MYSTICAL MUSINGS

Der Soundtrack zu »With One Voice«
komponiert von Michael Josephs
Amra Records, 43 Minuten; € 17,95

ISBN 978-3-939373-66-7

Ein einzigartiges Arrangement von Instrumenten, Stimmen und Melodien, darauf abgestellt, im Zuhörer ein Gefühl von Frieden und Gegenwärtigkeit wachzurufen, das mit den Botschaften dieser bewussten und offenherzigen Menschen in Harmonie steht.

Trailer und Hörproben auf www.AmraVerlag.de

Karin Tag

DAS GEHEIMNIS
DER ATLANTISCHEN
KRISTALLBIBLIOTHEK

320 Seiten, gebunden,
Schutzumschlag und Fototeil
Amra Verlag, € 22,95

ISBN 978-3-939373-51-3

Kristallobjekte bewahren das Wissen von Atlantis: Eine goldgefasste Kristalltafel, die Portale in höhere Dimensionen öffnet, Orakelsteine, die Lichtbilder projizieren, eine gewundene Schlange, die kosmisches Wissen überträgt, ein Feuerdrache, der den Kern der Erde bewacht, und Teile des Skeletts von Amaru Muru, dem letzten Priester von Atlantis, sowie sein Herz – das alles aus reinstem Bergkristall.

Diese magischen Objekte erhielt Karin Tag für unser Zeitalter, um den Menschen den Zugriff auf das alte Wissen zu ermöglichen. In Trance erlebte sie, welchen Ursprung sie haben und welche Aufgabe ihnen zukommt. Sie ging auf eine Reise, die sie ins Innere der Erde führte und ihr die Weisheit vergangener Zeitalter enthüllte. Dies ist ihr Bericht.

Karin Tag ist Heilerin und Schamanin nach den Traditionen der Inka, die ihr den Ehrennamen »Curandera« (Heilende Stimme) verliehen. Als Mitglied des Council of World Elders, dem auch Masaru Emoto, Hunbatz Men und Galsan Tschinag angehören, verwirklicht sie ihre Vision der Vernetzung der besten Schamanen der Erde zur gemeinsamen Heilarbeit.

Mit großem Fototeil in Farbe!

Leseproben auf www.AmraVerlag.de

Pepper Lewis

LÖSUNGEN FÜR EINEN KLEINEN PLANETEN

Die Weisheit
von Mutter Erde

256 Seiten, gebunden,
mit grünem Leseband
Amra Verlag, € 19,95

ISBN 978-3-939373-49-0

Künstliche Lebensumfelder, klimatische Veränderungen, geplünderte Ressourcen und das Verschwinden der Bienen ... Uraltes Wissen tritt nun zutage und erfüllt unseren Alltag mit neuem Sinn, denn wir sind alle Teil eines groß angelegten Entwurfs, der unsere persönliche Lebensreise beeinflusst. Die Erde entwickelt sich ständig weiter – und wir mit ihr.

Aus dem Inhalt: *Aufstieg – Atlantische und lemurische Energien – Behalten, was man lernt – Wiederherstellung durch Blumen – Auf die innere Stimme hören – Deine Wirkung auf das Land – Schaut über die Wirren hinaus – Sichere Orte – Die Veränderung steht kurz bevor – Glaubt Gaia an Gott?*

»Erfreuen Sie sich an den Botschaften in diesem Buch. Sie werden Ihr Herz erwärmen und Sie gleichzeitig im tiefsten Inneren Ihrer Seele bilden.«
Aus dem Vorwort von Kryon-Channel Lee Carroll

Pepper Lewis ist ein begnadetes Channelmedium und eine weltweit bekannte spirituelle Lehrerin. Seit mehr als fünfzehn Jahren spricht durch sie der Empfindungskörper von Mutter Erde, liebevoll Gaia genannt.

Leseproben auf www.AmraVerlag.de

Kabir Jaffe &
Ritama Davidson

INDIGO-ERWACHSENE. WEGBEREITER EINER NEUEN GESELLSCHAFT

Sind Sie eine Indigo-Seele
und wissen es nicht?

208 Seiten, gebunden,
illustriert, mit Leseband
Amra Verlag, € 19,90

ISBN 978-3-939373-10-0

Eine neue Art Mensch tritt in Erscheinung, als nächster Schritt in der Entwicklung der Menschheit. Es sind visionäre und kreative Frauen und Männer, fortschrittlich, sensibel und unabhängig. Sie sind frustriert vom bestehenden Gesellschaftssystem und wollen zu einer besseren Welt beitragen. Sie verkörpern neue Auffassungen, ein anderes Denken und Fühlen.

Vielleicht sind Ihnen Indigo-Kinder ein Begriff, und Sie haben nie daran gedacht, dass viele davon bereits erwachsen sind. Das vorliegende Buch hilft Ihnen herauszufinden, ob Sie ein Indigo-Erwachsener sind. Die Autoren beschreiben die Eigenschaften dieser Generation. Sie helfen diesen Menschen, ihr ganzes Potenzial zu leben und ihrer Bestimmung zu folgen.

Mit einer Checkliste typischer Indigo-Merkmale!

Kabir Jaffe ist als Psychologe mit umfassender Ausbildung in Humanistischer und Transpersonaler Therapie seit 30 Jahren auf dem Gebiet der Bewusstseinsforschung tätig. Ritama Davidson war professionelle Tänzerin und arbeitete lange Jahre als Energietherapeutin in eigener Praxis. Gemeinsam gründeten sie 1994 das Essence Training Institute, das seitdem beständig wächst in Europa, Südamerika und den USA.

Leseproben auf www.AmraVerlag.de

Patricia Spadaro

**ACHTE DICH
SELBST!**

Die innere Kunst
des Gebens und
Annehmens

288 Seiten, mit Leseband
und Schutzumschlag
Amra Verlag, € 19,95

ISBN 978-3-939373-56-8

Patricia Spadaro zeigt, wie Sie ein Leben voller Hingabe führen können –
bei gleichzeitiger Entfaltung all Ihrer Möglichkeiten. Sollen Sie sich für
andere aufopfern oder selbst beschenken? Großzügig sein oder Grenzen
setzen? In einer Beziehung bleiben oder sich daraus verabschieden? Wenn
Sie die Schritte lernen, um das Gleichgewicht zu halten, können Sie
tanzen – und es entfaltet sich der Zauber des Lebens.

»Patricia Spadaro ist eine wundervolle Führerin durch die inneren Reiche
des Herzens. Ihre Worte geben mir immer wieder Kraft.«
Marianne Williamson, Autorin von Rückkehr zur Liebe

Gewinner des Nautilus Award 2010 und des National Indie Excellence
Award 2010 – ein Buch, das die Welt verändert!

Patricia Spadaro ist eine international bekannte Autorin und Expertin für
praktische Spiritualität. Sie ist Mitverfasserin von sechs Bestsellern über
Persönlichkeitsentwicklung und den Vorbildcharakter weiser alter Kulturen
für unsere Zeit. Ihre Bücher werden in dreißig Ländern gelesen.

Leseproben auf www.AmraVerlag.de

www.amraverlag.de

*Ich hoffe, dass diese Botschaft
der Liebe nicht nur Ihre Kinder
inspiriert, sondern auch Sie.*

Ihre *Louise L. Hay*

40 Seiten im Großformat
durchgehend farbig
€ 14,95; ISBN 978-3-939373-28-5

Lulu schloss die Augen, und plötzlich konnte sie sich selbst vor
sich sehen – im wunderschönsten Theater, das sie sich überhaupt
vorstellen konnte.
»Und jetzt«, fuhr die kleine Ameise fort, »siehst du dich auf der Bühne
tanzen. Du bist die hübscheste und anmutigste Ballerina, die es jemals
gab. Siehst du es?«
Lulu sah es. Sie war so aufgeregt, dass sie beinahe die Augen geöffnet
hätte, aber sie wollte, dass dieses Gefühl für immer anhielt. Sie war
da auf der Bühne und tanzte ganz hinreißend – auch wenn ihre Beine
immer noch ein wenig dünn waren.
Langsam verblasste dieses Bild, und sie öffnete die Augen wieder.
»Ich hab's gesehen!«, rief sie. »Ich war so wunderschön und habe so
anmutig getanzt! Oh, ich danke dir! Jetzt weiß ich einfach, dass ich
eine wundervolle Ballerina werden kann, wenn ich nur will!«

Bestell-Hotline: +49 (0) 61 81 – 18 93 92   *Überall erhältlich!*